行业工伤预防指导规范丛书

模具行业工伤预防指导规范

Direction on Work-related injury prevention of Mould industry

东莞市社会保障局　组织编写

主　编　邹　联

副主编　肖运杰

中国劳动社会保障出版社

图书在版编目(CIP)数据

模具行业工伤预防指导规范/邹联主编. -- 北京：中国劳动社会保障出版社，2017
(行业工伤预防指导规范丛书)
ISBN 978-7-5167-1083-8

Ⅰ.①模…　Ⅱ.①邹…　Ⅲ.①模具-机械工业-工伤事故-事故预防-中国-规范
Ⅳ.①F426.4-65

中国版本图书馆 CIP 数据核字(2017)第 267946 号

中国劳动社会保障出版社出版发行

(北京市惠新东街 1 号　邮政编码：100029)

*

三河市华骏印务包装有限公司印刷装订　新华书店经销

787 毫米×1092 毫米　16 开本　13.5 印张　253 千字

2017 年 11 月第 1 版　2019 年 9 月第 7 次印刷

定价：30.00 元

读者服务部电话：(010)64929211/84209101/64921644

营销中心电话：(010)64962347

出版社网址：http://www.class.com.cn

模具行业工伤预防指导规范编写委员会

主　　任：邹　联

副 主 任：肖运杰

编写人员：梁培志　谢晓敏　汪建锋

　　　　　黄万富　赵显兰　王燕凤

　　　　　陈煜民　李达文　谢　猛

内 容 简 介

《模具行业工伤预防指导规范》是东莞市社会保障局组织编写的“行业工伤预防指导规范丛书”之一，是贯彻落实《工伤保险条例》和人力资源和社会保障部《关于进一步做好工伤预防试点工作的通知》《关于选择部分地区开展工伤预防专项试点工作的函》，实施工伤预防行业专项试点的阶段性工作成果，也是东莞市社会保障局多年来工伤预防试点工作经验的提炼和总结。

本书的主要内容包括以下几个方面：一是概述，讲述工伤保险、工伤预防的基本概念，模具行业工伤事故的情况和预防概述；二是结合模具制造工作特点和所发生工伤事故的特点，有专业性和针对性地提出了模具行业工伤预防管理的指导规范；三是模具行业工伤预防事故处置指导规范，为模具行业工伤事故发生之后，提供了事故处置规范和社会保险业务办理的工作指引。

本书是集政策性、专业性、实践性和独创性于一体的工伤预防工作指导书，既可用于模具行业工伤预防工作指导，也可用于模具行业工伤事故和职业病预防的宣传和培训，同时也可作为模具行业及相关行业开展工伤预防宣传和培训的宣传材料、资料及培训教材。

前　　言

工伤预防是指采用经济、管理和技术等手段，事先防范职业伤亡事故以及职业病的发生，改善和创造有利于安全健康的劳动条件，减少工伤事故及职业病的隐患，保护劳动者在劳动过程中的安全和健康的措施。工伤预防工作是“三位一体”工伤保险制度的重要组成部分，对于降低用人单位工伤事故和职业病的发生，保障劳动者的安全健康，分散企业风险，强化安全责任，减少工伤保险基金的支出和社会物质财富的损失，降低社会成本有着极其重要的作用。

模具是制造业的基础工艺装备，在电子、汽车、电机、电器、仪器、仪表、家电和通信等产品中，60%～80%的零部件都要依靠模具成型，75%的粗加工工业产品零件，50%的精加工零件都由模具成型，绝大部分塑料制品也由模具成型。模具技术已经成为衡量一个地区、国家制造业水平的重要标志，世界上许多国家特别是一些工业发达国家都十分重视模具技术的研究与开发。模具工业被视为“关键工业”“整个工业基础发展的秘密”和“工业的基石”。改革开放以来，中国模具工业经过几代模具人的不懈努力，已经取得了令人瞩目的成绩。至 2016 年，我国模具企业已达 3 万家以上，从业人员超过了 100 万人，产值达到了 1 800 多亿元，成为世界第一模具大国。

广东省是我国模具工业最发达的地区之一，东莞市长安镇、横沥镇都是国内著名的五金模具名镇，其五金模具行业无论是产值、规模还是技术水平，都处于国内领先的地位。在这种形势下针对模具行业做好工伤预防，对于整体降低全市工伤事故发生率，推进工伤预防工作，有着重要的意义。

东莞市社会保障局一直秉承“惠民、正义、务实、奋进”的核心价值观做好各项社会保障工作。改革开放以来，随着东莞工业化和城市化进程的深入，社会保障作为党和政府着力抓好的一项重要工作，在东莞市得到了长足发展。社会保险已经覆盖全市城镇和农村，社会保障体系不断完善，职工基本养老、医疗、生育、工伤、失业，以及农民基本养老等社会保险在东莞市得以全面实施，为东莞市社会经济改革和发展营造了稳定的社会环境。同时，社会保障机构及其职能得到健全，社会保险的各项管理工作逐步规范、科学，加上高度信息化的社会保障管理系统的建立，必将为广大参保单位和参保人提供更准确、高效、优质的服务。

东莞市工伤保险体系自 1990 年建立以来，在人力资源和社会保障部、广东省人力资源和社会保障厅、东莞市人民政府领导下，认真落实贯彻国家、广东省工伤保险政策，不断优化工作流程，积极采取措施保障工伤职工和用人单位权益，积极化解社会矛盾，工伤保险工作成效斐然，在工伤预防工作上尤为突出。东莞市自 2009 年即被确定为全国首批 12 个工伤预防试点城市之一，2013 年，东莞市再度被确认为全国 50 个工伤预防试点城市之一，通过 8 年的工伤预防试点，东莞市在工伤预防宣传、培训、部门联合机制建立等方面都取得较好的成绩，圆满完成了上一阶段工伤预防试点工作任务。2017 年，根据人力资源和社会保障部工伤保险司《关于选择部分地区开展工伤预防专项试点工作的函》的工作部署，东莞市再次作为承接工伤预防专项试点工作任务的 5 个试点城市之一。根据试点工作要求，试点城市要选择工伤高发的行业、工种、岗位等作为工伤预防专项试点的重点，试点期间，针对选定的行业、工种、岗位等，持续采取宣传、培训等工伤预防措施，跟踪选定行业、工种、岗位的预防效果，每年进行评估。结合东莞市 2009—2016 年工伤预防试点工作经验，东莞市选择了所辖最大的镇长安镇的最有代表性的模具行业作为工伤预防专项试点行业，在分析、整理长安镇过去多年工伤预防经验的基础上，确立《模具行业工伤预防指导规范》研究项目，一方面整理工伤预防工作经验，另一方面探索把工伤预防经验和研究成果通过出版图书、公开发行的方式进行提升，实现东莞市工伤预防城市试点工作成果的可复制、可推广及可见成效的工作目标。

本书由东莞市社会保障局在华中科技大学材料成形与模具技术国家重点实验室针对东莞市长安镇模具行业进行的工伤预防理论研究成果的基础上，结合自身工伤预防工作及试点经验总结整理而成，其中工伤保险政策部分由工伤保险科编写，模具行业的作业指导规范主要由华中科技大学材料成形与模具技术国家重点实验室组织编写，专业项目研究负责人为梁培志博士，项目参与人有戴伟、赵显兰、谢猛等，项目实地调研及前期主要工作由东莞市长安社会保障分局负责协助完成。项目研究实验室在本书编写过程中，奉献出多年来总结整理的大量贴近企业实际的管理制度和作业指导书，第一手资料均来源于管理较为规范的大型模具企业，编著者又进行了学术化、体系化整理，便于读者理解及应用。

本书为“工伤预防行业指导规范丛书”系列丛书的第一册，东莞市社会保障局将进一步总结工作经验，根据具体情况继续联合专业机构编写其他行业的工伤预防指导规范，以进一步推进工伤预防工作的开展。

本书编写过程中，得到人力资源和社会保障部工伤保险司、广东省人力资源和社会保障厅工伤保险处、人力资源和社会保障出版集团的大力支持、指导和帮助，在此表示诚挚的感谢！

本书为东莞市社会保障局工伤预防专项试点工作成果，有一定的独创性，但也缺乏相关的材料和经验进行借鉴，由于编写水平有限，加之时间仓促，不足之处敬请读者批评指正。

编写委员会

2017 年 9 月

目　　录

第一章

工伤预防概论

工伤保险制度是对因工作原因遭受事故伤害或患职业病的职工提供医疗救治和经济补偿的一种社会保障制度，对于促进工伤预防和职业康复，分散用人单位的工伤风险，维护社会安定起着重要的作用。2010 年新修订的《工伤保险条例》强调了工伤预防、补偿和康复“三位一体”的功能，再次将工伤预防工作摆在了和工伤补偿和康复同等的地位。

工伤预防可以降低工伤事故和职业病的发生，保障劳动者的安全健康，分散企业风险，强化安全责任，减少工伤保险基金的支出和社会物质财富的损失，降低社会成本。随着社会的进步，应从源头上减少和避免工伤事故和职业病的发生，因此就更需要加强工伤预防的体系建设。

本章通过对工伤保险、工伤预防进行概述，让读者对工伤保险和工伤预防政策及内容等有一个整体的认识和理解，以便更清晰、更准确地理解模具行业工伤预防指导规范产生的背景和政策要求。

第一节　工伤保险概述

一、工伤的概念

“工伤”，也称“职业伤害”“工作伤害”，各国的概念不尽相同。“工伤”一词比较规范的说法是在1921年国际劳工大会上通过的公约中提及的，即“由于工作直接或间接引起的事故为工伤”。1964年第48届国际劳工大会规定了工伤补偿应将职业病和上下班交通事故包括在内。

中国国家标准《企业职工伤亡事故分类》（GB 6441—1986）中将“伤亡事故”定义为“企业职工在生产劳动过程中，发生的人身伤害、急性中毒”。

工伤所带来的是严重的经济损失和人员伤亡。经济损失通过一段时间的恢复生产，是可以弥补的，而人员伤亡所造成的后果，却是很长时间都无法消除的。例如，伤残人员的生理、心理治疗，身体机能的康复；对所供养亲属的抚恤等，都需要长期进行。如果解决得不好，不仅是对伤残人员这部分人力资源的浪费，而且会影响其他生产人员的生产积极性，乃至影响到社会的安定。因而，职业伤害（工伤）已成为各国的劳动问题和社会问题，并引起各国政府的重视，使其在安全生产、文明生产、预防事故发生和提供工伤补偿等方面不断地加强立法，建立并完善工伤保险制度。

二、工伤保险的概念

工伤保险也称工业伤害保险、因工伤害保险、职业伤害赔偿保险。早期的工伤保险实际上是“工伤赔偿”，即劳动者因工导致伤残、疾病和死亡时，对劳动者本人或其供养亲属给予经济赔偿和提供物质帮助的一种社会保险制度。随着社会的发展，工伤保险的功能不断延伸。现代意义上的工伤保险，不仅包括对因工伤、残、亡者的经济补偿和物质帮助，而且包括促进企业安全生产、降低事故率及职业病发生率，并通过现代康复手段，使受伤害者尽快恢复劳动能力，促进其与社会的融合，也就是建立并形成工伤预防、工伤补偿、工伤康复“三位一体”的功能体系。

我国2003年颁布、2010年修订施行的《工伤保险条例》中规定，我国实行工伤保险的目的是：“为了保障因工作遭受事故伤害或者患职业病的职工获得医疗救治和经济补偿，促进工伤预防和职业康复，分散用人单位的工伤风险。”

三、工伤保险的作用

工伤保险是社会保障体系的重要组成部分，工伤保险制度对于保障因生产、工作过程中的事故伤害或患职业病造成伤、残、亡的职工及其供养亲属的生活，对于促进企业安全生产，维护社会安定起着重要的作用。主要表现在以下几个方面：

（一）保障工伤职工的合法权益

为工伤职工和工亡职工近亲属提供必要的医疗救助和经济物质补偿，是建立健全工伤保险制度的主要目的之一。通过建立社会共济的工伤保险制度，解决当发生重大事故时，用人单位，特别是一些中小企业因无力支付工伤费用以致工伤职工不能得到及时治疗、康复，工伤职工和工亡职工近亲属基本生活得不到保障的问题，从而保障其合法权益。

（二）促进工伤预防与安全生产

目前，我国的工伤保险制度已逐步形成工伤预防、工伤补偿、工伤康复三结合的模式，对工伤预防及工伤职工的职业康复等的关注程度不断提高。据有关部门统计资料显示，现有的工伤事故和职业病 80%是可以通过对安全生产的重视而避免的，说明事故预防工作可以有效地减少职业危害。我国工伤保险制度中通过实行行业差别费率和浮动费率机制，以及在工伤保险基金中列支工伤预防费等措施，来促进用人单位加强工伤预防工作，减少工伤事故和职业病的发生，从而保护职工的生命安全和身体健康。

（三）分散用人单位的工伤风险

社会保险的一个基本宗旨就是分散风险，这在工伤保险中体现得尤其重要。建立工伤保险制度就是要通过基金的互助互济功能，分散不同用人单位的工伤风险，避免用人单位一旦发生工伤事故便不堪重负，甚至导致破产，工伤职工的合法权益得不到保障。同时，通过工伤保险的社会化管理服务，可以解决用人单位社会负担重的问题，使其公平参加市场竞争。

四、工伤保险的原则

（一）强制性原则

由于工伤会给职工带来痛苦，给家庭带来不幸，也于用人单位乃至国家不利，因此国家通过立法，强制实施工伤保险，规定属于覆盖范围的用人单位必须依法参加并履行缴费义务。

（二）无过错补偿原则

工伤事故发生后，不管过错在谁，工伤职工均可获得补偿，以保障其及时获得救治和基本生活保障。但这并不妨碍有关部门对事故责任人的追究，以防止类似事故的重复发生。

（三）个人不缴费原则

个人不缴费是工伤保险与养老、医疗、失业等其他社会保险项目的区别之处。由于职业伤害是在工作过程中造成的，劳动力是生产的重要要素，职工为用人单位创造财富的同时付出了代价，所以理应由用人单位负担全部工伤保险费，职工个人不缴纳任何费用。

（四）风险分担、互助互济原则

通过法律强制征收保险费，建立工伤保险基金，采取互助互济的方法，分散风险，缓解企业、职工因工伤事故或职业病所产生的负担，从而减少社会矛盾。

（五）实行行业差别费率和浮动费率原则

为强化不同工伤风险类别行业相对应的雇主责任，充分发挥缴费费率的经济杠杆作用，促进工伤预防，减少工伤事故，工伤保险实行行业差别费率，并根据用人单位工伤保险支缴率和工伤事故发生率等因素实行浮动费率。

（六）补偿与预防、康复相结合原则

工伤补偿、工伤预防与工伤康复三者是密切相连的，构成了工伤保险制度的三个支柱。工伤预防是工伤保险制度的重要内容，工伤保险制度致力于采取各种措施，以减少和预防事故的发生。工伤事故发生后，及时对工伤职工予以医治并给予经济补偿，使工伤职工本人或近亲属生活得到一定的保障，是工伤保险制度的基本功能。同时，要及时对工伤职工进行医学康复和职业康复，使其尽可能恢复或部分恢复劳动能力，具备从事某种职业的能力，能够自食其力，这可以减少人力资源和社会资源的浪费。

（七）一次性补偿与长期补偿相结合原则

对工伤职工或工亡职工的近亲属，工伤保险待遇实行一次性补偿与长期补偿相结合的办法。如对高伤残等级的职工、工亡职工的近亲属，工伤保险机构一般在支付一次性补偿项目的同时，还按月支付长期待遇，直至其失去供养条件为止。这种一次性和长期补偿相结合的补偿办法，可以长期、有效地保障工伤职工及工亡职工近亲属的基本生活。

五、我国工伤保险的立法和发展

我国工伤保险的立法始于1951年政务院发布的《劳动保险条例》，该条例对国营、公私合营、私营及合作社的厂、矿以及铁路、运输、邮电、工矿、交通事业和国营建筑公司的职工、学徒工和试用人员等发生工伤及享受待遇等问题作了比较详细的规定，明确工伤待遇包括工伤医疗和康复待遇、因工伤残待遇以及死亡待遇。

1993 年，党的十四届三中全会通过的《中共中央关于建立社会主义市场经济体制若干问题的决定》提出，要“普遍建立企业工伤保险制度”。1995 年 1 月 1 日实施的《中华人民共和国劳动法》对建立工伤保险制度作了原则性规定。1996 年，劳动部发布了《企业职工工伤保险试行办法》，基本确立了工伤保险制度，并在全国逐步推开。

随着改革开放的深化，为解决工伤保险立法层次低等问题，2003 年 4 月 27 日，《工伤保险条例》以中华人民共和国国务院令第 375 号公布，自 2004 年 1 月 1 日起施行，标志着我国工伤保险制度建设进入法制化轨道。2010 年 10 月 28 日，《中华人民共和国社会保险法》正式颁布，自 2011 年 7 月 1 日开始实施，其中，对工伤保险做出了专章规定，进一步明确了工伤保险的法律地位。2010 年 12 月 20 日，在总结实践经验的基础上，中华人民共和国国务院令第 586 号公布了《国务院关于修改〈工伤保险条例〉的决定》，对《工伤保险条例》进行了修订完善。至此，我国工伤保险法律体系基本形成。截至 2016 年年底，全国工伤保险参保人数已达到 21 889 万人，比“十一五”末的 16 161 万人增加 5 728 万人。在超额完成了“十二五”末 2.1 亿人的参保目标的基础上，继续保持增长势头。

第二节　工伤保险业务概述

根据《中华人民共和国社会保险法》《中华人民共和国职业病防治法》《工伤保险条例》等法律、法规和相关规定，工伤保险业务主要包括工伤保险基金征缴与管理、工伤预防、工伤事故发生后的工伤认定、工伤医疗、工伤康复、劳动能力鉴定、工伤保险待遇核发等业务处理。

一、工伤保险基金征缴与管理

（一）工伤保险基金的概念

工伤保险基金是指为了保障参保职工享受工伤保险待遇的权益，按照国家法律、法规的规定，由依法应参加工伤保险的用人单位按缴费基数的一定比例缴纳以及通过其他合法方式筹集的用于工伤保险的或者其他依法应当纳入工伤保险基金的其他资金构成的专项资金，是社会保险基金中的一个重要组成部分。

工伤保险基金是实现工伤保险功能的基础。要保证工伤保险制度顺利实施，必须有稳定的基金作保障。工伤保险基金由用人单位缴纳的工伤保险费、工伤保险基金的利息和依法纳入工伤保险基金的其他资金组成。其中，工伤保险费是工伤保险基金的主要来源。凡是纳入工伤保险参保范围的用人单位都应当按照规定，及时足额缴纳职工的工伤保险费，以保障工伤保险基金的支付能力，切实保障工伤职工及时获得医疗救治和经济补偿，从而使任何参保的并且发生了工伤事故的用人单位都能够及时使用筹集到的工伤保险基金，不因单位需要支付的工伤津贴过多而陷入困境，最有效地促进"分散风险负担，互偿灾害损失"这一重要社会保险原则的实现，体现出社会保险金"互助共济"的性质。

（二）工伤保险参保缴费

在我国，工伤保险费由用人单位按时缴纳，职工个人不缴费。用人单位缴纳工伤保险费的数额为本单位职工工资总额乘以单位缴费费率之积。对难以按照工资总额缴纳工伤保险费的行业，其缴纳工伤保险费的具体方式，由国务院社会保险行政部门规定。

1. 缴费范围

依据《中华人民共和国社会保险法》，现行的《工伤保险条例》第二条规定："中华人民共和国境内的企业、事业单位、社会团体、民办非企业单位、基金会、律师事务所、会计师事务所等组织和有雇工的个体工商户（以下称用人单位）应当依照本条例规定参加工伤保险，为本单位全部职工或者雇工（以下称职工）缴纳工伤保险费。中华人民共和国境内的企业、事业单位、社会团体、民办非企业单位、基金会、律师事务所、会计师事务所等组织的职工和个体工商户的雇工，均有依照本条例的规定享受工伤保险待遇的权利。"

《工伤保险条例》中所指企业包括在中国境内所有形式的企业：按照所有制划分，有国有企业、集体所有制企业、私营企业和外资企业；按照所在地域划分，有城镇企业、乡镇企业和境外企业；按照企业的组织形式划分，有公司、合伙企业、个人独资企业等。事业单位是指除参照公务员法管理之外的其他依照《事业单位登记管理暂行条例》的有关规定，在机构编制管理机关登记为事业单位，且没有改为由工商行政管理登记为企业的事业单位，主要包括基础科研、教育、文化、卫生、广播电视等领域的单位。民办非企业单位是指依照1998年10月25日国务院公布施行的《民办非企业单位登记管理暂行条例》的规定在民政部门登记为民办非企业单位，由企业事业单位、社会团体及公民个人利用非国有资产举办的，从事非营利社会服务活动的社会组织，如民办学校、民办医院等。社会团体是指依照1998年10月25日国务院公布施行的《民办非企业单位登记管理暂行条例》的规定在民政部门登记为社会团体，中国公民自愿组成，为实现会员共同意愿，按照章程开展活动的非营利性社会组织。律师事务所是指根据《中华人民共和国律师法》设立的律师执业机构。主要分为合伙、个人以及国家出资设立的律师事务所三类。会计师事务所是指根据《中华人民共和国注册会计师法》的规定，依法设立并承办会计师事务的机构。基金会是指根据2004年2月4日国务院公布的《基金会管理条例》，利用自然人、法人或者其他组织捐赠的财产，以从事公益事业为目的的非营利性法人。基金会分为面向公众募捐的基金会和不得面向公众募捐的基金会。个体工商户是指在工商行政管理部门进行了登记并且雇用人数在7人以下，开展工商业活动的自然人。

职工是指与用人单位存在劳动关系（包括事实劳动关系）的各种用工形式和各种用工期限的劳动者。

2. 缴费基数

工伤保险费的缴费基数为本单位职工工资总额。用人单位一般以本单位职工上年度月平均工资总额为缴费基数。企业缴费基数低于统筹地区上年度社会月平均工资总额60%的，按60%征缴；高于统筹地区上年度社会月平均工资总额300%的，按300%征缴。

职工工资总额是指各类企业、有雇工的个体工商户直接支付给本单位全部职工的劳动报酬的总额。根据国家统计局的有关规定，工资总额的组成包括6个部分：计时工资、计件工资、奖金、津贴和补贴、加班加点工资和特殊情况下支付的工资。但不包括以下3个部分的费用：单位支付给劳动者个人的社会保险福利费用，如丧葬费、生活困难补助、计划生育补贴等；劳动保护方面的费用，如防暑降温费等；按规定未列入工资总额的各种劳动报酬和其他劳动收入，如稿酬、讲课费、资料翻译费等。

3. 工伤保险费率

工伤保险费率是指工伤保险经办机构向用人单位征收的工伤保险费与工资总额的一定比率。目前我国工伤保险费的征缴按照以支定收、收支平衡的原则，实行“行业差别费率”和“行业内费率档次”。国家根据不同行业的工伤风险程度确定行业的差别费率，并根据工伤保险费使用、工伤发生率等情况在每个行业内确定若干费率档次。“行业差别费率”和“行业内费率档次”由国务院社会保险行政部门制定，报国务院批准后公布施行。

2015年7月22日，人力资源和社会保障部、财政部下发《关于调整工伤保险费率政策的通知》（人社部发〔2015〕71号），自2015年10月1日起施行。通知中规定，按照《国民经济行业分类》（GB/T4754—2011）对行业的划分，根据不同行业的工伤风险程度，由低到高，依次将行业工伤风险类别划分为一类至八类。不同工伤风险类别的行业执行不同的工伤保险行业基准费率。各行业工伤风险类别对应的全国工伤保险行业基准费率为：一类至八类分别控制在该行业用人单位职工工资总额的0.2%、0.4%、0.7%、0.9%、1.1%、1.3%、1.6%、1.9%左右。通过费率浮动的办法确定每个行业内的费率档次：一类行业分为3个档次，即在基准费率的基础上，可向上浮动至120%、150%；二类至八类行业分为5个档次，即在基准费率的基础上，可分别向上浮动至120%、150%或向下浮动至80%、50%。

各统筹地区人力资源和社会保障部门会同财政部门，按照"以支定收、收支平衡"的原则，合理确定本地区工伤保险行业基准费率具体标准，并征求工会组织、用人单位代表的意见，报统筹地区人民政府批准后实施。基准费率的具体标准可根据统筹地区经济产业结构变动、工伤保险费使用等情况适时调整。

统筹地区社会保险经办机构根据用人单位工伤保险费使用、工伤发生率、职业病危害程度等因素，确定其工伤保险费率，并可依据上述因素变化情况，每一年至三年确定其在所属行业不同费率档次间是否浮动。对符合浮动条件的用人单位，每次可上下浮动一档或两档。统筹地区工伤保险最低费率不得低于本地区一类风险行业基准费率。费率浮动的具体办法由统筹地区人力资源和社会保障部门商财政部门制定，并征求工会组织、用人单位代表的意见。

各统筹地区确定的工伤保险行业基准费率具体标准、费率浮动具体办法，应报省级人力资源和社会保障部门和财政部门备案并接受指导。省级人力资源和社会保障部门、财政部门应每年将各统筹地区工伤保险行业基准费率标准确定和变化以及浮动费率实施情况汇总报人力资源和社会保障部、财政部。

4. 特殊缴费方式

一些特殊的行业、企业及其用工群体，按照用人单位工资总额的一定比例缴纳工伤保险费，在实际操作中存在着困难。这样的行业主要有两类：一是流动性大、工作场所不固定、工资支付形式多样且由于专业承包、劳务分包，使工资总额计算困难的建筑施工企业。一些中、小矿山企业也存在类似情况。二是受市场竞争影响非常大的商贸、餐饮等服务行业企业，员工流动性大，用人规模波动性大。为适应这些行业企业的特点，方便这些行业企业参保缴费，《工伤保险条例》授权国务院社会保险行政部门对这些行业企业缴纳工伤保险费的具体方式加以规定。根据这一授权，2010年，人力资源和社会保障部制定了《部分行业企业工伤保险费缴纳办法》（人社部令第10号），结合实践中的变通做法，做出缴费的具体规定，如建筑施工企业可以实行以建筑施工项目为单位，按照项目工程总造价的一定比例，计算缴纳工伤保险费。商贸、餐饮、住宿、美容美发、洗浴以及文体娱乐等小型服务业企业以及有雇工的个体工商户，可以按照营业面积的大小核定应参保人数，按照所在统筹地区上一年度职工月平均工资的一定比例和相应的费率，计算缴纳工伤保险费；也可以按照营业额的一定比例计算缴纳工伤保险费。小型矿山企业可以按照总产量、吨矿工资含量和相应的费率计算缴纳工伤保险费。

（三）工伤保险基金的管理

工伤保险基金的征缴、管理和支付由工伤保险经办机构负责。工伤保险基金存入社会保障基金财政专户，用于《工伤保险条例》规定的工伤保险待遇，劳动能力鉴定，工伤预防的宣传、培训等费用，以及法律、法规规定的用于工伤保险的其他费用的支付。

工伤保险基金支出是指工伤保险基金在支付过程中的各项支出。包括工伤保险待遇支出、劳动能力鉴定费支出、工伤预防费用支出和其他支出。

工伤保险待遇支出包括工伤医疗待遇支出、康复待遇支出、伤残待遇支出、工亡待遇支出等。具体为：①工伤医疗待遇支出：是指工伤职工进行治疗所发生的符合有关规定的门（急）诊费、住院费、急救车费等；②康复待遇支出：是指工伤职工进行康复性治疗或职业康复过程中所发生的符合有关规定的费用；③伤残待遇支出：是指工伤职工按照规定评定伤残等级后享受的经济补偿，包括一次性伤残补助金、伤残津贴、伤残津贴实际金额低于当地最低工资标准的差额补贴、基本养老保险待遇低于伤残津贴的差额补贴、护理费以及辅助器具费用；④工亡待遇支出：是指因工死亡职工的近亲属按规定领取的丧葬补助金、一次性工亡补助金和向其他符合条件的人员发放的供养亲属抚恤金。

劳动能力鉴定费支出是指劳动能力鉴定委员会组织开展劳动能力鉴定工作所需的相关费用。具体包括：①对工伤职工的劳动功能障碍程度和生活自理障碍程度的等级鉴定费用，以及工伤职工停工留薪期确认、医疗终结期确认、工伤复发确认、工伤康复确认、辅助器具配置（更换）确认等费用，包括聘请劳动能力鉴定专家开展鉴定工作所需的专家劳务费、向专业机构购买现场鉴定保障服务费、劳动能力鉴定结论文书邮寄和公告送达费用等项目；②聘请医疗、法律等专家对疑难劳动能力鉴定案例进行论证和评估或者对劳动能力鉴定标准和制度进行研讨等所需劳务费用；③组织专家对行动不便的工伤职工进行上门鉴定时所需的专家交通食宿费，具体使用按照当地相关规定执行。

工伤预防费用支出是指在保证工伤保险待遇支付能力和储备金留存的前提下，工伤预防费的使用原则上不得超过统筹地区上年度工伤保险基金征缴收入的3%进行提取，统筹地区人力资源和社会保障部门应会同财政、卫生和计划生育、安全生产监督管理部门以及本辖区内负有安全生产监督管理职责的部门，根据工伤事故伤害、职业病高发的行业、企业、工种、岗位等情况，统筹确定工伤预防的重点领域，并通过适当方式告知社会组织的工伤事故和职业病预防宣传培训的费用。具体按照人力资源和社会保障部、财政部、国家卫生和计划生育委员会、国家安全生产监督管理总局《关于印发工伤预防费使用管理暂行办法的通知》（详见附录2）执行。

其他支出是指法律、法规规定的其他非工伤保险待遇性质的支出费用，其中包括补助下级支出、上解上级支出等项支出。补助下级支出是指上级经办机构拨付给下级经办机构的工伤保险补助支出；上解上级支出是指下级经办机构上解上级经办机构的工伤保险支出。

任何单位或者个人不得将工伤保险基金用于投资运营、兴建或者改建办公场所、发放奖金，或者挪作其他用途。

工伤保险基金应当留有一定比例的储备金，用于统筹地区重大事故的工伤保险待遇支付；储备金不足支付的，由统筹地区的人民政府垫付。储备金占基金总额的具体比例和储备金的使用办法，由省、自治区、直辖市人民政府规定。

工伤保险基金将逐步实行省级统筹。跨地区、生产流动性较大的行业，可以采取相对集中的方式异地参加统筹地区的工伤保险。具体办法由国务院社会保险行政部门会同有关行业的主管部门制定。

二、工伤事故业务流程处理

职工发生事故伤害或罹患职业病的，应依法进行工伤事故处理以取得工伤保险基金支持的工伤保险待遇。工伤事故实务处理包括工伤认定、工伤医疗、工伤康复、劳动能力鉴定、工伤保险待遇支付等主要环节。

（一）工伤认定

1. 工伤认定的概念

工伤认定是指社会保险行政部门根据工伤保险法律、法规及相关政策的规定，确定职工受到的伤害，按照规定是否属于应当认定为工伤或视同工伤的情形。工伤认定的职能部门是统筹地区的社会保险行政部门。

2. 工伤认定的对象

工伤认定的对象包括具备下列条件的职工：①所在单位纳入了工伤保险制度的范围；②与用人单位存在劳动关系，包括事实劳动关系；③存在因工作原因受到事故伤害或者患职业病的事实。受到事故伤害或者患职业病的职工，只要同时具备上述3个条件，无论其所在单位是否参加了工伤保险，职工提出工伤认定申请，社会保险行政部门都应当受理。

无营业执照或者未经依法登记、备案而经营的单位所雇用的人员，以及被依法吊销营业执照或者撤销登记、备案的单位所雇用的人员受到事故伤害或者患职业病的；用人单位使用童工造成童工伤残、死亡的，受伤害者不需要申请工伤认定，直接由雇用方给予一次性赔偿，拒不给付赔偿的，由社会保险监察机构予以处理，或通过法律程序予以解决。

3. 认定或视同工伤的范围

《工伤保险条例》明确规定了应当认定为工伤的 7 种情形、视同工伤的 3 种情形以及不得认定为工伤或者视同工伤的 3 种情形（各地工伤保险条例或实施细则另有补充规定）。

（1）职工有下列情形之一的，应当认定为工伤：①在工作时间和工作场所内，因工作原因受到事故伤害的；②工作时间前后在工作场所内，从事与工作有关的预备性或者收尾性工作受到事故伤害的；③在工作时间和工作场所内，因履行工作职责受到暴力等意外伤害的；④患职业病的；⑤因工外出期间，由于工作原因受到伤害或者发生事故下落不明的；⑥在上下班途中，受到非本人主要责任的交通事故或者城市轨道交通、客运轮渡、火车事故伤害的；⑦法律、行政法规规定应当认定为工伤的其他情形。

（2）职工有下列情形之一的，视同工伤：①在工作时间和工作岗位，突发疾病死亡或者在 48 小时之内经抢救无效死亡的；②在抢险救灾等维护国家利益、公共利益活动中受到伤害的；③职工原在军队服役，因战、因公负伤致残，已取得革命伤残军人证，到用人单位后旧伤复发的。

（3）职工符合上述认定、视同工伤规定，但是有下列情形之一的，不得认定为工伤或者视同工伤：①故意犯罪的；②醉酒或者吸毒的；③自残或者自杀的。

4. 工伤认定的程序

根据《工伤保险条例》《工伤认定办法》及相关规定，职工发生事故伤害或罹患职业病后，应向统筹地区社会保险行政部门提出工伤认定申请。工伤认定办理主要环节包括：提出书面工伤认定申请；社会保险行政部门对申请事项进行审查，并根据审查情况通知申请人是否需要补正材料；社会保险行政部门根据审查情况，决定本次工伤认定申请是否受理，并出具相关文书；社会保险行政部门受理工伤认定申请后，根据需要对申请人提供的证据进行调查核实；社会保险行政部门依法做出工伤认定结论，出具相关文书并送达。

社会保险行政部门收到工伤认定申请后，应当在 15 日内对申请人提交的材料进行审核，材料完整的，做出受理或者不予受理的决定；材料不完整的，应当以书面形式一次性告知申请人需要补正的全部材料。社会保险行政部门收到申请人提交的全部补正材料后，应当在 15 日内做出受理或者不予受理的决定。

社会保险行政部门决定受理的，应当出具《工伤认定申请受理决定书》；决定不予受理的，应当出具《工伤认定申请不予受理决定书》。

社会保险行政部门应当自受理工伤认定申请之日起 60 日内做出工伤认定决定，出具《认定工伤决定书》或者《不予认定工伤决定书》。社会保险行政部门对于事实清楚、权利义务明确的工伤认定申请，应当自受理工伤认定申请之日起15日内做出工伤认定决定。

社会保险行政部门受理工伤认定申请后，做出工伤认定决定需要以司法机关或者有关行政主管部门的结论为依据的，在司法机关或者有关行政主管部门尚未做出结论期间，做出工伤认定决定的时限中止，并书面通知申请人。工伤认定进程中，社会保险行政部门工作人员与工伤认定申请人有利害关系的，应当回避。

社会保险行政部门应当自工伤认定决定做出之日起20日内，将《认定工伤决定书》或者《不予认定工伤决定书》送达受伤害职工（或者其近亲属）和用人单位，并抄送社会保险经办机构。《认定工伤决定书》和《不予认定工伤决定书》的送达参照民事法律有关送达的规定执行。

职工或者其近亲属、用人单位对不予受理决定不服或者对工伤认定决定不服的，可以依法申请行政复议或者提起行政诉讼。

（二）劳动能力鉴定

劳动能力鉴定环节是工伤保险制度的重要组成部分。劳动能力鉴定是给予受到事故伤害或患职业病的职工工伤保险待遇的基础和前提条件。职工在工伤治疗期内伤情处于相对稳定状态，存在残疾，影响劳动能力的，都要通过医学检查对其伤残后丧失劳动能力的程度做出判定结论。通过劳动能力鉴定，能够准确评定职工伤残的程度，有利于保障工伤伤残职工的合法权益，同时也为正确处理与此有关的争议提供了客观依据。人力资源和社会保障部于2014年2月20日发布了《工伤职工劳动能力鉴定管理办法》（人社部令21号），自2014年4月1日起施行。

1. 劳动能力鉴定的概念

劳动能力鉴定是指劳动者因工负伤或者患职业病，导致本人劳动与生活能力受到影响，由劳动能力鉴定机构组织劳动能力鉴定医学专家，根据国家制定的劳动能力鉴定标准，按照工伤保险的有关政策，运用医学科学技术的方法和手段，确定劳动者劳动功能障碍程度和生活自理障碍程度的一种综合评定制度。劳动功能障碍分为10个伤残等级，最重的为一级，最轻的为十级。生活自理障碍分为3个等级（广东省分为4个等级）：生活完全不能自理、生活大部分不能自理和生活部分不能自理。

2. 劳动能力鉴定标准

劳动能力鉴定标准是进行劳动能力鉴定时所依据的尺度，是确定工伤职工伤残等级的标准，劳动能力鉴定标准由国务院社会保险行政部门会同国务院卫生行政部门等部门制定。

我国目前实施的工伤职工劳动能力鉴定标准是2014年由国家质量监督检验检疫总局、国家标准化管理委员会批准发布的《劳动能力鉴定　职工工伤与职业病致残等级》

(GB/T16180—2014)，共分为5个门类、530个残情条目。该标准是对工伤职工进行伤残等级和生活护理等级鉴定的唯一标准［因工伤职工确认工作需要，广东省使用的相关标准包括《广东省职工外伤职业病医疗终结鉴定标准》(2007年1月1日执行)、《关于印发广东省工伤康复协议机构准入标准等标准（规范）的通知》(粤劳社办〔2006〕374号）等。］

3. 劳动能力鉴定委员会

劳动能力鉴定委员会是负责对工伤职工伤残程度进行劳动能力鉴定的专门机构。《工伤保险条例》规定，劳动能力鉴定委员会由社会保险部门、卫生行政部门、工会组织、经办机构代表以及用人单位代表组成。劳动能力鉴定委员会分为设区的市级劳动能力鉴定委员会和省、自治区、直辖市劳动能力鉴定委员会两级。设区的市级劳动能力鉴定委员会负责本辖区内的劳动能力初次鉴定、复查鉴定。省、自治区、直辖市劳动能力鉴定委员会负责对初次鉴定或者复查鉴定结论不服提出的再次鉴定。劳动能力鉴定委员会负责组建医疗卫生专家库。

4. 劳动能力鉴定程序

根据《工伤保险条例》《工伤职工劳动能力鉴定管理办法》及相关规定，劳动能力鉴定主要环节包括：提出劳动能力鉴定申请、对申请人提交的材料进行审核及受理、组织专家组进行鉴定、出具鉴定结论并送达用人单位及工伤职工等。

工伤职工或者其用人单位对初次鉴定结论不服的，可以在收到该鉴定结论之日起15日内向省、自治区、直辖市劳动能力鉴定委员会申请再次鉴定。省、自治区、直辖市劳动能力鉴定委员会做出的劳动能力鉴定结论为最终结论。自劳动能力鉴定结论做出之日起1年后，工伤职工、用人单位或者社会保险经办机构认为伤残情况发生变化的，可以向设区的市级劳动能力鉴定委员会申请劳动能力复查鉴定（《广东省工伤保险条例》规定对初次鉴定结论不服的，可以自收到鉴定结论之日起15日内申请复查）。

（三）工伤保险待遇

工伤保险待遇是职工受到事故伤害或者患有职业病后，获得医疗救治和经济补偿的一种保障。我国现行的工伤保险待遇，在待遇项目方面，国家统一进行了规定，而具体待遇标准则采取了中央和地方统筹兼顾的原则，一是考虑到了相同等级的工伤职工，待遇支付比例要相同；二是考虑工伤职工待遇与本地区职工生活水平相适应。工伤保险待遇的标准也是随着经济发展和生活水平的提高而变化的。例如，伤残津贴、供养亲属抚恤金、生活护理费可由统筹地区社会保险行政部门根据职工平均工资和生活费用变化等情况适时调整。调整办法由省、自治区、直辖市人民政府规定。

1. 工伤保险待遇项目

我国工伤保险待遇项目包括：工伤医疗待遇、康复待遇和使用辅助器具待遇、停工留薪期待遇、生活护理待遇、伤残待遇、因工死亡待遇等。

(1) 工伤医疗期待遇。职工治疗工伤应当在签订服务协议的医疗机构就医，情况紧急时可以先到就近的医疗机构急救。治疗工伤所需费用符合工伤保险诊疗项目目录、工伤保险药品目录、工伤保险住院服务标准的，从工伤保险基金支付。工伤保险诊疗项目目录、工伤保险药品目录、工伤保险住院服务标准，由国务院社会保险行政部门会同国务院卫生行政部门、食品药品监督管理部门等部门规定。职工住院治疗工伤的伙食补助费，以及经医疗机构出具证明，报经办机构同意，工伤职工到统筹地区以外就医所需的交通、食宿费用从工伤保险基金支付，基金支付的具体标准由统筹地区人民政府规定。社会保险行政部门做出认定为工伤的决定后发生行政复议、行政诉讼的，在行政复议和行政诉讼期间不停止支付工伤职工治疗工伤的医疗费用。

工伤职工治疗非工伤引发的疾病，不享受工伤医疗待遇，按照基本医疗保险办法处理。

(2) 康复待遇和使用辅助器具待遇。工伤职工在工伤保险期间，符合工伤康复情形的，应提出工伤康复申请。经劳动能力鉴定委员会确认具有康复价值的，可列入康复对象范围，进行工伤康复。工伤康复办理的主要环节一般包括：提出劳动能力鉴定（确认）申请，经劳动能力鉴定委员会鉴定（确认）是否具有康复价值，根据劳动能力鉴定（确认）结论前往签订服务的协议机构进行康复；根据病情转院、转诊、转变康复类别；出院并结算费用。

工伤职工因日常生活或者就业需要，经劳动能力鉴定委员会确认，可以安装假肢、矫形器、假眼、假牙和配置轮椅等辅助器具，所需费用按照国家规定的标准从工伤保险基金支付。

(3) 停工留薪期待遇。停工留薪期是指职工因工作遭受事故伤害或者患职业病，需要暂停工作接受工伤医疗的治疗期限。在停工留薪期内，职工原工资福利待遇不变，由所在单位按月支付。

停工留薪期一般不超过 12 个月。伤情严重或者情况特殊，经设区的市级劳动能力鉴定委员会确认，可以适当延长，但延长不得超过 12 个月。工伤职工评定伤残等级后，停发原待遇，按照《工伤保险条例》有关规定享受伤残待遇。工伤职工在停工留薪期满后仍需治疗的，继续享受工伤医疗待遇。

(4) 生活护理待遇。生活不能自理的工伤职工在停工留薪期需要护理的，由所在单位负责。工伤职工已经评定伤残等级并经劳动能力鉴定委员会确认需要生活护理的，从工伤保险基金按月支付生活护理费。

生活护理费按照生活完全不能自理、生活大部分不能自理和生活部分不能自理 3 个不同等级支付，其标准分别为统筹地区上一年度职工月平均工资的 50%、40% 及 30%（《广东省工伤保险条例》的规定分别为统筹地区上一年度职工月平均工资的60%、50%、40%及30%)。

(5)伤残待遇。职工因工致残，经劳动能力鉴定委员会鉴定为伤残等级后，享受相应级别的伤残待遇。

1)职工因工致残被鉴定为一级至四级伤残的，保留劳动关系，退出工作岗位，享受以下待遇：

①从工伤保险基金按伤残等级支付一次性伤残补助金，标准为：一级伤残为27个月的本人工资，二级伤残为25个月的本人工资，三级伤残为23个月的本人工资，四级伤残为21个月的本人工资。

②从工伤保险基金按月支付伤残津贴，标准为：一级伤残为本人工资的90%，二级伤残为本人工资的85%，三级伤残为本人工资的80%，四级伤残为本人工资的75%。伤残津贴实际金额低于当地最低工资标准的，由工伤保险基金补足差额。

③工伤职工达到退休年龄并办理退休手续后，停发伤残津贴，按照国家有关规定享受基本养老保险待遇。基本养老保险待遇低于伤残津贴的，由工伤保险基金补足差额。职工因工致残被鉴定为一级至四级伤残的，由用人单位和职工个人以伤残津贴为基数，缴纳基本医疗保险费。

2)职工因工致残被鉴定为五级、六级伤残的，享受以下待遇：

①从工伤保险基金按伤残等级支付一次性伤残补助金，标准为：五级伤残为18个月的本人工资，六级伤残为16个月的本人工资。

②保留与用人单位的劳动关系，由用人单位安排适当工作。难以安排工作的，由用人单位按月发给伤残津贴，标准为：五级伤残为本人工资的70%，六级伤残为本人工资的60%，并由用人单位按照规定为其缴纳应缴纳的各项社会保险费。伤残津贴实际金额低于当地最低工资标准的，由用人单位补足差额。

经工伤职工本人提出，该职工可以与用人单位解除或者终止劳动关系，由工伤保险基金支付一次性工伤医疗补助金，由用人单位支付一次性伤残就业补助金。一次性工伤医疗补助金和一次性伤残就业补助金的具体标准由省、自治区、直辖市人民政府规定。

3)职工因工致残被鉴定为七级至十级伤残的，享受以下待遇：

①从工伤保险基金按伤残等级支付一次性伤残补助金，标准为：七级伤残为13个月的本人工资，八级伤残为11个月的本人工资，九级伤残为9个月的本人工资，十级伤残为7个月的本人工资。

②劳动、聘用合同期满终止，或者职工本人提出解除劳动、聘用合同的，由工伤保险基金支付一次性工伤医疗补助金，由用人单位支付一次性伤残就业补助金。一次性工

伤医疗补助金和一次性伤残就业补助金的具体标准由省、自治区、直辖市人民政府规定。

(6) 因工死亡待遇。职工因工死亡，其近亲属按照下列规定从工伤保险基金领取丧葬补助金、供养亲属抚恤金和一次性工亡补助金。具体标准是：

1）丧葬补助金为6个月的统筹地区上一年度职工月平均工资。

2）一次性工亡补助金标准为上一年度全国城镇居民人均可支配收入的20倍。

3）供养亲属抚恤金按照职工本人工资的一定比例发给由因工死亡职工生前提供主要生活来源、无劳动能力的亲属。标准为：配偶每月40%，其他亲属每人每月30%，孤寡老人或者孤儿每人每月在上述标准的基础上增加10%。核定的各供养亲属的抚恤金之和不应高于因工死亡职工生前的工资。

伤残职工在停工留薪期内因工伤导致死亡的，其近亲属享受以上第1)、第2)、第3)项待遇。一级至四级伤残职工在停工留薪期满后死亡的，其近亲属可以享受以上第1)、第2）项待遇。

2. 几种特种情形的工伤保险待遇规定

(1) 职工因工外出期间发生事故或者在抢险救灾中下落不明的工伤保险待遇处理。对于职工因工外出期间发生事故或者在抢险救灾中下落不明的，从事故发生当月起3个月内照发工资，从第4个月起停发工资，由工伤保险基金向其供养亲属按月支付供养亲属抚恤金。生活有困难的，可以预支一次性工亡补助金的50%。职工被人民法院宣告死亡的，按照职工因工死亡的规定处理。

(2) 职工被派遣出国、出境工作的工伤保险待遇处理。职工被派遣出境工作，依据前往国家或者地区的法律应当参加当地工伤保险的，参加当地工伤保险，其国内工伤保险关系中止；不能参加当地工伤保险的，其国内工伤保险关系不中止。

(3) 分立、合并、转让及承包经营的用人单位的工伤保险待遇处理。用人单位分立、合并、转让的，承继单位应当承担原用人单位的工伤保险责任；原用人单位已经参加工伤保险的，承继单位应当到当地经办机构办理工伤保险变更登记。用人单位实行承包经营的，工伤保险责任由职工劳动关系所在单位承担。

(4) 职工被借调期间发生工伤事故的工伤保险待遇处理。职工被借调期间受到工伤事故伤害的，由原用人单位承担工伤保险责任，但原用人单位与借调单位可以约定补偿办法。

(5) 企业破产时工伤保险待遇处理。企业破产的，在破产清算时要依法拨付应当由单位支付的工伤保险待遇费用。

(6) 职工再次发生工伤的工伤保险待遇。职工再次发生工伤，根据规定应当享受伤残津贴的，按照新认定的伤残等级享受伤残津贴待遇。

（7）省、直辖市、自治区条例对工伤保险待遇另有规定的，按照具体规定执行。

3. 停止享受工伤保险待遇的情形

工伤职工有下列情形之一的，停止享受工伤保险待遇：（1）丧失享受待遇条件的；（2）拒不接受劳动能力鉴定的；（3）拒绝治疗的。

4. 工伤保险待遇的申领时限

工伤职工在工伤医疗终结或解除劳动关系后，应及时向当地社会保险经办部门提出申领工伤保险待遇，并办理相关手续。工伤保险待遇发放均有具体的条件和时限要求，按照相关的文件执行。

5. 对工伤保险待遇不服的救济途径

工伤职工或者其近亲属对经办机构核定的工伤保险待遇有异议的，可以在收到认定书之日起 60 日内向当地人民政府或上一级主管部门申请行政复议，或在收到决定之日起，6 个月内向人民法院提起行政诉讼。

职工与用人单位发生工伤待遇方面的争议时，按照处理劳动争议的有关规定处理。具体包括：职工可以和用人单位自行协商解决；双方在 30 日内向用人单位所在地劳动争议调解委员会申请调解；若经过调解双方达不成协议，当事人一方或双方可在 60 日之内向当地劳动争议仲裁委员会申请仲裁，当事人也可以直接申请仲裁；当事人如果对仲裁裁决不服，可以在 15 日内向当地人民法院提起诉讼。

第三节　工伤预防概述

现代意义的工伤保险制度是工伤预防、工伤补偿和工伤康复“三位一体”的功能体系。我国实行的工伤保险制度除了保障工伤职工得到医疗救治和经济补偿以外，还包括促进工伤预防工作，避免和减少工伤事故和职业病的发生，并通过工伤医疗和职业康复，使工伤职工回归社会和重返工作岗位，促进社会的和谐稳定。可以说，工伤预防是工伤保险制度的一个重要组成部分。

一、工伤预防概述

（一）工伤预防的概念

工伤预防是指采用经济、管理和技术等手段，事先防范职业伤亡事故以及职业病的发生，改善和创造有利于安全健康的劳动条件，减少工伤事故及职业病的隐患，保护劳动者在劳动过程中的安全和健康。工伤预防的目的是从源头上减少和避免工伤事故和职业病的发生，实现最大限度地减少工伤的最终目标。建立工伤保险制度的目的是保护劳动者和分散企业风险。保护劳动者的基本目标是保障其因工作受到事故伤害或患职业病后，能获得医疗救治和经济补偿，保障其基本生活，最高目标应是“少伤害”；分散企业风险，直接目的是保障企业不至于因工伤事故导致企业经营发生困难，最高目标应是“降低风险”。故工伤保险制度的最终目标是实现“最大限度地减少工伤”，将工伤预防放在首位。

在我国，工伤预防与安全生产关系密切，存在互相促进的辩证关系。工伤预防在促进安全生产、保护劳动者的安全健康方面有着十分重要的意义和作用；反过来，安全生产对工伤预防也有十分重要的促进作用。二者是十分密切的正相关关系。

（二）工伤预防的地位和作用

1. 工伤预防的地位

从国际上看，有关国际组织向来重视工伤预防在工伤保险制度中的重要作用。国际劳工组织第 121 号《工伤事故与职业病津贴公约》要求：“每个成员国必须把制定工业安全与职业病预防条例”写入工伤保险条款，要求实施工伤保险制度的国家，必须采取工伤预防的措施，将工伤预防作为政府的重要职责。

中华人民共和国成立后，党和政府一贯重视工伤预防相关工作，发布了一系列法规、标准和文件，改善了劳动环境，促进了职业健康的发展。我国 2002 年颁布的《安全生产法》第三条明确提出“安全生产管理，坚持安全第一、预防为主、综合治理的方针”，2003 年 4 月国务院颁布的《工伤保险条例》第一条即提出制定工伤保险条例的目的是“保障因工作遭受事故伤害或者患职业病的职工获得医疗救治和经济补偿，促进工伤预防和职业康复，分散用人单位的工伤风险”。由此可见，“促进工伤预防”是其立法宗旨之一。《工伤保险条例》第四条要求“用人单位和职工应当遵守有关安全生产和职业病防治的法律法规，执行安全卫生规程和标准，预防工伤事故发生，避免和减少职业病危害”。2010 年修订的《工伤保险条例》中明确规定工伤预防的宣传、培训等费用可从工伤保险基金中列支，奠定了我国工伤保险制度的工伤预防功能的法律地位和制度基础，进一步表明我国政府对工伤预防工作的一贯重视。

2. 工伤预防的作用

（1）工伤预防可以从源头上降低工伤事故和职业病的发生，保障劳动者的安全健康。预防的要义，在于“事先防范”，防未发生的事故，防“未病之病”，防患于未然。工伤预防是企业安全生产工作的一项重要内容。企业要进行生产活动，就存在发生伤亡事故和职业病的可能。据多年统计，我国每年工伤人数 100 万人左右，评定伤残等级人数 50

万人左右，新患职业病的有1万多人。减少工伤事故和职业病的发生，保障劳动者在生产过程中的安全健康，需要事先的预防工作。有关研究表明，现有的事故80%以上是可以通过对安全生产管理与技术等手段避免的，说明了工伤预防工作的迫切性和重要性。

(2) 工伤预防工作从根本上有利于企业发展，促进社会和谐稳定。近些年来，我国因工伤事故和职业病所造成的危害已经引起各级政府和社会各方面的广泛关注。随着工伤保险制度的改革，将逐步加强工伤预防工作。一方面，通过工伤预防，提高企业安全生产管理水平，消除事故隐患，减少和避免事故的发生，既保护了劳动者的生命安全与身体健康，也减少了事故发生给企业带来的损失，保证企业生产经营的顺利进行，有助于企业的良性发展，进而推动经济社会的发展进步。另一方面，企业工伤事故少了，将大大减少由此引发的劳资双方的争议，有利于建立和谐的劳动关系，促进社会的和谐稳定。

(3) 工伤预防可以减少工伤保险基金的支出和社会物质财富的损失，降低社会成本。西方国家有句谚语："一镑的预防等于十镑的治疗"，形象地说明了预防的投入产出比是很高的。国际通行的"损失控制"理论表明，在前期投入少量资金开展工伤预防工作，可减少大量的事后赔偿支出。据国际劳工组织估测，一个国家职业伤害造成的经济损失占GDP的2%左右。按2016年我国近75万亿元人民币的GDP总额计算，我国一年中各种职业伤害造成的经济损失高达1.5万亿元人民币。工伤预防工作能减少职业伤害，从而在根本上减少了工伤保险基金支出。实践证明，加强工伤预防工作，减少工伤事故发生，是控制工伤保险基金支出的有效办法之一。同时，工伤事故的降低，工伤人数的减少，除了可以降低工伤保险赔付和待遇支付外，还可减少人力资源和社会保障部门工伤认定、劳动能力鉴定和待遇核付等一系列工作的工作量和管理费用，从而降低行政成本。

总之，有效的工伤预防，可以获得较高的社会效益和经济效益（投入产出比）。

（三）工伤预防管理机制和经验

国际工伤保险制度发展较为成功的机制和经验表明，工伤预防、工伤补偿和工伤康复深度有机结合，是国际工伤保险发展的主流。在大多数的工业化国家，已开始把"控制损失"作为工伤保险主要的目标，很多国家已将工伤预防作为工伤保险的首要职责和主要内容。这些国家的立法实践、管理实践为其他国家提供了很好的借鉴经验。

1. 世界有关国家关于工伤预防的法律规定

德国的工伤保险制度被认为是世界工伤保险的成功模式，德国也被认为是工伤预防与工伤保险制度结合最好、最为成功的国家之一。在德国，为了确保职工的生命安全，国家制定了"劳动保护法规"，由政府部门对各行各业的安全生产、劳动保护、职工伤亡依法行使监察的职能，实行行业管理。由"协会"或"公会"制定行业的技术标准、规范，各企业认真贯彻执行。同时，这些技术标准、规范也是法院判定企业是否正确遵守行业行为的法定依据。各企业依据这些标准、规范制定各自的企业安全规章制度和工作条例。德国的《社会法典》规定了“预防优先”和“康复先于赔付”的原则，并把“预防为主”作为工伤保险工作的首要目标，赋予工伤保险管理机构“使用所有适用手段防止事故和职业病发生”的责任。德国在管理机制上赋予了工伤保险管理机构对企业进行安全检查、安全咨询等责任和权力，同时也在资金上予以保证，德国同业公会每年使用工伤保险基金中约5%的资金，用于开展工伤预防工作。通俗地说，德国工伤预防与工伤赔偿以及工伤康复是“一条龙管理”“一站式服务”，因此效率得以提升，取得了很好的经济效益和社会效益。

与德国类似，法国、澳大利亚、加拿大、美国、巴西、意大利和日本等国家在工伤保险立法中均有事故预防优先的条款。

法国在《关于就业伤亡的补偿》立法中，写入了伤亡事故预防与工伤保险补偿计划相联系的条款。工伤保险基金由国家级、省级、地方级社会保险机构负责，与其他基金一同管理，每年提取7%～8%作为事故预防基金。此外，社会保险机构还收取相当于工资收入1.5%的保险费，由雇主缴纳，再加上对不遵守职业安全的雇主的罚款，一同作为事故预防基金。在管理体制机制上，法国也与德国相类似，工伤保险机构有专门的安全咨询和监察人员，对企业的安全状况进行咨询和监管，从而保证预防工作的有效开展。

澳大利亚的社会保障立法明确规定，建立事故保险基金的目的首先在于工伤预防，然后才是伤亡事故处理、职业康复和发放补偿金。该国法律还规定，除了雇主外，私人保险机构也必须为事故预防提供资金。澳大利亚的许多保险机构都雇用检查员及安全调研员，为事故预防提供意见和建议。工伤保险机构还为企业提供咨询并组织安全教育工作。这保证了工伤预防资金来源的多渠道，对开展工伤预防工作十分有利。

加拿大的省级保险法要求所有的雇主必须在企业内建立一个安全委员会。加拿大哥伦比亚省工人赔偿委员会每年安排3.48%的事故预防费，用于安全宣传教育和管理。

美国各州情况不尽相同。马萨诸塞州早在1912年就开始利用部分工人补偿基金用于伤亡工伤预防。俄亥俄州的保险计划委员会成立了安全和健康基金会，该基金会每年拿出其财政收入的1%作为工伤预防基金，用于实施各种工伤预防计划。虽然美国政府并未规定私人保险人缴纳预防费用，但它们仍以每年保额1.1%的资金资助工伤预防工作。与澳大利亚一样，美国的工伤预防资金来源也是多渠道的。

巴西社会保障法规定，社会保险机构必须向工业安全、健康及医药卫生基金会缴纳一定费用。社会保险机构的一部分收入必须用于安全措施的建立或事故预防工作。

意大利的《工伤事故与职业病条例》，赋予国家工伤保险所（INAIL）的主要职责是：预防发生工作事故，为从事危险工作的工人提供保险，使工伤事故的受害者重回劳动力市场和社会生活。为了减少事故发生，INAIL 采用了许多重要的手段持续监测事故倾向，向中小企业提供预防性培训与建议，并向改善安全条件的企业提供资金，鼓励企业在预防措施方面进行技术革新。意大利每年利用工伤保险基金的 5%～10%，用于开展工伤预防工作。

日本的社会保障制度规定，社会保险基金除了支持正常的补偿外，有责任支持推动工伤预防工作，资助各种工业安全与卫生的科研与实验活动；资助劳动者的职业病普查及对工业环境管理所进行的有关科研工作。日本劳动福利事业团负责办理具体的业务，开展与工伤保险有关的改善劳动环境、预防事故、工伤人员疗养康复及援助因工死亡家属等工作。

总而言之，目前世界上主要经济发达国家甚至一些发展中国家都很重视工伤预防，国家在制度设计上给予了工伤预防多渠道的资金来源，并且有一系列人力、物力保障。这些人力、物力、财力方面的投入，是减少工伤事故、做好工伤预防工作的基础保障。

2. 世界各国工伤预防的管理模式

工伤预防是一项综合性的工作，需要很多部门协同工作。一般来说，工伤预防从立法、执行、监察到提供预防服务，往往需要国家多个部门或机构的共同参与，协作实施。

在工伤预防的管理机构方面，国外工伤预防的管理模式大体分为 3 种：第一种是工伤预防由政府或专门机构承担，如英联邦国家和东欧一些国家的工伤保险立法中没有工伤预防的内容，国家实施工伤保险并负责赔付，而工伤预防则由政府专设部门或者委托专门机构负责管理；第二种是工伤保险和工伤预防由两个相关机构分别管理，如日本在劳动省基准局下设了两个机构分别管理；第三种是工伤保险和工伤预防由同一个机构负责管理，如德国同业公会在管理工伤保险时同时兼有预防、补偿和康复三项职能。

在工伤预防的工作机制方面，各国实践经验表明，工伤预防必须与本国国情相结合，必须将工伤保险预防与其他主体预防手段相结合。由于各国工伤保险制度的具体实施差异较大，因此并没有一套普遍适用的工伤保险预防机制，但一些基本的方法与手段可供借鉴。一般来说，大多数国家工伤预防机制主要由两部分组成：一是运用经济杠杆，如奖罚机制、费率机制等来实现事故预防；二是建立专门的工伤预防基金和咨询机制，提供日常的生产风险防控措施等方面的咨询服务。

3. 世界主要发达国家工伤预防的措施与经验

工伤预防在全球范围内广泛开展，取得了较好的经济效益和社会效益。如作为工伤保险制度发源地的德国，是工伤预防、工伤补偿和工伤康复“三位一体”的工伤保险制度比较完善的国家。由于重视工伤预防工作，从1970年到2008年，德国的工伤事故发生率下降了约60%，工亡事故发生率更是下降了约75%，同时工伤保险平均缴费费率从1.51%下降到了1.26%。各国的工伤预防措施主要包括以下几个方面：

(1) 工伤保险与安全生产工作紧密结合。这种“紧密结合型”的代表国家是日本和德国。日本的工伤保险和安全生产这两项工作统一由劳动省基准局管理，并设立“劳动福利事业团”办理具体业务。劳动福利事业团向厚生劳动省提出计划，申请经费，独立经营，建立工伤保险医院、疗养院、康复中心等工伤福利设施；向中小企业提供低息贷款，帮助其改善劳动条件；工伤保险工作做到了人、钱、事统一管理。日本允许社会保障部门做预防工作，其中最重要的是对不同的工伤预防组织给予财政权力，全国实行三级机构垂直管理模式：第一级是劳动卫生省劳动基准局；第二级是各都道府县设劳动基准局（47个）；第三级是厂（矿）区劳动基准监督署（340多个）。全国共有安全监督官3 000多名。为防止事故，日本安全监督管理部门加大了事故预防投入的比例，主要用于安全科学技术研究、宣传培训、检测检验等方面，使事故发生率大幅下降。

在德国，为了促进企业的安全生产，减少工伤事故，德国各工伤保险同业公会在全国自上而下设立了安全技术监察部门，配备专职安全监督员，一直深入到厂（矿）密集的工业区，形成了能够对每个企业进行有效监督检查的管理网络体系。监督人员在工作中发现企业存在安全生产问题时，一是能够及时提出指导性意见，督促企业整改；二是可提请国家安全生产监督管理部门监督企业整改。此外，同业公会内还设有技术支援机构、医院和研究机构。技术支援机构可帮助企业培训和检测分析，指导企业改进工作；医院可医治一些较轻的伤员和职业病患者；研究机构可对一些影响职工安全与健康的危害因素作一些前瞻性的专题研究。

德国和日本这种工伤保险与安全生产“紧密结合型”的工伤预防效率较高，可以通过工伤预防和工伤赔偿的良性互动，达到相互促进的目的，进而提高整个工伤保险制度的健康发展。

(2) 设立专门的工伤预防基金。关于设立专门的工伤预防基金制度方面，法国的做法较为有代表性。法国的社会保障机构建立专门的工伤预防基金和专职的安全监督员。基金主要用于为企业提供安全方面的咨询，提供安全技术和安全专家，监督实施安全条例和工伤统计分析等工作。社会保障机构负责的工伤预防基金会，资助职业安全与职业病预防研究所，其主要职能是加强研究并发布有关的职业安全与卫生信息，并且培训事故预防专家。社会保障工作者的预防工作包括提供安全技术及预防专家等，他们把研究成果提交给负责职业安全与卫生的劳动管理人员。同时，政府的劳动部门也有一支职业安全和卫生方面的专职监察队伍。

在美国，俄亥俄州的保险计划委员会实施了许多工伤预防工作，该基金会拿出其收入的1%作为工伤预防基金。虽然美国政府并未规定私人保险人缴纳预防费用，但他们仍以每年保险额1.1%的资金资助工伤预防工作。主要工作内容包括：建立预防数据库，教育、指导与培训，财政支持及其他。

(3) 通过工伤保险费率调节，促进工伤预防。日本工伤保险费按行业差别划分，共分8大产业53个行业，最高费率为14.8%，最低费率为0.5%，另外各行业都附加0.1%的通勤事故保险费率，行业之间差别费率达25倍。为促进工伤预防，行业差别费率每3年调整一次，根据企业的收支比例计算，上下浮动幅度最高达40%。

德国根据行业的不同特点设立了35个同业公会，形成不同的费率。平均费率最低为0.71%，最高为14.58%，相差约20倍。德国还根据企业的安全生产状况上下浮动保费，浮动幅度最高达30%。实践表明，这些做法有效地提高了企业安全生产的积极性。

一些学者认为，通过工伤保险费率调节促进工伤预防的做法虽然有一定效果，但是也存在削弱工伤保险互济功能的问题。有研究者指出，费率调节并非“越细越好”，应掌握适度原则。

(4) 加强劳动保护工作。德国在劳动保护监察方面实行双轨制，在制定劳动保护规范方面的具体体现是：国家制定劳动保护规范的框架，工伤保险同业公会按照此规范细节制定劳动保护方面的规程与规定。这些规程与规定，涉及劳动保护的各个方面，包括机器安全设置方面的规范，也包括使用机器时的劳动保护用品方面的规范。目前，劳动保护方面的规程与规定总计约130个。所有制定、公布、出版劳动保护规程与规定的费用，都由工伤预防经费承担。

德国工商业同业公会中的技术监督机构（TAD）负责对企业进行劳动保护监察和咨询服务。目前技术监督机构约有3000名监察员，其工作重点在于就劳动保护方面与企业会谈。监察员在工矿企业检查安全条件和职业危险程度，有权要求企业安全工程师积极配合，检查结束后，要将检查结果通知雇主。如果发现雇主有违反安全卫生规定的情况，而雇主又不整改的，他们将报告政府工伤监督官员，对其进行处罚。此外，同业公会还建立了20多个检测检查站，免费为中小企业提供服务。

(5) 开展安全教育培训和提供劳动医疗服务。开展安全教育培训是德国工伤保险同业公会预防工伤事故的又一个重要手段。同业公会设立了36个培训中心，通过电视、微机等工具，对学员进行劳动安全教育培训。学员在培训期间的食、宿、培训、交通一律免费，由工伤预防经费中列支。另外，同业公会为尽早发现职业病，还积极提供相关医疗服务。这些医疗由同业公会所属的170个检查中心进行，在一般情况下，雇主招收新工人要进行劳动健康检查；对于特殊工种的工人，必须定期进行检查；其他工种工人也应定期检查。

开展安全教育培训，可以提高工人的安全生产意识，从思想上重视预防；开展健康检查，可以早期发现工人的职业健康问题，从治疗上实行预防。开展安全教育培训和提供健康医疗服务，已经是世界各国较为普遍采取的工伤预防措施。

二、工伤预防的管理模式

工伤保险制度下的工伤预防，一般随着工伤保险覆盖面的扩大和统筹层次的提高而得以加强，还体现在工伤保险基金的收支等方面。从工伤保险基金方面来看，工伤预防的管理主要有两类措施：一是费率机制的预防措施，即在收取工伤保险费时通过费率调节（对风险大、事故多的行业、企业提高费率，反之亦然）达到预防的目的，是工伤保险制度内在的预防功能；二是使用工伤保险基金开展的预防措施，这是从工伤保险基金中支出工伤预防费的预防手段，也是工伤保险制度外在的预防功能。

目前，世界上工伤预防体制主要可以分为三类。第一类为独立型，即工伤保险机构自身单独管理和核算，从而也使工伤预防体制相对独立，这种体制以意大利和德国为代表，在世界上为数不少。第二类为混合型，即由几个部门联合管理工伤预防，如英国和大多中、东欧国家，一般有两个相互独立的政府部门，一个主管职业安全（隶属劳动部），另一个分管职业卫生（隶属卫生部），同时存在。第三类为附属型，即工伤预防职能从属于国家的某个部委，这类部委主要是分管劳动和卫生的，如日本、芬兰、荷兰和挪威。

（一）扩大工伤保险覆盖面

工伤保险作为一种“保险”，大数法则是其一个十分重要的原则，即参加保险者必须有较大的人群才能共同应对风险，才能较好开展工伤预防等工作。以我国工伤保险发展的历史为例可以看出，中华人民共和国成立以来，我国工伤保险制度的覆盖面逐渐扩大，这也是我国工伤预防工作不断深入开展的基础。

1951 年，《中华人民共和国劳动保险条例》规定了参加劳动保险（工伤保险）人员为：

“第二条　本条例的实施,采取逐步推广办法，目前的实施范围暂定如下：

甲：有工人职员一百人以上的国营、公私合营、私营及合作社经营的工厂、矿场及其附属单位；

乙：铁路、航运、邮电的各企业单位与附属单位；

丙：工、矿、交通事业的基本建设单位；

丁：国营建筑公司。

关于本条例的实施范围继续推广办法由中央人民政府劳动部根据实际情况随时提出意见，报请中央人民政府政务院决定之。”

“第三条 不实行本条例的企业及季节性的企业，其有关劳动保险事项，得由各该企业或其所属产业或行业的行政方面或资方与工会组织，根据本条例的原则及本企业、本产业或本行业的实际情况协商，订立集体合同规定之。”

“第四条 凡在实行劳动保险的企业内工作的工人与职员（包括学徒），不分民族、年龄、性别和国籍，均适用本条例，但被剥夺政治权利者除外。”

1996年，《企业职工工伤保险试行办法》对工伤保险参保范围的规定为：“中华人民共和国境内的企业及其职工必须遵照本办法的规定执行。”

2004年，《工伤保险条例》对工伤保险参保范围的规定为：“中华人民共和国境内的各类企业、有雇工的个体工商户（以下称用人单位）应当依照本条例规定参加工伤保险，为本单位全部职工或者雇工（以下称职工）缴纳工伤保险费。中华人民共和国境内的各类企业的职工和个体工商户的雇工，均有依照本条例的规定享受工伤保险待遇的权利。有雇工的个体工商户参加工伤保险的具体步骤和实施办法，由省、自治区、直辖市人民政府规定。”

2011年，《国务院关于修改〈工伤保险条例〉的决定》对《工伤保险条例》进行修订，修订后对工伤保险参保范围的规定为：“中华人民共和国境内的企业、事业单位、社会团体、民办非企业单位、基金会、律师事务所、会计师事务所等组织和有雇工的个体工商户（以下称用人单位）应当依照本条例规定参加工伤保险，为本单位全部职工或者雇工（以下称职工）缴纳工伤保险费。中华人民共和国境内的企业、事业单位、社会团体、民办非企业单位、基金会、律师事务所、会计师事务所等组织的职工和个体工商户的雇工，均有依照本条例的规定享受工伤保险待遇的权利。”

由以上规定可以看出，我国工伤保险覆盖面在不断扩大，目前已经覆盖了超过2亿人，并将继续扩大。覆盖面扩大意味着工伤保险抵御风险的力量不断加强，功能逐渐完备。工伤预防作为工伤保险的一个重要功能，也在不断得到重视和加强。

（二）工伤保险费率调控

2011年开始实施的我国《社会保险法》第三十四条、修订后的《工伤保险条例》第八条规定，国家根据不同行业的工伤风险程度确定行业的差别费率，并根据使用工伤保险基金、工伤发生率等情况在每个行业内确定费率档次。根据这些规定，在实际操作中，社会保险经办机构根据用人单位使用工伤保险基金、工伤发生率和所属行业费率档次等情况，确定用人单位缴费费率。费率机制的预防措施，是指在筹集工伤保险基金的过程中，采取工伤保险行业差别费率和浮动费率机制，根据用人单位的工伤风险和工伤事故发生情况，调整用人单位的缴费费率，即对安全生产状况差、使用工伤保险基金多的用人单位提高缴费比例，对安全生产情况好、使用工伤保险基金少的用人单位降低缴费比例。这实质上是对两种不同情况用人单位的奖惩措施，可以引导用人单位做好工伤预防，利用经济杠杆作用激励和督促用人单位加强安全管理和工伤预防工作。

1. 行业差别费率机制

行业差别费率机制，是指根据不同的行业所面临的工作环境而可能发生伤亡事故的风险和职业的危险程度，分别确定不同比例的工伤保险社会统筹基金缴费率的机制。行业差别费率是工伤保险特有的费率模式。

行业差别费率是工伤保险费率确定的基础。差别费率是国际比较通用的一种筹资方法，世界上建立工伤保险制度的国家大多实行行业差别费率，将用人单位的缴费与所属行业风险程度、事故发生频率相挂钩。例如，对工伤事故发生频率高的煤炭开采业、建筑业等企业确定较高的行业基准费率；反之，对银行业、证券业、商业等企业确定较低的行业基准费率。差别费率使工伤保险费的征缴更加趋于合理化。行业差别费率的确定，首先按照不同行业的工伤风险程度在每个行业确定一个基准费率，然后在基准费率的基础上，再根据不同行业具体单位的安全生产状况、工伤保险费用的使用等情况，在每个行业内确定若干费率档次。实行行业差别费率机制，在一定程度上使工伤保险的互助互济原则和雇主责任制原则有机结合，使工伤保险和工伤预防紧密结合，既保护工伤职工合法权益，又分散用人单位风险。

不同的行业，其工伤事故或者职业病的发生概率是不一样的。反映不同工伤风险的行业划分，一方面要参照国民经济行业分类，另一方面要依据职业安全卫生的经验数据，经验数据则根据事故和职业病统计数据分析得出。这些数据不是单独的事故发生率、职业病发生率等，还要考虑事故造成的损失率。用人单位费率的确定主要依据企业的规模和所从事的行业，其中企业所从属的行业是考虑费率水平的重要条件，各个企业风险程度是确定费率过程中的重要因素。

确定行业差别费率所依据的评价指标主要有以下几种：

(1) 工伤事故发生次数。工伤事故发生次数是指单位时间内某行业发生工伤事故的次数总和。本指标说明工伤事故的发生频率和劳动保护安全制度的总效应。

(2) 因工伤亡总人数。因工伤亡总人数是指某行业单位时间内因工伤残、死亡的人数之和。

(3) 因工伤亡总人次数。因工伤亡总人次数是指某行业单位时间内因工负伤、致残乃至死亡的累积人数与次数之和。这一指标反映行业工伤事故的总体规模，是确定差别费率的重要指标之一。

(4) 工伤事故频率。工伤事故频率是指某行业单位时间内每千名职工因工负伤的总人次数。这一指标是反映行业或企业内职业伤害发生的程度，说明在职工总体中工伤事件发生的概率高低。

(5) 工伤死亡率。工伤死亡率是指某行业单位时间内因工死亡的职工占工伤总人数的比例，这一指标反映工伤事故对职工的伤害程度，说明行业工伤事故的严重程度高低。

2. 浮动费率机制

浮动费率是指在差别费率的基础上根据企业在一定时期内安全生产状况和工伤保险费用支出情况，在评估的基础上，定期对企业费率予以浮动的办法。浮动费率的目的是利用经济杠杆促进企业重视安全生产，强化工伤预防工作，降低企业伤亡事故率。

浮动费率是与企业的工伤事故率直接挂钩的，企业上年的事故越多，其下年的缴费就越多，这就体现出浮动费率的经济杠杆作用。为了利用好浮动费率这个经济杠杆作用，必须制定规范的浮动费率机制，科学地统计分析和评估行业企业的工伤事故率、收支率和工伤保险费用支出情况，调整企业的工伤保险费率。通过调整工伤保险费率促进企业抓好安全生产，减少工伤事故的发生，这是实行浮动费率机制的目的所在。

3. 我国费率机制的运行情况

《工伤保险条例》第八条规定：工伤保险费根据以支定收、收支平衡的原则，确定费率。国家根据不同行业的工伤风险程度确定行业的差别费率，并根据工伤保险费使用、工伤发生率等情况在每个行业内确定若干费率档次。行业差别费率及行业内费率档次由国务院社会保险行政部门制定，报国务院批准后公布施行。统筹地区经办机构根据用人单位工伤保险费使用、工伤发生率等情况，适用所属行业内相应的费率档次确定单位缴费费率。自2004年《工伤保险条例》实施以来，我国的工伤保险费率机制已初步建立，并对企业加强安全管理、开展工伤预防起到一定的促进作用。但是，目前我国的行业差别费率划分较粗，行业基准费率差距过小，未能真正反映各行业的工伤风险；浮动档次较少，费率浮动范围和评价指标的科学性不够，未能有效发挥对工伤预防的促进作用。因此，我国的工伤保险费率机制还需不断改革和完善，从而使工伤保险制度的预防功能得以充分发挥。

2015年7月，人力资源和社会保障部、财政部共同发布《关于调整工伤保险费率政策的通知》(人社部发〔2015〕71号)，并于2015年10月1日起执行，主要规定如下：

(1) 关于行业工伤风险类别划分。按照《国民经济行业分类》(GB/T4754—2011)对行业的划分，根据不同行业的工伤风险程度，由低到高，依次将行业工伤风险类别划分为一类至八类，见表1—1所示。

表 1—1　　　　工伤保险行业风险分类表

行业类别	行业名称
一	软件和信息技术服务业，货币金融服务，资本市场服务，保险业，其他金融业，科技推广和应用服务业，社会工作，广播、电视、电影和影视录音制作业，中国共产党机关，国家机构，人民政协、民主党派，社会保障，群众团体、社会团体和其他成员组织，基层群众自治组织，国际组织
二	批发业，零售业，仓储业，邮政业，住宿业，餐饮业，电信、广播电视和卫星传输服务，互联网和相关服务，房地产业，租赁业，商务服务业，研究和试验发展，专业技术服务业，居民服务业，其他服务业，教育，卫生，新闻和出版业，文化艺术业
三	农副食品加工业，食品制造业，酒、饮料和精制茶制造业，烟草制品业，纺织业，木材加工和木、竹、藤、棕、草制品业，文教、工美、体育和娱乐用品制造业，计算机、通信和其他电子设备制造业，仪器仪表制造业，其他制造业，水的生产和供应业，机动车、电子产品和日用产品修理业，水利管理业，生态保护和环境治理业，公共设施管理业，娱乐业
四	农业，畜牧业，农、林、牧、渔服务业，纺织服装、服饰业，皮革、毛皮、羽毛及其制品和制鞋业，印刷和记录媒介复制业，医药制造业，化学纤维制造业，橡胶和塑料制品业，金属制品业，通用设备制造业，专用设备制造业，汽车制造业，铁路、船舶、航空航天和其他运输设备制造业，电气机械和器材制造业，废弃资源综合利用业，金属制品、机械和设备修理业，电力、热力生产和供应业，燃气生产和供应业，铁路运输业，航空运输业，管道运输业，体育
五	林业，开采辅助活动，家具制造业，造纸和纸制品业，建筑安装业，建筑装饰和其他建筑业，道路运输业，水上运输业，装卸搬运和运输代理业
六	渔业，化学原料和化学制品制造业，非金属矿物制品业，黑色金属冶炼和压延加工业，有色金属冶炼和压延加工业，房屋建筑业，土木工程建筑业
七	石油和天然气开采业，其他采矿业，石油加工、炼焦和核燃料加工业
八	煤炭开采和洗选业，黑色金属矿采选业，有色金属矿采选业，非金属矿采选业

(2) 关于行业差别费率及其档次确定。不同工伤风险类别的行业执行不同的工伤保险行业基准费率。各行业工伤风险类别对应的全国工伤保险行业基准费率为，一类至八类分别控制在该行业用人单位职工工资总额的 0.2%、0.4%、0.7%、0.9%、1.1%、1.3%、1.6%、1.9%左右。

通过费率浮动的办法确定每个行业内的费率档次：一类行业分为 3 个档次，即在基准费率的基础上，可向上浮动至 120%、150%；二类至八类行业分为 5 个档次，即在基准费率的基础上，可分别向上浮动至 120%、150%或向下浮动至 80%、50%。

各统筹地区人力资源社会保障部门会同财政部门，按照“以支定收、收支平衡”的原则，合理确定本地区工伤保险行业基准费率具体标准，并征求工会组织、用人单位代表的意见，报统筹地区人民政府批准后实施。基准费率的具体标准可根据统筹地区经济产业结构变动、工伤保险费使用等情况适时调整。

(3) 关于单位费率的确定与浮动。统筹地区社会保险经办机构根据用人单位工伤保险费使用、工伤发生率、职业病危害程度等因素，确定其工伤保险费率，并可依据上述因素变化情况，每一年至三年确定其在所属行业不同费率档次间是否浮动。对符合浮动条件的用人单位，每次可上下浮动一档或两档。统筹地区工伤保险最低费率不低于本地区一类风险行业基准费率。费率浮动的具体办法由统筹地区人力资源社会保障部门商财政部门制定，并征求工会组织、用人单位代表的意见。

需要指出的是，行业差别费率和浮动费率虽然对促进工伤预防工作有一定作用，但是这种作用是有条件、有限度的，必须综合采取多种措施，才能搞好工伤预防工作。

（三）其他综合性预防措施

其他综合性预防措施，主要指从工伤保险基金中提取一定比例的工伤预防费，采取教育、技术和经济等措施，提高用人单位和职工的工伤预防意识，改善企业职业安全卫生状况，促进企业加强安全生产，减少工伤事故和职业病的发生。

1. 教育培训措施

教育培训措施是指利用工伤保险基金开展工伤预防的宣传、教育与培训等活动，是贯彻“安全第一，预防为主，综合治理”方针，普及安全生产和工伤保险知识，提高用人单位和职工工伤预防意识，增强工伤预防能力，减少和避免工伤事故和职业病发生的重要措施。

开展工伤预防的宣传、教育与培训工作，在安全生产和工伤保险中有着非常重要的意义，也是国内外工伤预防工作普遍采用的基本措施。通过开展工伤预防的宣传、教育与培训工作，一方面可以提高用人单位和职工做好安全生产管理的责任感和自觉性，帮助其正确认识安全生产和工伤预防工作的重要性，树立“以人为本”的安全价值观和“预防优先”的预防理念；另一方面，能够普及和提高劳动者的工伤预防和职业安全卫生方面的法律、法规、基本知识，增强安全操作技能，做到工作中不伤害自己，不伤害他人，也不被他人所伤害，从而保护自己和他人的安全与健康。

工伤预防的宣传主要包括：媒体宣传活动、政策咨询活动和知识竞赛，制作公益广告和标志，印制和发放宣传资料等。教育培训针对培训内容和培训对象，可灵活选择多种方式方法，如采用讲授法、实际操作演练法、案例研讨法和宣传娱乐法，还可以通过网络视频开展网上培训等。

2. 技术措施

技术措施是指利用工伤保险基金，补助企业开展预防伤亡事故和职业病的技术活动，引导企业对其设备、设施和生产工艺等从工伤预防和职业安全卫生的角度进行设计、改造、检测和维护，从而改善企业的职业安全生产状况，减少工伤事故和职业病的发生。

另外，技术措施还包括利用基金资助对工伤预防新技术、新产品的开发等科研活动，提高工伤预防的技术水平。

（1）工伤事故预防的技术措施。防止事故发生的预防技术是指为了防止事故的发生而采取的约束、限制能量或危险物质，防止其意外释放的技术措施。常用的防止事故发生的预防技术有消除危险源、限制能量或危险物质、隔离等。

1）消除危险源。消除系统中的危险源，可以从根本上防止事故的发生。但是，按照现代安全理论，彻底消除所有危险源是不可能的。因此，人们往往首先选择危险性较大、在现有技术条件下可以消除的危险源，作为优先考虑的对象。可以通过选择合适的工艺、技术、设备、设施，合理的结构形式，选择无害、无毒或不能致人伤害的物料来彻底消除某种危险源。

2）限制能量或危险物质。限制能量或危险物质可以防止事故的发生，如减少能量或危险物质的量，防止能量蓄积，安全地释放能量等。

3）隔离。隔离是一种常用的控制能量或危险物质的事故预防技术措施。采取隔离技术，既可以防止事故的发生，也可以防止事故的扩大，减少事故的损失。

4）故障—安全设计。在系统、设备、设施的一部分发生故障或破坏的情况下，在一定时间内也能保证安全的技术措施称为故障—安全设计。通过设计，使得系统、设备、设施发生故障或事故时处于低能状态，防止能量的意外释放。

5）减少故障和失误。通过增加安全系数、增加可靠性或设置安全监控系统等来减轻物的不安全状态，减少物的故障或事故的发生。

6）个体防护。个体防护是把人体与意外释放能量或危险物质隔离开，是一种不得已的隔离措施，但是却是保护人身安全的最后一道防线。

7）设置薄弱环节。利用事先设计好的薄弱环节，使事故能量按照人们的意图释放，防止能量作用于被保护的人或物。如锅炉上的易熔塞、电路中的熔断器等。

8）避难与救援。设置避难场所，当事故发生时人员暂时躲避，免遭伤害或赢得救援的时间。事先选择撤退路线，当事故发生时，人员按照撤退路线迅速撤离。事故发生后，组织有效的应急救援力量，实施迅速的救护，是减少事故人员伤亡和财产损失的有效措施。

（2）职业健康监护的技术措施。通过预防性健康检查，早期发现职业病有利于及时采取措施，防止职业危害因素所致疾病的发生和发展，还可以为评价劳动条件及职业危害因素对健康的影响提供资料，并有助于发现新的职业性危害因素，是保护劳动者相关权益所不可缺少的。职业病健康监护的内容包括职业健康检查、健康监护档案、健康监护资料分析等几个方面。

1）职业健康检查。可分为就业前健康检查和就业后的定期健康检查两种形式。

①就业前健康检查是指对准备从事某种作业的劳动者进行的健康检查。其目的在于：检查受检者的体质和健康状况是否符合参加该作业，是否有职业禁忌证，是否有危及他人的疾患和传染病、精神病等。根据检查结果决定可否从事该作业或安排其他适当工作。取得基础健康状况资料，可供定期检查和动态观察时进行自身对比之用。

②定期健康检查是按《职业健康监护技术规范》（GBZ188—2014）的规定，按一定时间间隔对接触职业性危害因素作业工人进行的定期健康检查。其目的是：及时发现职业危害因素对健康的早期影响和可疑征象；早期诊断和处理职业病患者和观察对象及其他疾病患者，防止其发展和恶化；检出高危人群，即对高危害因素易感的人群，作为重点监护对象；发现具有职业禁忌证的工人，以便调离或安排其他适当工作；采取措施防止其他工人健康受损。

另外，职业病普查也是一种健康检查，主要是对接触某种职业危害因素的人群，普遍地进行一次健康检查。通过普查发现职业病，还可检出有职业禁忌证的人和高危人群。

2）健康监护档案。健康监护档案的内容有：职业史和疾病史，职业性危害因素的监测结果及接触水平，职业健康检查结果及处理情况，个人健康基础资料等。

3）健康监护资料分析。对接触有害因素工人的健康监护资料的统计分析，对指导职业病防治工作有重要意义，可作为职业病预防工作的重要信息资源。

（3）经济措施。经济措施，是指除利用费率机制的经济杠杆作用对企业进行调节以外，对违反国家安全规定、工伤预防工作较差的企业给予处罚，从而引导企业重视工伤预防，进入工伤预防和安全生产的良性轨道。

在经济措施中，一般综合考虑企业的安全生产情况、工伤事故和职业病发生率、工伤保险基金收支率等指标，对企业进行奖励和处罚。

工伤保险利用基金的外在预防措施，除了以上几种外，还有一些管理性的措施，主要指工伤保险管理机构利用工伤保险基金，研究制定工伤预防工作中有关的规范、技术规程和标准，并对企业执行这些规程、规范和标准的情况进行监督和检查，对企业存在的安全卫生隐患提出咨询意见和建议。

综上所述可以看出，工伤预防是一项综合性很强的工作，需要有关方面协同配合，也需要社会各方面资源的投入。由于我国工伤保险制度设计的特殊性，我国工伤保险基金对于工伤预防的影响有待进一步提高。随着经济社会的不断发展，这种状况将会得以逐步改变。

（4）我国基金预防机制的运行情况。我国目前从工伤保险基金提取工伤预防费开展工伤预防工作，这种预防机制还处在改革探索阶段，还需在制度建设和改革实践中不断完善，加以统一和规范。

2009 年，人力资源和社会保障部下发了《关于开展工伤预防试点工作有关问题的通知》，选择了广东、海南和河南 3 省的 11 个城市作为试点城市，正式启动了工伤预防试点工作。

2013 年 4 月，人力资源和社会保障部印发《关于进一步做好工伤预防试点工作的通知》(人社部发〔2013〕32 号)，决定在 2009 年初步试点的基础上，再选择一部分具备条件的城市扩大试点，并进一步规范了工作原则和程序。2013 年 10 月，人力资源和社会保障部办公厅印发《关于确认工伤预防试点城市的通知》(人社厅发〔2013〕111 号)，确认了天津市等 50 个工伤预防试点城市（统筹地区)，要求各试点城市积极探索建立科学、规范的工伤预防工作模式，为在全国范围内开展工伤预防工作积累经验，完善我国工伤预防制度体系。

2016 年 8 月，人力资源和社会保障部工伤保险司下发《关于选择部分地区开展工伤预防专项试点工作的函》的工作部署，从 2017 年至 2020 年，选定天津市，河南省郑州，广东省广州、东莞、中山等 5 城市为工伤预防专项试点城市。根据试点工作要求，试点城市要选择工伤高发的行业、工种、岗位等作为工伤预防专项试点的重点，试点期间，针对选定的行业、工种、岗位等，持续采取宣传、培训等工伤预防措施，跟踪选定行业、工种、岗位的预防效果，每年进行评估。

2017 年 8 月，人力资源社会保障部、财政部、国家卫生计生委、国家安全监管总局联合下发《关于印发工伤预防费使用管理暂行办法的通知》，规定工伤预防费用于工伤事故和职业病预防宣传及工伤事故和职业病预防培训；规定在保证工伤保险待遇支付能力和储备金留存的前提下，工伤预防费的使用原则上不得超过统筹地区上年度工伤保险基金征缴收入的 3%。因工伤预防工作需要，经省级人力资源社会保障部门和财政部门同意，可以适当提高工伤预防费的使用比例。并且规定工伤预防费使用实行预算管理。统筹地区社会保险经办机构按照上年度预算执行情况，根据工伤预防工作需要，将工伤预防费列入下一年度工伤保险基金支出预算。具体预算编制按照预算法和社会保险基金预算有关规定执行。具体执行中，统筹地区人力资源和社会保障部门应会同财政、卫生计生、安全监管部门以及本辖区内负有安全生产监督管理职责的部门，根据工伤事故伤害、职业病高发的行业、企业、工种、岗位等情况，统筹确定工伤预防的重点领域，并通过适当方式告知社会。

第二章

模具行业工伤预防指导规范概述

模具是工业生产的基础工艺，是在外力作用下使坯料成为有特定形状和尺寸的制件的工具，广泛用于冲裁、模锻、冷镦、挤压、粉末冶金件压制、压力铸造，以及工程塑料、橡胶、陶瓷等制品的压塑或注塑的成形加工中。模具的应用范围十分广泛，在电子、汽车、电机、电器、仪器、仪表、家电和通信等产品中，60％～80％的零部件都要依靠模具成型，75％的粗加工工业产品零件，50％的精加工零件都由模具成型，绝大部分塑料制品也由模具成型，模具技术已经成为衡量一个地区制造业水平的重要标志。相应地，模具行业是工伤预防工作的一大重点行业。

本章通过对生产安全事故的常见原因进行分析，就模具行业的特点进行概述，提出模具行业工伤预防体系建设的整体思路：贯彻工伤保险和安全生产相关法律、法规和政策，落实宣传和培训，消除安全隐患，主动介入开展工伤预防。

第一节　生产安全事故的常见原因

一、安全生产常用术语

1. 安全

安全是指免遭不可接受危险的伤害。

生产过程中的安全，又称为生产安全，是指不发生工伤事故、职业病或设备财产损失的状态。

工程中的安全，是用概率表示近似的客观量，用于衡量安全的程度。

系统工程中的安全概念，认为世界上没有绝对安全的事物，任何事物都有不安全的因素，具有一定的危险性。安全和危险是一对互为存在前提的术语，在安全评价中，安全主要是指人和物的安全。在系统整个寿命周期内，安全性与危险性互为补数。

2. 危险

危险是指易于受到损害或伤害的一种状态，它是指系统中存在导致发生不期望后果的可能性超过了人们的接受程度。

危险性是指对系统危险程度的客观描述，它用危险概率和危险严重度来表示这一危险可能导致的损失。

长期以来，人们一直把安全和危险看作截然不同的、相对独立的旧概念。系统安全包含许多创新的安全新概念：认为世界上没有绝对安全的事物，任何事物中都包含有不安全的因素，具有一定的危险性，其中，危险概率是指发生危险的可能性，危险严重度是指对危害造成的最坏结果的定性评价。安全则是一个相对的概念，它是一种模糊数学的概念。危险性是对安全性的隶属度；当危险性低于某种程度时，人们就认为是安全的。

3. 危险因素

危险因素是指能对人造成伤亡或对物造成突发性损害的因素。

4. 有害因素

有害因素是指能影响人的身体健康导致疾病，或对物造成慢性损害的因素。

5. 危险源

危险源是指可能造成人员伤害、疾病、财产损失、作业环境破坏或其他损失的根源或状态。

6. 风险

风险是危险、危害事故发生的可能性与危险、危害事故严重程度的综合度量。风险是描述系统危险程度的客观量，又称为风险度或危险性。衡量风险大小的指标是风险率（R），它等于事故发生的概率（P）与事故损失严重程度（S）的乘积：

$$R = PS$$

7. 事故

事故是指造成人员死亡、伤害、职业病、财产损失或其他损失的意外事件。

8. 事故隐患

事故隐患是指生产系统中可导致事故发生的人的不安全行为、物的不安全状态和管理上的缺陷。

事故隐患分为一般事故隐患和重大事故隐患。

一般事故隐患是指危害和整改难度较小，发现后能够立即整改排除的隐患。

重大事故隐患是指危害和整改难度较大，应当全部或者局部停产停业，并经过一定时间整改、治理方能排除的隐患，或者因外部因素影响致使生产经营单位自身难以排除的隐患。

9. 本质安全

本质安全是指设备、设施或技术工艺含有内在的、能够从根本上防止发生事故的功能。具体包括两方面的内容：

（1）失误—安全功能。该方面功能是指操作者即使操作失误，也不会发生事故或伤害，或者说设备、设施和技术工艺本身具有自动防止人的不安全行为的功能。

（2）故障—安全功能。该方面功能是指设备、设施或技术工艺发生故障或损坏时，还能暂时维持正常工作或自动转变为安全状态。上述两种安全功能应该是设备、设施和技术工艺本身固有的，即在他们的规划设计阶段就被纳入其中，而不是事后补偿的。

本质安全是以安全生产预防为主的根本体现，也是安全生产管理的最高境界。实际上，由于技术、资金和人们对事故的认识等原因，目前还很难做到本质安全，只能作为全社会为之奋斗的目标。

10. 安全生产方针

《安全生产法》第三条规定：安全年生产工作应当以人为本，坚持安全发展，坚持安全第一、预防为主、综合治理的方针。

“安全第一”就是在生产经营过程中，在处理生产和安全这两个方面问题时，要始终把安全放在首要的位置，坚持最优先考虑人的生命安全。“预防为主”就是按照系统工程理论，按照事故发展的规律和特点，预防事故的发生，做到防患于未然，将事故消灭在萌芽状态。“综合治理”，就是要标本兼治，重在治本，采取各种管理手段预防事故发生，实现治标的同时，研究治本的方法，综合运用科技手段、法律规定、经济手段和行政干预，从各个方面着手解决影响安全生产的深层次问题，做到思想上、制度上、技术上、监督检查上、事故处理上和应急救援上的综合管理。

11. 安全生产管理五要素

安全管理工作体系主要由源头控制、过程管理、应急救援和事故处理四个方面构成。而每个方面都离不开安全文化、安全法制、安全责任、安全科技和安全投入五个安全生产关键要素，日常安全管理工作也应紧紧围绕这五大要素进行。这五个要素既相对独立，又相辅相成，甚至互为条件。

（1）安全文化最基本的内涵是职工的安全生产意识，只有加强安全生产宣传教育培训，逐步提高职工的安全意识，把安全工作始终抓在手上，放在心中，做到警钟长鸣，居安思危，言危思进，常抓不懈，在其他要素健全和成熟的前提下，才能形成不伤害自己、不伤害他人、不被他人所伤害的安全理念，培育出深入人心的“以人为本”的安全文化。

（2）安全法制就是安全规章制度的建立和执行，是保障安全生产最有力的武器，是开展其他工作的保证和约束，也是安全生产管理进入规范化、制度化的必要条件。只有建立健全科学完善的制度、规程、标准，并严格做到有章可循、有章必循、违章必究，才能体现安全管理的严肃性和权威性。

（3）安全责任，简而言之，就是安全责任心和责任制。安全责任心是每个职工对自己、对家庭、对单位所要确认的一种良心，一种道德要求。安全责任制实质就是安全生产人人有责，是落实安全法制的手段，是安全法律法规的具体化。落实安全责任制，不仅要强化行政责任问责制度，更要执行安全生产行政责任追究制度，做到谁违章谁负责，谁渎职谁负责。

（4）安全科技就是要科技兴安，是实现安全生产的重要手段和措施，也是安全生产的最基本出路，决定着安全生产的保障和事故预防能力。安全工作需要科技的支撑，只有充分依靠科学技术的手段，生产过程的安全才有根本的保障，才能实现真正意义上的本质安全。

（5）安全投入是指必须保证安全生产必需的经费。它是其他要素的物质支持。安全也是生产力，安全生产的实现要靠投入的保障作为基础，提高安全生产的能力，需要为安全付出成本，安全的成本既是代价，更是效益。

12. “三违”与强令冒险作业

（1）“三违”。所谓“三违”是指：违章指挥、违章作业、违反劳动纪律。

1）违章指挥。违章指挥是指施工单位有关管理人员违反国家关于安全生产的法律、法规和有关安全规程、规章制度的规定，对作业人员具体的生产活动进行指挥，强令工人冒险作业；指挥工人在安全防护设施、设备上有缺陷的条件下仍然冒险作业、违章作业而不制止。

2）违章作业。违章作业是指职工在劳动过程中违反有关的法规、标准、规章制度、操作规程，盲目蛮干、冒险作业的行为。如不遵守施工现场安全制度，进入施工现场不戴安全帽，高处作业不系安全带和不正确使用个人防护用品；擅自动用机电设备或拆改挪动设施、设备，随意攀爬脚手架等。

3）违反劳动纪律。违反劳动纪律是指不遵守企业的各项劳动纪律，迟到、早退、脱岗，工作期间干私活、打架斗殴、嬉闹等。如不坚守岗位、乱串岗等行为。

（2）强令冒险作业。强令冒险作业是指施工单位有关管理人员明知开始或者继续作业会有重大危险，仍然强迫作业人员进行作业的行为。

13. 建筑施工安全“三宝”

建筑施工安全“三宝”是指：建筑施工防护使用的安全网、个人防护佩戴的安全帽和安全带，坚持正确使用佩戴，可减少操作人员的伤亡事故，因此称为“三宝”。

进入施工现场必须正确佩戴安全帽；高处作业必须正确系挂安全带；建筑物必须采用符合国家标准要求的密目式安全网实施封闭，外脚手架内必须按规定设置安全平网。

14. “三不伤害”

“三不伤害”是指：在生产作业中不伤害自己、不伤害他人、不被别人所伤害。“三不伤害”原则具体地要求作业人员要有良好的自我保护意识，要及时制止违章。制止违章既保护了自己，也保护了他人。

15. “四不放过”

安全生产事故发生后，调查和处理必须坚持“四不放过”。所谓四不放过是指事故原因没有查清不放过，事故责任者没有严肃处理不放过，广大职工没有受到教育不放过，整改措施没有落实不放过。

16. 安全操作规程

安全操作规程是指为保障安全生产，对操作的具体技术要求和实施程序所作出的统一规定。

17. 生产经营单位和作业人员

生产经营单位是指在中华人民共和国领域内从事生产经营活动的单位，包括工、矿、商、贸等。按照《安全生产法》的规定，生产经营单位对安全生产承担主体责任，必须遵守该法和其他有关安全生产的法律、法规，加强安全生产管理，建立、健全安全生产责任制度，完善安全生产条件，确保安全生产。其主要负责人对本单位的安全生产工作全面负责。

生产经营单位的作业人员是指该单位从事生产经营活动各项工作的所有人员，包括管理人员、技术人员和各岗位的工人，也包括生产经营单位临时聘用的人员。

18. 童工

童工是指未满十六周岁，与单位或者个人发生劳动关系，从事有经济收入的劳动或者从事个体劳动的少年、儿童。

未满十六周岁的少年、儿童，参加家庭劳动、学校组织的勤工俭学和省、自治区、直辖市人民政府允许从事的无损于身心健康的、力所能及的辅助性劳动，不属于童工范畴。

19. 未成年工

根据《劳动法》的规定，未成年工是指年满十六周岁未满十八周岁的劳动者。不得安排未成年工从事矿山井下、有毒有害、国家规定的第四级体力劳动强度的劳动和其他禁忌从事的劳动。用人单位应当对未成年工定期进行健康检查。

二、生产安全事故的种类及常见原因

（一）生产安全事故种类

1. 物体打击

物体打击是指失控物体的惯性力造成的人身伤害事故。如落物、滚石、锤击、碎裂、崩块、砸伤等造成的伤害，不包括爆炸而引起的物体打击。

2. 车辆伤害

车辆伤害是指本企业机动车辆引起的机械伤害事故。如机动车辆在行驶中的挤、压、撞车或倾覆等事故，在行驶中上下车、搭乘矿车或放飞车所引起的事故，以及车辆运输挂钩、跑车事故。

3. 机械伤害

机械伤害是指机械设备与工具引起的绞、碾、碰、割、戳、切等伤害。如工件或刀具飞出伤人，切屑伤人，手或身体被卷入，手或其他部位被刀具碰伤或被转动的机构缠压住等。但属于车辆、起重设备的情况除外。

4. 起重伤害

起重伤害是指从事起重作业时引起的机械伤害事故。包括各种起重作业引起的机械伤害，但不包括触电、检修时制动失灵引起的伤害以及上下驾驶室时引起的坠落或跌倒。

5. 触电

触电是指电流流经人体，造成生理伤害的事故。适用于触电、雷击伤害。如人体接触带电的设备金属外壳或裸露的临时线、漏电的手持电动工具，起重设备误触高压线或感应带电，雷击伤害，触电坠落等事故。

6. 淹溺

淹溺是指因大量水经口、鼻进入肺内，造成呼吸道阻塞，发生急性缺氧而窒息死亡的事故。包括船舶、排筏、设施在航行、停泊、作业时发生的落水事故。

7. 灼烫

灼烫是指强酸、强碱溅到身体引起的灼伤，或因火焰引起的烧伤，高温物体引起的烫伤，放射线引起的皮肤损伤等事故。包括烧伤、烫伤、化学灼伤、放射性皮肤损伤等伤害。不包括电烧伤以及火灾事故引起的烧伤。

8. 火灾

火灾是指造成人身伤亡的企业火灾事故。不包括非企业原因造成的火灾，比如，居民火灾蔓延到企业。此类事故属于消防部门统计的事故。

9. 高处坠落

高处坠落是指由于危险重力势能差引起的伤害事故。包括脚手架、平台、陡壁施工等高于地面的坠落，也包括从地面踏空失足坠入洞、坑、沟、升降口、漏斗等情况。但排除以其他类别为诱发条件的坠落。如高处作业时，因触电失足坠落应定为触电事故，不能按高处坠落划分。

10. 坍塌

坍塌是指建筑物、构筑物、堆置物等倒塌以及土石塌方引起的事故。包括因设计或施工不合理而造成的倒塌，以及土方、岩石发生的塌陷事故。如建筑物倒塌，脚手架倒塌，挖掘沟、坑、洞时土石的塌方等情况。不包括矿山冒顶片帮事故，或因爆炸、爆破引起的坍塌事故。

11. 冒顶片帮

冒顶片帮是指矿井工作面、巷道侧壁由于支护不当、压力过大造成的坍塌，称为片帮；顶板垮落为冒顶。两者常同时发生，简称为冒顶片帮。包括矿山、地下开采、掘进及其他坑道作业发生的坍塌事故。

12. 透水

透水是指矿山、地下开采或其他坑道作业时，意外水源带来的伤亡事故。包括井巷与含水岩层、地下含水带、溶洞或与被淹巷道、地面水域相通时，涌水成灾的事故。不包括地面水害事故。

13. 放炮

放炮是指施工时，放炮作业造成的伤亡事故。包括各种爆破作业。如采石、采矿、采煤、开山、修路、拆除建筑物等工程进行的放炮作业引起的伤亡事故。

14. 瓦斯爆炸

瓦斯爆炸是指可燃性气体瓦斯、煤尘与空气混合形成了达到燃烧极限的混合物，接触火源时引起的化学性爆炸事故。主要适用于煤矿，同时也适用于空气不流通，瓦斯、煤尘积聚的场合。

15. 火药爆炸

火药爆炸是指火药与炸药在生产、运输、储藏的过程中发生的爆炸事故。包括火药与炸药生产在配料、运输、储藏、加工过程中，由于振动、明火、摩擦、静电作用，或因炸药的热分解作用，储藏时间过长或因存药过多发生的化学性爆炸事故，以及熔炼金属时，废料处理不净，残存火药或炸药引起的爆炸事故。

16. 锅炉爆炸

锅炉爆炸是指锅炉发生的物理性爆炸事故。适用于使用工作压力大于0.7兆帕，以水为介质的蒸汽锅炉（以下简称锅炉），但不适用于铁路机车、船舶上的锅炉以及列车电站和船舶电站的锅炉。

17. 容器爆炸

容器（压力容器的简称）是指比较容易发生事故，且事故危害性较大的承受压力载荷的密闭装置。容器爆炸是压力容器破裂引起的气体爆炸，即物理性爆炸，包括容器内盛装的可燃性液化气在容器破裂后，立即蒸发，与周围的空气混合形成爆炸性气体混合物，遇到火源时产生的化学爆炸，也称容器的二次爆炸。

18. 其他爆炸

凡不属于上述爆炸的事故均列为其他爆炸事故，例如，可燃性气体（如煤气、乙炔等）与空气混合形成的爆炸；可燃蒸气与空气混合形成的爆炸性气体混合物（如汽油挥发气）引起的爆炸；可燃性粉尘以及可燃性纤维与空气混合形成的爆炸性气体混合物引起的爆炸；间接形成的可燃气体与空气相混合，或者可燃蒸气与空气相混合（如可燃固体、自燃物品受热、水、氧化剂的作用会迅速反应，分解出可燃气体或蒸气与空气混合形成爆炸性气体），遇火源爆炸的事故。炉膛爆炸，钢水包爆炸、亚麻粉尘爆炸，都属于其他爆炸。

19. 中毒和窒息

中毒和窒息是指人接触有毒物质，如误吃有毒食物或呼吸有毒气体引起的人体急性中毒事故，或在废弃的坑道、暗井、涵洞、地下管道等不通风的地方工作，因为氧气缺乏，有时会发生人突然晕倒，甚至死亡的事故称为窒息。两种现象合为一体，称为中毒和窒息事故。不包括病理变化导致的中毒和窒息的事故，也不包括慢性中毒的职业病导致的死亡。

20. 其他伤害

凡不属于上述伤害的事故均称为其他伤害，如扭伤、跌伤、冻伤、野兽咬伤、钉子扎伤等。

（二）人的不安全行为

（1）操作错误，忽视安全，忽视警告：未经许可开动、关停、移动机器；开动、关停机器时未给信号、开关未锁紧，造成意外转动、通电或泄漏等；忘记关闭设备；忽视警告标志、警告信号；操作错误（指按钮、阀门、扳手、把柄等的操作）；奔跑作业、供料或送料速度过快；机械超速运转；违章驾驶机动车；酒后作业；客货混载；冲压机作业时，手伸进冲压模；工件紧固不牢；用压缩空气吹铁屑；其他。

（2）造成安全装置失效：拆除了安全装置；安全装置堵塞失去了作用；调整的错误，造成安全装置失效；其他。

（3）使用不安全设备：临时使用不牢固的设施，使用无安全装置的设备；其他。

（4）手代替工具操作：用手代替手动工具；用手清除切屑；不用夹具固定，用手拿工件进行机加工。

（5）违规存放：物体（指成品、半成品、材料、工具、切屑和生产用品等）存放不当。

（6）冒险进入危险场所：冒险进入涵洞，接近漏料处（无安全设施）；采伐、集材、运材、装车时，未离危险区；未经安全监察人员允许进入油罐或井中；未“敲帮问顶”开始作业；冒进信号；调车场超速上下车；易燃、易爆场合使用明火；私自搭乘矿车；在绞车道行走；未及时瞭望。

（7）攀、坐不安全位置（如平台护栏、汽车挡板、吊车吊钩）。

（8）在起吊物下作业、停留。

（9）机器运转时进行加油、修理、检查、调整、焊接、清扫等工作。

（10）有分散注意力行为。

（11）在必须使用个人防护用品用具的作业或场合中，忽视其使用。例如，未戴护目镜或面罩，未戴防护手套，未穿安全鞋，未戴安全帽，未佩戴呼吸护具，未佩戴安全带，未戴工作帽，其他。

（12）不安全装束：在有旋转零部件的设备旁作业穿肥大服装，操纵带有旋转零部件的设备时戴手套；其他。

（13）对易燃、易爆等危险物品处理错误。

（三）物的不安全状态

（1）防护、保险、信号等装置缺乏或有缺陷：

1）无防护：无防护罩，无安全保险装置，无报警装置，无安全标志，无护栏或护栏损坏，（电气）未接地，绝缘不良，无消声系统，噪声大，危房内作业，未安装防止“跑车”的挡车器或挡车栏。

2）防护不当：防护罩未在适当位置，防护装置调整不当，坑道掘进、隧道开凿支撑不当，防爆装置不当，采伐、集材作业安全距离不够，放炮作业隐蔽有缺陷，电气装置带电部分裸露。

（2）设备、设施、工具、附件有缺陷，设计不当、结构不符合安全要求，通道门遮挡视线，制动装置有缺陷，安全间距不够，拦车网有缺陷，工件有毛刺、毛边，设施上有锋利棱角。

（3）强度不够：机械强度不够，绝缘强度不够，起吊重物的绳索不符合安全要求。

（4）设备在非正常状态下运行：带“病”运转、超负荷运转。

（5）维修、调整不当：设备失修，地面不平，保养不当，设备失灵。

（6）个人防护用品用具——防护服、手套、护目镜及面罩、呼吸器官护具、听力护具、安全带、安全帽、安全鞋等缺少或有缺陷：

1）无个人防护用品、用具。

2）所用防护用品、用具不符合安全要求。

（7）生产（施工）场地环境不良：

1）照明光线不良，照度不足，作业场地烟尘弥漫、视物不清，光线过强。

2）通风不良，无通风，通风系统效率低，风流短路，停电停风时放炮作业，瓦斯排放未达到安全浓度时放炮作业，瓦斯浓度超限。

3）作业场所狭窄，作业场地杂乱，工具、制品、材料堆放不安全。

4）采伐时，未开“安全道”，“迎门树”“坐殿树”“搭挂树”未作处理。

（8）交通线路的配置不安全，操作工序设计或配置不安全，地面滑，地面有油或其他液体，冰雪覆盖，地面有其他易滑物。

第二节　模具行业工伤事故概述

一、模具行业的特点

模具，是工业生产上得到所需产品的各种模子和工具，它主要通过所成型材料物理状态的改变来实现物品外形的加工。简而言之，模具是用来成型物品的工具，这种工具由各种零件构成，不同类型不同规格的模具由不同的零件构成。

模具是在外力作用下使坯料成为有特定形状和尺寸的制件的工具，广泛用于冲裁、模锻、冷镦、挤压、粉末冶金件压制、压力铸造，以及工程塑料、橡胶、陶瓷等制品的压塑或注塑的成形加工中。模具具有特定的轮廓或内腔形状，应用具有刃口的轮廓形状可以使坯料按轮廓线形状发生分离（冲裁等），应用内腔形状可使坯料获得相应的立体形状（注塑等）。

模具的应用范围十分广泛，在电子、汽车、电机、电器、仪器、仪表、家电和通信等产品中，60%～80%的零部件都要依靠模具成型，75%的粗加工工业产品零件，50%的精加工零件都由模具成型，绝大部分塑料制品也由模具成型。模具生产制件所具备的高精度，高复杂程度，高一致性，高生产率和低消耗，是其他加工方法所不能比拟的。按照成形工艺的不同，模具可分为冲压模具、铸造模具、锻造模具、挤压模具、注塑模具、拉丝模具、玻璃成形模具、橡胶成形模具、粉末冶金模具和模具标准件。

模具一般包括动模和定模（或凸模和凹模）两个部分，二者可分可合。分开时取出制件，合拢时使坯料注入模具型腔成形。模具是精密工具，形状复杂，承受坯料的胀力，对结构强度、刚度、表面硬度、表面粗糙度和加工精度都有较高要求，模具生产的发展水平是机械制造水平的重要标志之一。

模具作为一种高寿命的专用工艺装备，有以下生产特点：

1. 模具属于单件、多品种生产

模具是高寿命专用工艺装备，每副模具只能生产某一特定形状、尺寸和精度的制件，这就决定了模具生产属于单件、多品种生产。

2. 模具生产周期要尽可能短

由于新产品更新换代的加快和市场的竞争，客观上要求模具生产周期越短越好。模具的生产管理、设计和工艺工作都应该适应客观要求。

3. 模具生产的成套性

当一个零件需要多副模具来加工时，各副模具之间往往需要按照工序来设计制造，只有最终制件合格，这一系列模具才算合格。因此，在生产计划安排上必须充分考虑这一特点，模具的生产管理因此变得复杂。

4. 试模和调试较为复杂

由于模具单件生产的特点，每一副模具的开发都具有创新性，因此模具在完成加工、装配后，必须通过试冲或试模，对样品进行检测后才能判断模具是否合格。因此，在模具的全生命周期管理中，必须预留试模周期。

5. 模具加工向机械化、精密化和自动化方向发展

目前产品零件对模具精度的要求越来越高，高精度、高寿命、高效率的模具越来越多。而加工精度主要取决于加工机床精度、加工工艺条件、测量手段和方法。所以，精密成型磨床、CNC 高精度平面磨床、精密数控电火花线切割机床、高精度连续轨迹坐标磨床以及三坐标测量机的使用越来越普遍，使模具加工向高技术密集型发展。

二、模具生产的一般过程

随着中国模具制造业整体水平的提高，CAD/CAE/CAM/CAPP/MES 等现代技术得到了广泛的应用。一般来说，具备一定规模的模具企业，模具是按照项目制进行全程跟踪管控。下面对现代模具的接单、设计、生产、验收等流程，做简单的介绍。

（1）客户与模具供应商的协同设计：此阶段主要是客户与供应商之间进行产品设计和模具开发等方面的技术探讨，主要目的是让模具供应商清楚地领会到产品设计者的设计意图及精度要求，同时也让产品设计者更好地明白模具生产的能力，进而优化产品的工艺性能，从而完成更合理的产品设计。

（2）报价：主要包括模具价格、寿命、设备参数要求以及模具交货期，还应涵盖产品尺寸及重量、模具尺寸及重量等信息。

（3）合同签订：约定技术要求、交货期、订单价格、付款方式、验收及结算等。

（4）模具设计。

（5）原材料及标准件采购。

（6）模具制造：所涉及的工序大致有车、铣、热处理、磨、数控铣（CNC）、电火花（EDM）、线切割（WEDM）、坐标磨（JIGGRINGING）、激光刻字、抛光等。

（7）模具装配：模具钳工根据模具的总装要求，完成钻孔、修配及装配等工作。

（8）试模：按照技术要求，选择相应的试模设备，完成样品试制。

（9）样品检测：用三坐标测量仪、检具等检测设备及工装，对样件进行检测，出具检测报告。

（10）修改模及交付使用：客户和模具供应商对样件进行评估，以确定模具是否需要修模及再试模，经双方检测确认样件合格后，交付使用。

模具从接单、设计、制造、试模到交付使用的生产全过程，如图 2—1 所示。

三、模具行业工伤事故抽样分析

为了摸清模具行业的工伤发生情况，必须选择五金模具产业相对集聚的地区（科学取样），基于社会保险行政部门的数据库，进行充分的调研及深入的统计分析。在此基础

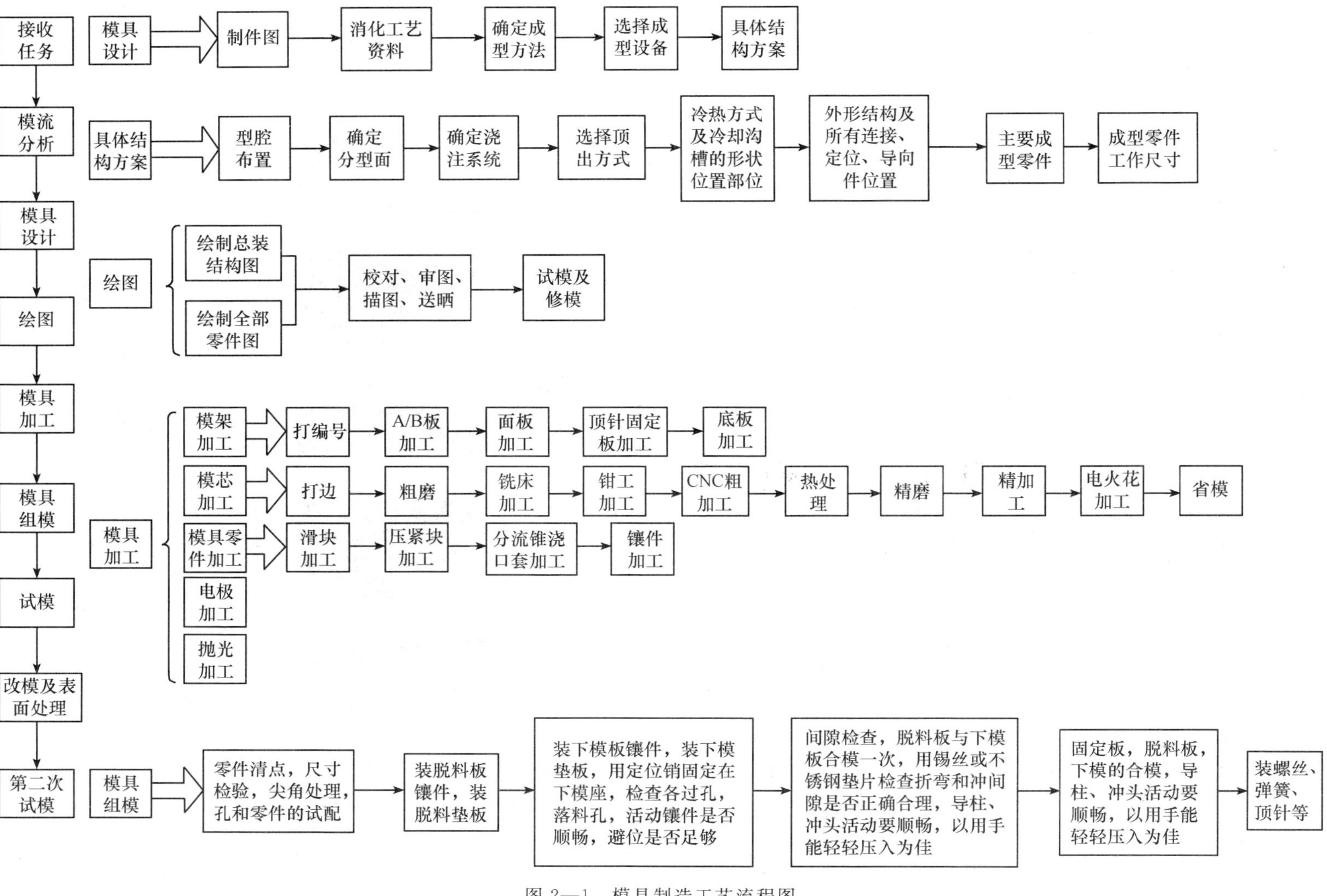

图 2—1 模具制造工艺流程图

上，摸清工伤事故发生的主要原因及工种分布情况，进而有针对性地和企业一起做好工伤预防工作。

（一）抽样地区模具行业工伤事故发生的基本情况

根据东莞市社会保险行政部门的统计数据，抽样地区长安镇的模具行业工伤保险参保人数及占全镇的比例，如表 2—1 所示。由此可知，五金模具行业的规模在逐年增大，五金模具行业工伤保险参保人数占全镇工伤保险参保人数更升至 25.5%，产业集群特征明显。

表 2—1　　东莞市长安镇五金模具行业 5 年工伤保险参保数据

行业工伤参保人数（人）	镇工伤参保人数（人）	行业参保人数占全镇的比例（%）
90 851	462 620	19.6
81 974	423 163	19.4
93 500	418 260	22.4
111 349	455 697	24.4
117 541	461 246	25.5

5 年间，模具行业共发生 6 321 起工伤事故，占全镇的 34%，如图 2—2 所示。其中，2011 年该行业工伤事故的起数明显增多，较 2010 年上升 26.2%，相应的需支付的工伤保险待遇较 2010 年上升了 58.2%，这跟一至四级伤残人员大量增加有关。

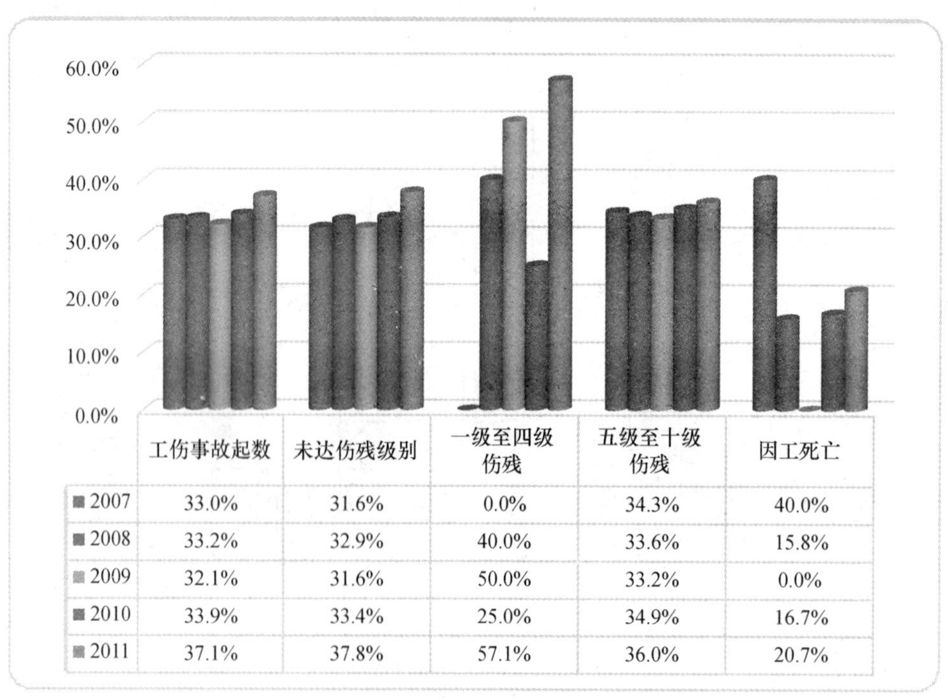

图 2—2　东莞市长安镇 5 年 5 项工伤数据占全镇的比例

相应地，工伤待遇的支付金额也大幅度上升，如表 2—2 所示。为减少事故发生量、保障工伤保险基金的稳健运行，做好该行业的工伤预防工作迫在眉睫。

表 2—2　　东莞市长安镇模具行业近五年工伤待遇支付情况

年份＼项目	累计支付行业工伤待遇（元）
2007	6 435 285
2008	8 368 009
2009	7 183 591
2010	6 723 109
2011	10 634 846

（二）东莞市长安镇模具行业的工伤事故基本情况

为了更加深入地剖析五金模具行业工伤事故发生的原因，课题组提前整理了东莞市长安镇内五金模具行业近年工伤事故发生起数排名前 50 的参保单位的数据，以明确调研重点。长安镇社保分局统计数据显示，虽然这 50 家单位只占全镇参保单位数 8 900 家的 0.6%，但近三年这 50 家单位工伤报案总数共 1 973 起，占全镇工伤报案总数 15 543 起的 13%，其中的 1 709 起经核实后采样入库。2010 年 1 月 1 日至 2011 年 10 月 31 日，这 50 家单位的受伤员工共领取工伤待遇 396 万元，占全镇工伤支付待遇 4 400 万元的 10%。

根据调研的结果和对统计数据的分析，相关企业发生工伤事故的工种分布情况，如图 2—3 所示。

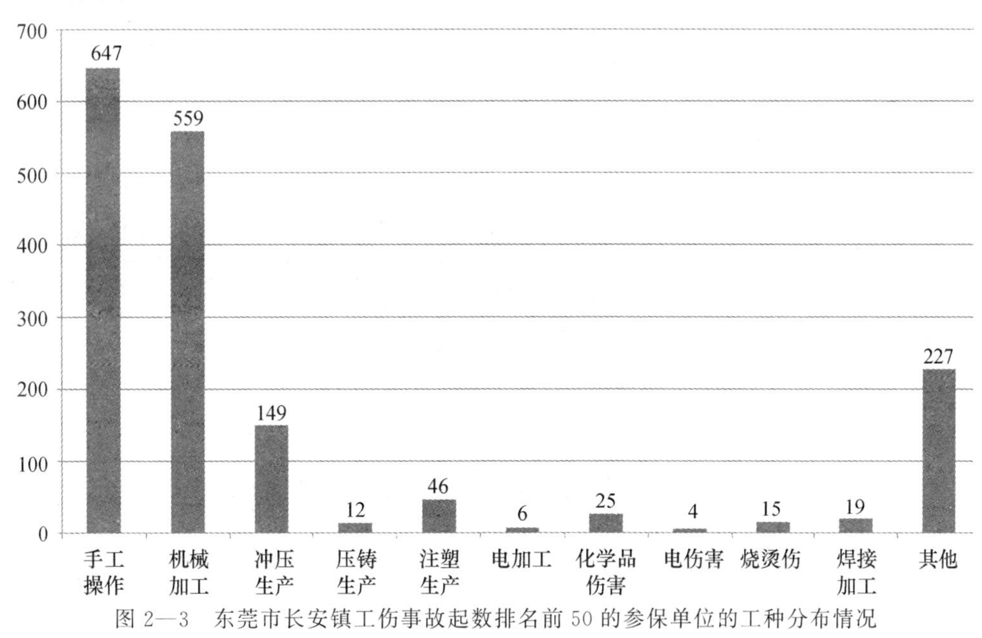

图 2—3　东莞市长安镇工伤事故起数排名前 50 的参保单位的工种分布情况

从分析图中的数据可知，手工操作是工伤事故发生的“重灾区”。因此，工伤预防工作，在督促企业进行设备改造和技术更新的同时，必须高度重视“人”的因素。具体说明如下：

（1）机械加工等传统的高危工种，事故率仍然较高。随着企业产品品种的增多，所采用的各类机械设备也不断增多。五金模具行业涉及机床有 50 余种，因此除了对常用的车、刨、钻、铣、磨等通用设备进行操作培训之外，企业要特别重视对一些专用设备以及定制设备的操作培训。

（2）部分传统的工伤高发工种，如冲压、注塑及压铸生产，工伤事故呈现大幅下降的趋势，而且致人残疾的重大工伤下降显著。这一方面得益于企业对高端设备引进、传统设备的技术改造，同时也得益于新一代从业人员知识水平和自我防护意识的提高。

（3）电加工、焊接加工、化学品伤害、烧烫伤和电伤害，工伤发生比例明显较低。主要原因是自动化技术的不断采用，以及分工的专业化和细化。这是值得欣喜的好现象，同时也符合现代制造业的发展趋势。

（4）钳工等手工操作环节，仍然因为人为疏忽等多种偶然因素综合作用，成为工伤事故多发工种，砸伤、割伤、扭伤、压伤等事故频发。所幸的是，造成重大人身伤害的事故比例较低。

（5）小概率工伤事件却时有发生，如何尽可能地规避“墨菲定律”，是行业内需要面对和探讨的问题。“墨菲定律”是事前定律，它的要义是：只要有发生坏事的可能，不管可能性有多小，这个坏事肯定要发生。这是数理统计中的一条科学规律。在所占比例不小（13.28%）的“其他”类工伤事故中，滑倒、同事相撞等意外事故的发生，常常可以见到“墨菲定律”的“阴影”。它不断地警示我们，只要存在不安全因素，如果不及时采取措施，不注意解决问题，不迅速堵塞漏洞，必然会酿成事故案件。

综上所述，在涉及工种较多的模具行业，工伤事故的预防具有复杂性和多样性。根据对工伤事故的统计与分析，80%左右的事故主要是由于人们不遵守操作规范、存在侥幸心理和麻痹大意的思想所造成的，但又是“防不胜防”的小概率事件。如何避免和减少此类事故的发生，是需要重点解决的问题。

第三节　模具行业工伤预防体系建设

模具产品的生产过程相当复杂，为了便于组织生产和提高劳动生产率，现代模具工业的发展趋势是自动化、专业化生产。这样各工厂的生产过程就变得比较简单，有利于保证质量、提高效率和降低成本。如模具零件毛坯的生产，由专业化的毛坯生产工厂来承担。模具上的导柱、导套、顶杆等零件，由专业化的标准件厂来完成。这既有利于模具上各种零件质量的保证，也有利于降低成本，对于专业化零部件制造厂和模具制造厂都是有利的。

由于模具企业是一种面向订单的单件生产型企业，计划的不确定性，以及制造过程对人员经验的依赖性，使得模具企业尽管规模较小，管理却非常复杂。发达工业国家的模具企业，为了解决生产过程中的管理问题，大都采用了先进的信息化管理系统，以便快速地响应并解决管理中的问题。

一、模具企业工伤预防体系建设总则

模具生产的复杂性，必然会导致管理过程的复杂性，通过调研走访所获取的信息和相关统计数据分析，模具企业应进一步加强如下五大方面的管理工作。

（一）应加强对职工的安全培训工作

单位要严格按照《生产经营单位安全培训规定》及地方有关安全培训的规定，强化对全体职工的安全培训工作：一是健全安全培训档案，包括年度培训计划、时间、内容、考核、总结等资料；二是培训内容要全面，除对安全生产法律、法规、规章制度、操作规程的培训外，还要涉及最新颁布的法律、法规和有关规定；三是确保培训时间，一年内对职工的培训时间累计应不少于有关规定；四是确保全员培训，安全培训包括管理人员、各岗位正式工、临时工全员培训；五是培训形式要全面，新职工进行“三级”安全培训，调岗或离岗一年以上重新上岗时要进行安全培训，实施新工艺、新技术或者使用新设备、新材料时，应对有关从业人员重新进行有针对性的安全培训；六是确保特种作业人员持证上岗，按照时限规定及时复审换证。

（二）应加强定置化管理工作

单位要严格按照设计规范和单位内部管理规定，实行设备、工量具定置化管理：一是机械设备间距要符合设计要求；二是要设置工具箱，工、量具或其他物品要存放在工具箱内，禁止放在车床床头、小刀架、床面、滑道面上；三是设置不同区域分区线、定位线，不同物料分区域、分类定置存放；四是确保安全通道畅通，禁止临时性设备、物料占压安全通道；五是生产成品不得长期存放在生产车间，应及时将成品转运仓库存放。

（三）应加强对职工遵守安全操作规程的日常督查

一是督查职工正确穿戴劳动防护用品情况，操作旋转机械设备的职工要扎好袖口、系好纽扣，不准戴围巾、戴手套，留长发的男女职工发辫应挽在帽子内，高速切削时要戴好防护眼镜等；二是督查职工按规程操作情况，调整机床速度、装夹工件、刀具以及擦拭机床时都要停车进行，禁止隔着机床转动部分跨越、传递拿取工具等物品，切大料时应留有足够余量以免切断时掉料伤人，小料切断时不准用手接，机床开动后要站在安全位置以避开机床运动部位和铁屑飞溅，清除铁屑不准用手，应使用专门工具等。

（四）应加强安全用电管理

一是电工必须持证上岗；二是用电器具的外壳、开关、绝缘、接地线有破损、失灵等情况时，应及时修理，未经修复不得使用；三是严禁将电线架设在机械设备及钢架上；四是不准在机床运转时离开工作岗位，因故离开时必须停车并切断电源；五是严格落实停送电制度，维修机械设备时，控制开关处应悬挂“正在维修、禁止合闸”的警示标志，并有专人监控。

（五）改造老式设备，购买自动化设备

一是对未淘汰的老式设备，除职工要严格执行操作规程外，还要对未加防护装置的机械转动部位加设防护罩或防护栅栏，把危险区隔离保护起来，避免操作人员的身体触及危险区；二是购买自动化设备，减少职工中间环节的操作，实现自动化作业，避免发生工伤事故。

二、模具企业工伤预防体系建设的主要内容

工伤预防是安全教育体系建设的核心与目标，降低事故的发生率是企业和员工双受益的良好效果。由于模具生产涉及多工种、多种装备，具备不同于一般流水线生产的复杂性，因此其安全生产体系建设必然涵盖了技术、教育、管理等多个方面的内容。

工伤预防体系建设具体措施可细分为工程技术措施、教育措施、管理措施和经济措施等。

（一）工程技术措施

工程技术措施是指对设备、设施、工艺、操作等，从安全角度考虑计划、设计、检查和保养的措施。

对新设备、新装置，从设计阶段开始就应充分考虑安全问题。有时虽然有完整的设计方案，但在制造、加工过程中，可能因材料缺陷或加工技术差，使新设备、新装置处于不安全状态。一般新设备开始时能满足安全要求，但使用以后，因磨损、疲劳或腐蚀等因素的影响，设备也会转变为不安全状态。因此必须根据生产的发展和设备的使用情况，及时改进或采取相应的工程技术措施。工程技术措施是最基本的预防措施。

（二）教育措施

教育措施是指通过不同形式和途径的安全教育，使职工掌握安全方面的知识和操作方法。安全教育不仅仅是为了学习安全知识，更重要的是要会应用安全知识。

安全教育分两个大方面：一个是思想教育，另一个是安全技术知识教育，此部分内容将在后面章节详述。

（三）管理措施

管理措施是指由国家机关、企业单位组织制定有关的安全规程、规范和标准，从制度上采取的措施。

管理措施包括贯彻实施有关法规、规章、标准、规范、安全操作规程，组织安全检查，落实岗位责任制、交接班制度以及各种安全认证制度，如挂牌操作、动明火程序等。

（四）经济措施

经济措施是指采用经济手段辅助进行工伤预防。比较行之有效的措施是在企业内部设立各种安全奖，对安全生产搞得好的单位和个人进行物质奖励，差的进行经济惩罚。

三、模具企业工伤预防体系建设的过程及方法

模具企业应制定并实施安全生产管理规章制度以预防工伤事故的发生，并应定期随着产品、设备和人员的变化而修订。一般来说，企业的安全生产管理制度应包括的主要内容有：确定计划期内安全生产目标和各项指标；规定各内设机构和人员的职责、权限与责任；计划期内实现目标的方法、资源配置、专项经费、时间、责任部门和人员等。

另外，企业应定期对安全生产管理制度进行评审和检查，并根据产品、服务或运行条件的变化情况，及时修订方案，并按照制定的教育管理制度进行定期学习和培训。

（一）模具企业安全生产管理体系的建设

1. 机构和职责

为有效地实施生产安全管理，应依据“分级管理、分线负责”的原则，界定企业内设机构和各岗位员工的生产安全管理职责和权限。

企业的最高管理者是生产安全管理工作的第一责任人，应当为生产安全管理体系的计划、实施、控制，提供人力、财力和技术保障，对企业生产安全管理体系的建立和实施负全面责任。

企业应在最高管理层中任命一名副职分管生产安全管理工作，并明确其承担生产安全管理工作的职责和权限。分管生产安全管理工作的副职负责企业建立、实施与运行生产安全管理体系；向最高管理者汇报生产安全管理体系的绩效，并提出改进意见，为评

审和改进生产安全管理体系提供依据。

企业应建立生产安全管理机构，配备生产安全管理人员，并明确其职责和权限。

2. 培训教育

企业应依据员工教育、培训和经历对其能力进行鉴定，员工应具备完成本职生产安全管理工作任务的能力。

培训教育的形式：新员工的“三级安全教育”；中层以上干部教育；特种作业人员培训、复训教育；班组长教育；变换工种和使用新技术、新工艺、新设备、新材料教育；复工教育；全员劳动安全卫生教育，以及结合实际需要开展的其他培训教育等。

企业应建立劳动安全卫生培训教育制度，通过培训教育使全体员工认识到：遵循企业的生产安全管理方针与生产安全管理体系要求的重要性；个人行为会对企业的生产、经营和生产安全管理工作带来的影响。

3. 协商与交流

企业应建立协商与交流制度，以确保员工和相关方进行有关生产安全管理信息的交流。

协商与交流活动应有员工代表参加。员工代表的权利和义务是：参与生产安全管理方针的制定与评审，参与改善作业场所安全卫生现状的讨论，了解危害、危险情况和控制措施，了解事故、事件的调查和处理情况，听取企业最高管理者关于生产安全管理状况的工作报告，了解企业内生产安全管理代表和员工代表的组成情况及职责，在安全卫生事务上享有代表权。

企业应注意收集和听取相关方对生产安全管理工作的意见和要求，并及时反馈处理结果。

4. 文件和资料的管理

文件是指管理手册、程序文件和作业文件等。

企业应制定文件和资料的管理程序：对文件和资料的收发、复制、归档应进行登记，以便检索；文件和资料应根据重要程度和使用范围分类；明确文件和资料管理的责任人；有符合条件的保管场所。

企业应保证生产安全管理体系的关键岗位适用现行的有关文件和资料。要采取有效措施防止误用失效的文件和资料。

5. 运行控制

企业应从根本上消除或降低危害和危险因素，确保其运行不偏离生产安全管理方针、目标和各项工作指标。对特种作业、易燃易爆物品的生产与储存、危险性较大的作业岗位与场所应制定安全操作规程，明确规定运行标准和规范；对容易引起差错或由于操作失误导致事故、事件或“不符合”的情况，应通过技术改造达到本质安全；对特种与危险设备要明确专人负责，按照使用说明书定期保养和维护；对于企业购买使用的危险物品，应严格管理。

运行控制的主要内容包括：机械、电气、热工、特殊工种与危险设备设施的安全防护、保险装置及作业环境等；新建、扩建、改建工程项目和新技术、新工艺、新设备、新材料项目；产品、工艺、工装的设计和使用；产品成品、原辅料的流程与摆放，运行过程中人力资源的合理配置；危险作业与有毒有害作业点；危险与危害类物料的采购、储存、搬运和运输；个体劳动防护用品；供应商、承包或租赁商的资格条件及其生产安全管理状况；安全标志、指示与信号等装置，以及其他应控制的运行过程与活动。

若相关方的危险因素对企业的生产安全管理有影响时，企业应制定防范措施，并告知有关员工。

6. 应急预案

企业应对潜在的易引发火灾、爆炸、毒物泄漏中毒等重大事故的危害和危险情况制定应急预案，要建立应急指挥系统，确保与医院、消防、救助中心等机构联络畅通，适时进行应急演练，不断完善应急预案，以预防或减少事故伤害。

（二）模具企业安全生产管理体系的执行及保障措施

1. 绩效考核与监测

企业应建立生产安全管理的绩效考核与监测制度，对生产安全管理绩效进行定性考核、定量测量并监测，及时发现生产和运行中的“不符合”，以便采取控制措施。

绩效考核可分为主动与被动两种模式。主动的绩效考核重点是监测生产安全管理方案、运行标准和适用的法律、法规和相关要求的执行情况。被动的绩效考核重点是对以往企业发生的事故（包括未遂事故）、职业病、事件和其他不良的生产安全管理情况进行评估。

企业参照《安全评价标准》等方法进行绩效考核与监测，并对其结果按要求做好记录，对发现的问题按规定程序处理，同时要通知有关责任部门，必要时向相关方提供分析报告。

绩效考核采用的测量、监测仪器设备应保持完好，并设专人负责维护、校正和保养。对仪器设备检修与校正要作记录并予以保存。

2. 事故、事件、不符合的纠正与预防措施

企业应不断改进工作，加强生产安全管理，提高事故防范能力。企业发生事故、事件和“不符合”后，要查清原因，采取纠正或预防措施，对潜在的重大危害与危险因素进行分析，及时修订应急预案、预防措施和有关程序文件，并应予以记录，明确有关责

任部门和人员督促检查。

3. 记录管理

企业应建立记录管理工作制度。需要保存的记录内容包括：事故及事件，生产安全管理培训、教育，危险因素分析与评价，生产安全管理绩效考核和监测，特种作业、有毒有害作业人员健康和职业病体检，特种与危险设备检验与维修，“不符合”的认定与纠正，生产安全管理技术措施计划与实施情况，紧急事件与应急措施，内部审核及管理评审情况，企业确定的其他记录。

生产安全管理记录应明确保存期，做到字迹清楚、标识明确。保管的生产安全管理记录应便于查阅，避免损坏、变质或遗失。

4. 审核

企业应制定生产安全管理体系审核方案，组成审核小组。审核小组应由经过培训并具有资格的人员组成，审核人员与审核对象应无直接关系。

审核目的：判定生产安全管理体系的针对性、生产安全管理体系运行对实现企业的方针和目标的有效性，对以前审核的结果进行评审，向管理者报送审核结果。

生产安全管理体系审核，应对各部门、各要素进行内审。当体系出现重大变化或企业发生严重事故时，要及时审核并向最高管理者提出审核报告，以及纠正措施的建议，并跟踪检查“不符合”的整改情况。

5. 自评与改善

企业的最高管理者应定期对生产安全管理体系进行评审，一般每年进行一次管理评审工作，当生产安全管理体系发生重大变化或企业发生重大事故时，可以临时进行管理评审。

管理评审的内容包括：内部审核报告，生产安全管理体系的方针、目标、计划（方案）及其实施情况，事故、事件和“不符合”的调查与处理情况，纠正和预防措施的落实情况，相关方的投诉、建议及其要求，实施管理体系的企业机构、人员配备资金保障情况，相关文件是否应修订，对体系的适用性、有效性的评价。

管理评审应根据生产安全管理体系审核结果，以及实际情况和对持续改进的承诺，指出需要修改的方针、目标、指标和管理方案等。修订后的方针、目标、指标和管理方案应得到各相关方的认可。

第三章

模具行业工伤预防作业指导规范

模具制造有着不同于其他一般机械加工制造工艺的鲜明特点，其单件生产的特性决定了模具制造过程的复杂性和创新性。在模具零件的加工过程中，可能涉及的工艺环节包括机械加工、电加工、热处理和表面处理等。在模具装配过程中，需要根据模具装配图样要求的质量和精度，将加工好的零件组合在一起构成一副完整模具。此外，在模具装配过程中，还有清洗、修配模具零件等辅助环节。最后，经过试模、修模，生产出合格的样品，经验收后交付客户。因此，模具钳工、机械加工（含数控铣加工）和电加工等工艺环节，是模具制造特别是当代模具制造的核心技术。

本章在对模具行业各工种工伤发生情况进行数据分析的基础上，有针对性地提出了模具行业主要工艺和常用操作设备工伤预防指导规范。通过模具行业工伤预防作业指导规范的建立，能够给模具行业作业人员进行明确、直接的工伤预防指导，让模具从业人员更安全地工作，从而减少、避免工伤事故的发生，达到工伤预防工作的目的。

第一节　模具行业核心工艺作业指导规范

一、模具钳工作业规范

模具钳工是模具厂的重要工种，对模具制造的进度、质量都有着举足轻重的影响。模具钳工的主要工作是模具制造（Building Die）、修理（Repairing Die）、维护（Maintaining Die）以及设备更新（Rebuilding Die）。除模具之外，在一些小型模具厂里，模具钳工的工作范畴甚至还涉及各种夹具、钻具、量具的设计、制作与维护等。

（一）模具钳工的工作特点

模具钳工属于技能工种，相对而言对理论知识要求较少，强调动手能力，除了需掌握有关机械制图、机制识图及模具、夹具等知识与技能以外，还要求有操作各种机床和使用工具的能力，比如车床（Lathe）、钻床（Drill Machine）、铣床（Mill Machine）、磨床（Grinder），以及手工工具等。

模具钳工的级别没有明确的考核与界定，通常分为学徒工、初级工、中级工、高级工、技师、高级技师。按照实际工作重点细分，又可分为制造钳工、装配钳工、调试钳工和维修钳工。模具钳工主要是以锉刀、刮刀、手电钻、铰刀、台虎钳、小型钻床、电动和风动砂轮机为主的工具进行模具的装配、调试和维修，主要完成的工作包括：划线、錾削、锯削、锉削、钻孔、扩孔、锪孔、铰孔、攻螺纹、套螺纹、矫正和弯形、铆接、刮削、研磨、装配、调试、维修、尺寸测量等。

（二）模具钳工的工伤发生情况

模具钳工涉及多种设备和多种机械加工工艺环节，根据相关部门的统计数据，模具钳工是工伤事故的高发工种，工伤事故数量占行业总工伤数的35%左右。

模具钳工的工伤主要表现在职工手指、胳膊、腿、脚趾骨折、挫伤，皮肤裂伤等工作伤害。工伤事故的主要原因有机械设备未加设安全防护装置、职工不按规定穿戴劳动防护用品、职工违章作业、单位对职工安全培训不到位等。

（三）模具钳工的工伤预防

由于模具钳工在模具企业往往是“一专多能”，除徒手操作外，还经常需要操作小型机床、吊车等设备。因此，对于模具钳工工伤预防措施，既要加强安全操作教育，提高预防工伤事故的意识，又要强调层层管理下的规范作业。

1. 模具钳工工伤预防总则

针对模具钳工的作业特点和对以往常发生的工伤事故的分析可以得出，从业人员谨记并严格遵守如下操作规范，可有效预防并大大减少工伤事故的发生。

(1) 操作前要穿紧身防护服，袖口扣紧，上衣下摆不能敞开，严禁戴手套，不得在开动的机床旁穿、脱、换衣服，或围布于身上，以防止机器绞伤。必须戴好安全帽，头发或辫子应放入帽内，不得穿裙子、拖鞋。

(2) 使用锉刀、刮刀、手锤、台钳等工具前应仔细检查是否牢固可靠，有无裂损，不合格的不准使用。

(3) 凿、铲工件及清理毛刺时，严禁对着他人工作，要戴好防护镜，以防止铁屑飞出伤人。使用手锤时禁止戴手套。不准用扳手、锉刀等工具代替手锤敲打物件，不准用嘴吹或手摸铁屑，以防伤害眼和手。刮剔的工件不得有毛刺。

(4) 用台钳夹持工件时，钳口不允许张得过大（不准超过最大行程的 2/3）。夹持原件或精密工件时应用铜垫，以防工件坠落或损伤工件。

(5) 钻小工件时，必须用夹具固定，不准用手拿着工件钻孔，使用钻床加工工件时，禁止戴手套操作。使用砂轮机时必须按砂轮机的安全操作规程进行。

(6) 使用汽油和挥发性易燃品清洗工件时，周围应严禁烟火及易燃物品、油桶、油盘，回丝要集中堆放处理。

(7) 使用扳手紧固螺钉时，应检查扳手和螺钉有无裂纹或损坏，在紧固时，不能用力过猛或用手锤敲打扳手，大扳手需用套管加力时，应该特别注意安全。

(8) 使用手提砂轮前，必须仔细检查砂轮片是否有裂纹，防护罩是否完好，电线是否磨损，是否漏电，运转是否良好。用后放置在安全可靠处，防止砂轮片接触地面和其他物品。

(9) 使用非安全电压的手电钻、手提砂轮时，应戴好绝缘手套，并站在绝缘橡皮垫上；在钻孔或磨削时应保持用力均匀，严禁用手触摸转动的砂轮片和钻头。

(10) 使用手锯时要防止锯条突然折断，造成割伤事故；使用千斤顶要平放稳提，不顶托易滑的地方注意防止发生意外事故，多人配合操作要有统一指挥及必要的安全措施，协调行动。

(11) 使用剪刀车剪铁片时，手要离开侧刀口，剪下的边角料要集中堆放，及时处理，防止刺戳伤人；带电工件需焊补时，应切断电源施工。

(12) 维修机床设备，应切断电源，取下熔丝并挂好检修标志，以防他人乱动，盲目接电；维修时局部照明用的行灯应使用低压（36 V 以下）照明灯。

(13) 不得将手伸入已装配完的变速箱、主轴箱内检查齿轮，检查油压设备时禁止敲打。

(14) 高处作业（2 米以上）时，必须戴好安全带，梯子要有防滑措施。

(15) 使用腐蚀剂时要戴好口罩、耐腐蚀手套，并防止盛装腐蚀剂的容器倒翻。操作时要小心谨慎，防止外溅。

(16) 设备检修完毕应检点所带工具是否齐全，在确认没有遗留在设备里后，方可启动机床试车。

2. 模具钳工设备安全操作规范

由于模具钳工经常需要使用合模机、吊车等专用或者通用设备来完成模具的装配调试工作，又要经常使用砂轮机、磨刀机等常用的小型设备，因此需对相关设备的安全使用予以规范。

加强工伤预防，严格管理和规范操作是有效的手段。因此，本书给出了模具钳工常用的合模机、吊车和砂轮机、磨刀机等设备作业指导范例供参考，参见本章第三节内容。

二、模具机械加工作业指导规范

广义的模具制造过程包括生产技术准备、零件加工和模具装配等阶段，其中铣削、磨削、钻削、车削等机械加工占相当大的比例。因此，必须对常见的机械加工工艺环节进行规范化的管理，从而有效地预防工伤事故的发生。

（一）模具机械加工的特点

由模具制造的一般过程可知，模具的机械加工是模具制造中非常重要的过程，并涉及诸多工艺环节，主要包括普通铣削、钻削、磨削、车削、数控加工等。涉及金属切削的基本知识、机械加工工艺基础、机床夹具、车工技术基础、铣工技术基础、其他机械加工常识、机械装配常识和先进制造技术等多种专业知识。

因此，模具企业需对常用机械加工机床的安全操作予以高度重视，规范化的操作既能有效地预防工伤，又能保证产品质量和进度。

（二）模具机械加工工伤发生情况

根据相关统计数据，由于涉及的工艺环节和设备很多，在模具机械加工环节引发的工伤事故，其数量仅次于手工操作最多的模具钳工，占比达到了 30%左右。

因为操作机械加工设备而导致的工伤事故，往往会导致严重的肢体伤害，甚至导致死亡。在工伤事故入库数据中，眼睛受伤、肢体伤害等导致残疾的屡有发生。

（三）模具机械加工工伤预防措施

根据对工伤事故统计数据的分析，铣床、磨床、钻床、车床和数控铣（CNC）等几个工种是工伤多发环节，模具企业必须进一步切实加强安全教育，并督导员工的规范操作。只要员工按照操作规范正确使用机床，就能非常有效地避免工伤事故的发生。

企业严格管理和员工规范操作，是预防此类工伤事故的有效手段。铣床、磨床、钻床、车床和数控铣的安全生产作业指导范例，已收录到本章第三节，供读者参考。

需要补充说明的是，由于很多非学术用语已在模具企业中被从业者熟知并广为应用(例如，将“电极”称为“铜公”），因此本书在附录中给出了常用语和学术用语的对照表，以方便理解和应用。另外，作业指导中所给出的数据也仅供参考，因为不同规格、不同厂家的机床，其参数设置也略有不同，很难面面俱到。

三、模具电加工作业规范

电火花加工是利用浸在工作液中的两极间脉冲放电时产生的电蚀作用蚀除导电材料的特种加工方法，又称放电加工或电蚀加工，英文简称 EDM（Electrical Discharge Machining)。

（一）模具电加工的特点

电加工在模具制造中获得广泛的应用，其主要技术特点为：能加工普通切削加工方法难以切削的材料和复杂形状工件；加工时无切削力；不产生毛刺和刀痕沟纹等缺陷；工具电极材料无须比工件材料硬；直接使用电能加工，便于实现自动化；加工后表面产生变质层，在某些应用中需进一步去除；工作液的净化和加工中产生的烟雾污染处理比较麻烦。

按照工具电极的形式及其与工件之间相对运动的特征，可将电加工方式分为五类：利用成型工具电极，相对工件作简单进给运动的电成型加工；利用轴向移动的金属丝作工具电极，工件按所需形状和尺寸作轨迹运动，以切割导电材料的电切割加工；利用金属丝或成型导电磨轮作工具电极，进行小孔磨削或成型磨削的电磨削；用于加工螺纹环规、螺纹塞规、齿轮等的电共轭回转加工；小孔加工、刻印、表面合金化、表面强化等其他种类的电加工。

在模具企业，常用的加工方法为电成形加工和电切割加工。

（二）模具电加工工伤发生情况

电加工是模具加工的诸多工艺环节里，发生工伤事故最少的工种。在连续 5 年的统计数据中，累计只发生了几起工伤事故，占比仅为 0.35%。

由于电加工机床的自动化程度高，工伤事故容易出现在工件的装夹、校正和转运等环节，导致的工伤往往是肌肤或者肢体的轻微伤。

（三）模具电加工工伤预防措施

根据对电加工工伤事故统计数据的分析，只要员工提高自我防护意识并规范地操作设备，即可有效防止此类工伤事故的发生。需要特别指出的是，由于电加工要用到火花油、乳化液等，都具有一定的挥发性，因而易对空气造成污染。企业应重视工作环境的通风和空气质量的检测，并定期对从业人员进行有针对性的健康检查。

四、模具冲压生产作业规范

冲压生产中的安全与噪声防治是冲压行业迄今仍令人棘手的两大技术难题，也是业界职业安全卫生中的两个主要课题，一般通称为冲压安全技术。企业在冲压安全生产管理中，必须根据冲压生产的特点和生产全过程各个环节的需要，紧密结合现有生产条件，采取各种实用而得当的安全防控方法与技术措施。

（一）冲压生产的特点

由于具有生产效率高、产品质量稳定、产品互换性好等诸多突出特点，冲压特别是冷冲压生产得到了广泛的应用。全世界的钢材中，有60%～70%是板材，其中大部分是经过冲压制成的。汽车的车身、底盘、油箱、散热器片，锅炉的汽包、容器的壳体，电机、电器的铁芯硅钢片等都是冲压加工的。仪器仪表、家用电器、自行车、办公器械、生活器皿等产品中，也有大量冲压件。冷冲压可加工各种类型的产品，尺寸小到钟表的秒针，大到汽车的纵梁、覆盖件；冲切厚度已达20毫米以上，加工尺寸幅度大，适应性强。

冷冲压生产靠压力机和模具完成加工过程，需要人机的协调配合才能安全生产出合格产品。冲床操作属于危险性较高的工作，在模具的下行程中，操作者手部很容易被模具或者条料压伤、割伤。由于每台冲床在性能、操作方式上有所不同，因此在实际操作冲床之前，操作人员务必仔细阅读冲床使用说明书，并严格按照说明书的要求，按步骤正确地操作使用冲床，不可因有实际操作冲床经验而忽视此项，禁止自行改动或忽略操作步骤，盲目的操作极易造成冲床安全事故。

（二）模具冲压生产工伤发生情况

根据相关统计数据，因冲压生产而导致的工伤事故，占比接近9%，属于事故多发的高危工种。由于企业重视了自动化生产和设备改造，所以相对于20世纪八九十年代此领域事故频发时代，因冲压生产而导致的重大人身伤亡事故已经明显降低。但是，因冲压生产仍然频繁发生导致肢体残疾的工伤事故，安全教育、自我防护意识、老旧设备改造、规范操作等是预防此类事故发生的要点。

（三）冲压生产工伤预防措施

1. 导致工伤事故的主要原因

根据调研走访了解到的情况，并对东莞市长安社会保障分局的统计数据进行了认真的分析，在冲压生产中发生的工伤主要原因有如下几个方面：

（1）手在上下模之间操作时，因为设备故障而导致的意外伤害。

（2）频繁而单调的操作，很容易导致员工精神疲惫。因此注意力不集中，发生误操作。

（3）作业条件不舒适、噪声过大、车间温度不适、其他人或者事打扰等工作环境因素，导致操作者违章操作或者发生误操作。

（4）辅助工具的选择或者使用不规范。

（5）模具安装不牢固。

（6）未按照操作规定佩戴劳动防护用品。

2. 冲压生产工伤预防总则

在模具及冲压制品生产厂里，在一些具有潜在危险的机械设备上，如冲压机械、剪切设备、金属切削设备、自动化装配线、自动化焊接线、机械传送搬运设备等，都应该进行设备的改造，加装安全防护装备，从而可以最大限度地避免由于工人操作不当或粗心大意造成的人身伤害。目前，市场上有各类安全辅助装备，如红外线安全保护装置、反射板、双手按钮、电磁铁及光电安全保护装置等，工厂应针对自己的设备情况选择加装。

同时，冲压生产车间必须建立严格的安全管理制度，需遵循的主要原则如下：

（1）对于增加或未加安全装置的冲床，均要钉装有明显安全装置内容的标牌，对属于安全生产的冲床为菱形红底白字并标明安全装置的形式，如光电式、机械光电式等，以便于检查人员进行检查，任何人不得将标牌破坏丢失。

（2）各单位对已加装的安全装置，应汇集技术资料并绘制正式图纸，妥善保管，列入技术资料之一，便于今后维修制造和使用。

（3）各种冲床安全装置的维修保养工作，由使用单位负责，车间可责成设备员、安全员和维修组负责此项工作。

（4）设备大修时，安全装置由车间拆除、保管并在设备大修后负责安装和调试，操作者进行验收。

（5）冲床安全防护装置是保障安全生产的重要措施，冲床设备的操作人应妥善保管，不得随意拆卸或移动，如发现安全装置有零件丢失等现象应及时报告有关领导。

（6）操作者在冲压工作前应对冲床安全装置进行认真检查，对灵敏度、可靠性等逐一落实，确认安全防护装置处于良好状态后，方可进行冲压工作。

（7）对于进入模口的危险冲压作业，必须在有安全装置的条件下进行工作，安全装置损坏、失灵时禁止作业。属于安全作业的冲压工作，可暂不使用冲床安全装置（手不进入危险区）。

（8）对应使用安全装置的各类作业，如操作者未使用，除给予批评教育外并按严重违章给予处理。

3. 冲压生产规章制度

（1）冲床操作人员务必注意冲床安全操作事项：

1）冲床操作人员必须是受过冲床专业技术操作培训的技工，了解冲床原理（传统式冲床是利用马达运动来带动曲轴，由曲轴来带动滑块的方式以达到冲压目的）。

2）操作冲床时操作人员在穿戴上必须注意以下几点：佩戴工作帽，穿安全鞋，不得穿宽松的衣物，不得留过长的头发，佩戴耳塞或耳罩。

3）飞轮尚未完全停止前或冲头尚有移动时，严禁人员手或身体伸入冲床内。警告标示如图 3—1 所示。

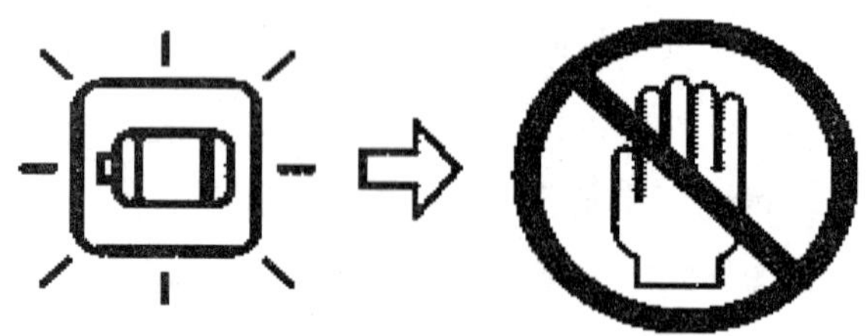

图 3—1　严禁手深入冲床的警告标示

4）冲床在运转过程中如发生任何运行异常时，务必立即按下冲床紧急停止按钮，如图 3—2 所示。

图 3—2　冲床运行异常时按下紧急停止按钮

5）冲床修理前，务必将冲床电源开关置于“OFF”的位置，并加锁及贴标签，将钥匙取下。

6）冲床马达设备安装、调整、维修保养等项目，应由专业的电气人员负责，未经同意或承诺，不得自行改造控制回路，或自行增设本机原有装置以外的设备，或自行拆除冲床原有的装置。

7）为保障冲床实际操作者的安全，很多冲床均配置了各项安全装置与感知开关。这些冲床保护装置与感知开关切勿随意调整与设定。

8）注意自身的身心健康管理，避免过度疲劳。

9）冲床维护保养时，若操作人员有问题，必须直接询问机床生产厂的售后维修人员。

10）对于大吨位冲床，如果需要搬运时，应委托专业吊运公司负责，由专业人员执行。

11）冲床潜在危险区主要包括：模具区，电气箱，飞轮回转区，安全标示如图 3—3 所示。

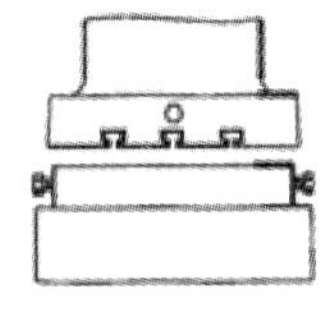

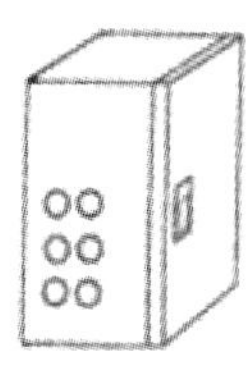

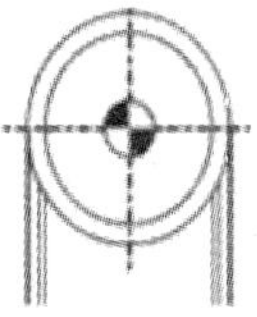

图 3—3 潜在危险区安全标示

（2）冲床操作人员需具有的安全意识。除注重冲床安全操作外，操作人员自身的安全意识也不可忽视。在实际操作过程中，应注重以下几点：

1）应确保操作冲床安全保护装置完善，并进行空车试验，如有迟滞、连冲现象或其他故障要及时排除，才可进行正常工作。

2）冲床运转前，务必检查冲床的离合器/紧急刹车装置位置是否适当，功能是否正常，若发现不正常应立即停机检查。

3）冲床维修开始前务必设置警示牌，并告知同事。

4）依照标准程序操作冲床，工作中要集中注意力，冲床运转时，严禁将手和工具等物伸进危险区域内，取放小工件要用专用工具操作。

5）在检查、调整、维修冲床时，务必停止冲床运转后再进行操作。

6）检查冲床各传动、连接、润滑等部位及防护保险装置是否正常，装模具螺钉必须牢固，不得移动。

7）冲床在工作前应作空运转 2～3 分钟，检查脚闸等控制装置的灵活性，确认正常后方可使用，不得带“病”运转。

8）装模具时要紧、牢固，上、下模对正，保证位置正确，用手搬转冲床试冲（空车），确保在模具处于良好情况下工作。

9）开机前要注意润滑，取下冲床上的一切浮放物品。

10）冲床启动时或运转冲制中，操作者站立要恰当，手和头部应与冲床保持一定的距离，并时刻注意冲头动作，严禁与他人闲谈。

11）冲制长体零件时，应设置安全托料架或采取其他安全措施，以免割伤。

12）单冲时，手脚不准放在手、脚闸上，必须冲一次搬（踏）一下，严防事故。

13）两人以上共同操作时，负责搬（踏）闸者，必须注意送料人的动作，严禁一面取件，一面扳（踏）闸。

14）工作结束时及时停车，切断电源，擦拭机床，整理环境。

五、模具注塑生产作业规范

注塑加工行业是工伤管理部门重点管控的行业之一，因为注塑机是在强力、高速、高温、高压的条件下快速进行工作的，如果相关工作人员缺乏工伤预防知识或操作知识，就会有发生重大人身伤害事故的危险。

（一）注塑生产的特点

注塑成型是塑料模塑成型的一种重要方法，注塑生产因此得到了广泛应用。注塑成型具有突出的技术特点：成型周期短，能一次成型外形复杂、尺寸准确、带有金属或非金属嵌件的塑料制件，对成型各种塑料的适应性强。目前，除氟塑料外，几乎所有的热塑性塑料都可以用此方法成型，某些热固性塑料也可以采用注塑成型；生产效率高，易于实现自动化生产；注塑成型所需设备昂贵，模具结构比较复杂，制造成本高，所以注塑成型特别适合大批量生产。

注塑生产所涉及的周边设备、辅助物料及工具较多，面对的是注塑机、模具及周边设备的高压锁模、高料温、高速、高电压等安全隐患多的环境。如果注塑车间的安全管理工作做不到位，各岗位工作人员的安全生产意识低，稍一麻痹大意就容易出现人体压伤、烫伤、碰伤、金属划伤、火险及触电的意外事故。注塑生产过程中所用的原料、包材、废料、胶件、液化气及各种喷剂等均为易燃、易爆物品，极易产生火险。因此，注塑生产的安全生产管理工作十分重要，必须坚持“安全第一、预防为主、综合治理”的方针，重视加强注塑安全生产管理及安全教育培训工作，提高全体员工的安全生产意识，消除安全隐患，防患于未然。

（二）注塑生产工伤发生情况

根据统计数据，因注塑生产而导致的工伤事故，占比约为3%。报告的工伤数量虽然不多，但是注塑生产导致的工伤事故，往往都是导致操作者终身残疾的重大伤害。

因此，必须采取设备改造、加强安全教育、严格生产管理等途径，预防因注塑生产而导致的工伤事故的发生。

（三）注塑生产工伤预防措施

1. 导致工伤事故的主要原因

根据调研、走访了解到的情况，并对东莞市长安社会保障分局的统计数据进行了认真的分析，在注塑生产中发生的工伤事故主要原因有如下几个方面：

（1）个人疏忽：未按照规定穿好工作服，导致衣物拉动开关；未按规定穿工作鞋，导致意外滑倒等；未按规定束好长发，导致意外伤害；未按规定穿戴劳动防护用品而导致的各类事故。

（2）设备检查不够：未按规定检查后安全门开关、安全棒与安全挡板、前安全门开关、急停开关等重要安全部件的有效性，从而导致人身伤害。

（3）操作不规范：手在上、下模之间操作时，因为设备故障而导致的意外伤害；扳手、刀具适应不当而造成的伤害；违规碰触高温或者带电区域导致的烫伤及触电；对安全门使用不当导致的伤害；装拆模具时操作不规范而导致的摔伤、碰伤、砸伤等。

2. 注塑生产工伤预防方法

工伤事故的预防要做到安全教育到位、安全意识谨记并规范作业。对于注塑生产，综合对各类工伤事故案例的分析，工伤预防需遵循的总体原则如下：

（1）注塑机开机前的准备工作

1）上岗生产前穿戴好车间规定的劳动防护服装。

2）清理设备周围环境，不许存放任何与生产无关的物品。

3）清理工作台及设备内外杂物，用干净棉纱擦拭注塑座导轨及合模部分拉杆。

4）检查设备各控制开关、按钮、电器线路、操作手柄、手轮有无损坏或失灵现象。开关、手柄应在“断”的位置上。

5）检查设备各部位安全保护装置是否完好、工作灵敏可靠性。检查试验“紧急停止”按钮是否有效可靠，安全门滑动是否灵活，开关时是否能够触动限位开关。

6）设备上的安全防护装置（如机械锁杆、止动板，各安全防护开关等）不准随便移动，更不许改装或故意使其失去作用。

7）检查各部位螺丝是否拧紧，有无松动，发现零部件异常或有损坏现象，应向主管报告。

8）检查各冷却水管路，试行通水，查看水流是否通畅，是否堵塞或滴漏。

9）检查料斗内是否有异物，料斗上方不许存放任何物品，料斗盖应盖好，防止灰尘、杂物落入料斗内。

(2) 注塑机开机

1) 合上机床总电源开关，按工艺温度要求给机筒、模具进行预热，在机筒温度达到工艺温度时必须保温 20 分钟以上，确保机筒各部位温度均匀。

2) 打开油冷却器冷却水阀门，对回油及运水喉进行冷却，点动启动油泵，未发现异常现象，方可正式启动油泵，检查安全门的作用是否正常。

3) 手动启动螺杆转动，查看螺杆转动声响有无异常及卡死。

4) 操作时必须使用安全门，如安全门行程开关失灵时不准开机，严禁不使用安全门(罩) 操作。

5) 运转设备的电器、液压及转动部分的各种盖板、防护罩等要盖好，固定好。

6) 不许两人或两人以上操作同一台注塑机。

7) 安放模具、嵌件时要稳、准、可靠，合模过程中发现异常应立即停机，报告主管。

8) 机器修理或较长时间 (10 分钟以上) 清理模具时，一定要先将注射座后退使喷嘴离开模具，关掉马达，维修人员修机时，操作者不准脱岗。

9) 有人在处理机器或模具时任何人不准启动电机马达。

10) 身体进入机床内或模具空档内时，必须切断电源。

11) 在模具打开时不可用注射座撞击定模，以免脱落。对空注射一般不超过 5 秒，连续两次注不动时，注意通知邻近人员避开危险区。清理注射嘴料头时，不准直接用手清理，应用铁钳或其他工具，以免发生烫伤。

12) 熔胶筒在工作过程中存在着高温、高压及高电力，禁止在熔胶筒上踩踏、攀爬及搁置物品，以防烫伤、电击及火灾。

13) 在料斗不下料的情况下，不准使用金属棒、杆，粗暴捅料斗，避免损坏料斗内相关部件。在螺杆转动状态下极易发生金属棒卷入机筒，导致严重损坏设备的事故，并可能危及操作者安全。

14) 机床运行中发现设备响声异常、异味、火花、漏油等异常情况时，应立即停机，并向主管报告，说明故障现象及发生的可能原因。

15) 注意安全操作，不允许以任何理由或借口，做出可能造成人身伤害或损坏设备的操作方式。

(3) 停机注意事项

1) 关闭料斗闸板，正常生产至机筒内无料，或手动操作对空注射预塑，反复数次，直至喷嘴无熔料射出。

2）若是生产具腐蚀性材料（如 PVC），停机时必须将机筒内、螺杆用其他原料清洗干净。

3）使注射座与固定模板脱离，模具处于开模状态。

4）关闭冷却水管路，把各开关旋至“断开”位置，将机床紧急电源开关关闭，清理机床、工作台及地面。

3. 注塑设备安全常识及设备购置建议

注塑机是属一种高压、快速动作，同时有高温运作的一种机器，往往会因操作者一时疏忽，在大意之下造成无法弥补的人身伤害而遗憾终身。注塑机在每一步操作中都带有危险性，特别是当开模及锁模时，因此注塑机的安全操作十分重要。

注塑生产企业应该购置现代化的注射机，将老旧设备尽早淘汰，以避免因设备落后而导致的工伤事故。近代注塑机要求必须实行电气、机械、液压的联合安全保护系统，这种保护主要体现两个方面：一是对模具的安全保护；二是对人身的安全保护。例如：在合模之前，当安全门未关好时，合模应无法动作；在闭模过程中，如果安全门未关到正确位置，模板动作停止或者自动开模。如果在合模时，在异物如嵌件，由于振动等原因误落入型腔，或有其他异物如入手等，错误地置入模具内，模具应停止合模动作，或自动开模并报警。

另外，现代注塑机都可以实现手动、半自动、全自动操作，只要模具设计合理，就能实现从注射充模到制品顶出落下的全自动操作，也可配备机械手实现无人操作。抽插芯功能、液压喷嘴控制功能以及快速加热流道探针功能等均可编入注射成型周期中的自动化程序，进行自动循环。现代注塑机的生产效率高主要表现在：每模制品在正常的注塑工艺条件下，成型周期要短。这也是反映一部注塑机的机械、电气、液压系统综合性能指标。因此，必须采用高质量的液压、电子元器件，采用精密的制造技术才能提高注塑机系统的灵敏度和各项重复精度，这是注塑系统高效工作的可靠保证。

注射机都有如下安全防护装置：

(1) 操作工安全防护装置。操作工在注塑机注射成型塑料制品的生产过程中，经常用手在两半开合模具间取制件、清理模具内残料及异物，有时还要对模具进行调试工作。所以，在注射装置中的合模部位设有安全门。只有安全门合严，模具才能有合模动作。安全门关合不严或处于打开位置时，合模动作停止。之所以能有上述动作的切换，是由于有行程开关的作用，限制合模动作。关闭安全门，压合合模行程开关，此时合模液压缸才能工作，推开注射座前移，喷嘴与模具熔料进口紧密吻合，模具才有开模动作。如果两种开关被同时压合或同时都不被压合，此时，此处设置的安全防护装置工作，发出设备故障报警。

为了确保开合模动作的相互制约安全，在限位开关端还设有液压油油路行程开关。它的作用是：只有安全门关严，才能使换向阀动作，接通合模液压缸的液压油通入油路，使油缸活塞动作前移，推动曲轴连杆合模。

此处的各行程限位开关要安装在隐蔽处，以防止人为碰撞或误压，造成事故。

操作台附近还设有紧急停车红色按钮，发生意外事故需要紧急停车时使用。

（2）模具安全防护装置。注塑制品用成型模具是注塑机生产用主要成型部件，它的结构形状比较复杂，制造生产工艺条件要求高，工艺程序也比较复杂，所以，一件注塑制品用模具的生产制造价格很高。生产中如果模具损坏或出现故障，不仅会影响注塑制品的质量，有时还会使注射生产工作无法进行，因此，模具的使用安全也是重点保护对象。为防止模具合模时出现冲击现象，合模动作至两半模具面快要接近时，模板行程速度要放慢；合模时，液压低压推动活塞移动合模，待两半模具结合面接触到微行程开关后，合模液压缸中液压油的油压升高，两半模具面紧密合模；当低压液压油推动活塞进行合模动作时，若两半模具间有异物，则两半模具不能接触，碰不到微行程开关，合模液压油缸压油不能升压，无法高压锁紧模具。此种互相制约动作装置起到保护模具不被损坏的目的。

（3）液压传动系统安全防护装置：

1）润滑油供应不足报警装置。该装置用以保证注塑机中各相互运动配合部位零件有良好的润滑条件，以减少零件配合面的磨损，延长设备工作寿命，保证生产长时间正常工作。

2）液压油工作油量不足报警装置。该装置及时提示操作加工者补充液压油用油量，防止因液压油不足影响液压传动工作。

3）液压油的油温过高报警装置。该装置用于防止因液压油的油温过高，油的黏度降低，使液压传动工作受影响，也容易使系统中的各工作元件损坏。

4）滤油器堵塞、吸油管中供油不足报警装置。该装置为防止空气混入液压油中影响液压油正常工作。

由上述内容可知，由于现代化的注塑设备采取了多重安全保护措施，所以企业应该在这方面加大投入，淘汰落后的生产设备。

第二节 模具行业基础工艺作业指导规范

一、模具行业安全用电作业指导规范

为保证正常供电并确保人身、设备安全，必须高度重视高压电配电房的基础建设，操作人员的相关作业流程必须科学规范。

1. 高压电变配电室

（1）必须单独设置，与其他建筑间有足够的安全消防通道；与爆炸危险场所（油漆车间）、有腐蚀性场所有足够的距离。

（2）门必须朝外开。

（3）必须按标准安装避雷装置，所有设备必须可靠接地。

（4）各醒目部位应有危险性提示标牌和文字。

（5）电压、电流互感器必须可靠接地，电压互感器二次侧严禁短路，电流互感器二次侧严禁开路。

（6）应配有停电应急灯，配电柜、变压器周围应放有绝缘鞋。

（7）严禁在变配电室堆放易燃、易爆物品以及其他无关杂物。

（8）应配有有效的干粉灭火器。

（9）应定期检查线路、开关有无松脱现象，经常清除灰尘。

（10）严禁带电维修。

2. 电气线路

（1）经常接触和使用的配电箱、配电板、闸刀开关、按钮开关、插座以及导线等必须保持完好，安全可靠，不得有破损或带电部分裸露现象。箱（柜、板）内外整洁、完好、无杂物、无积水，有足够的操作空间，符合安全规程要求。

（2）排列整齐，无影响线路安全的障碍物，严禁用铜丝代替熔丝，严禁线路私拉乱接现象。电线必须用套管套住，特别是在有爆炸和火灾危险的场所。

（3）各类插座电源侧必须配相应的漏电保护器。

（4）在潮湿环境下，或者使用手电钻、电砂轮等手持电动工具时，必须安设漏电保护器，金属外壳应防护接地或接零。要防止移动时，电线被拉断，操作人员应戴绝缘手套站在绝缘板上。

（5）经常清理附在电线上的易燃灰尘。

（6）保护装置齐全，与负载匹配合理。各种电气元件及线路接触良好，连接可靠，无严重发热烧损现象。

（7）编号、识别标记齐全，醒目。

3. 安全用电

（1）变配电室必须有专业电工人员值班，值班电工必须熟知相关常识和操作规程。

（2）在变配电室进行维修等操作时，应同时有两人以上，且必须穿绝缘鞋（靴），戴绝缘手套。

（3）严禁闲杂人员进入变配电室。

（4）严禁雨天进行室外操作。

（5）电工在工作时，必须时刻保持高度警惕，按照规程作业，防止意外发生。

（6）如遇电路着火等紧急情况，必须先断开电源，才能进行救火，严禁使用液体灭火器、水等进行扑救。

（7）如有人员触电，应立刻断开电源，不必报批。

（8）操作人员需每日填写高压变配电室安全操作检查日报表，记录变配电室设备运转情况。

（9）操作人员需每月填写高压变配电室安全操作检查月报表，并把当月单位的电气设备运转情况记录存档。

二、模具行业油品的存储使用指导规范

油品，主要包括工业油（液压油、齿轮油、汽轮机油、压缩机油、冷冻机油、电绝缘油、真空泵油），汽车用油（汽油机油、柴油机油、车用齿轮油、用内燃机油、车用脂、传动液），摩托车油（二冲程汽油机油、四冲程摩托车机油、摩托车减震器油、摩托车链条油、其他摩托车用油），船用油（船用气缸油、船用中速机油、船用系统油），润滑油（全损耗系统用油、轴承油、导热油、机械油、高温链条油、其他润滑油），金属加工液（成型加工、切削加工、热处理油、其他金属加工液），防锈润滑油（脂型防锈油、防锈油），润滑脂，特种脂，车用化学品（制动液、防冻液、其他车用化学品），基础油（矿物油、硅油、白油、其他基础油）等。

（一）润滑油和金属加工液油桶的室内储存

（1）大桶和小桶装的油料最好存放于室内，免受气候影响。直立放置于露天环境，“呼吸”效应可能导致水分杂物的入侵，致使油品被污染。

（2）已开启取用的油桶，必须放置在室内，建议放在通风效果良好的地方，温、湿

度为正常室内环境即可。强酸强碱性溶液不可喷溅到润滑油桶上。

(3) 一般工厂多利用厂房角落散置油料，这使油料难以保持清洁，而且容易侵入工厂废品或污物，甚至造成油料泄漏，而且很难发现。应设立工厂油料仓库，以独立建筑或独立隔开的货架为宜，货架必须坚固牢靠，以防产生压塌的安全事故。室内地面应坚固，能保持清洁为宜。

(二) 油桶存放仓库和油桶储存的要求

1. 油桶的室内储存

(1) 油桶存放场地要坚实平整，建议高出周围地面 0.2 米，有 0.005 度的排水坡度。

(2) 存放场地四周应有排水和隔油设施，以利于在不慎发生油品泄漏时能及时清理处理现场。并配备吸油棉和锯末，用锯末与沙子、洗衣粉的混合物清理现场地面的泄漏油渍非常方便。

(3) 油桶存放场地的垛长不能超过 25 米，宽度不超过 15 米，垛与垛之间的净距不小于 3 米，每个围堤内最多 4 垛，垛与围堤的净距不小于 5 米，这样有利于火灾扑救和人员疏散。垛内油桶要排列整齐，两行一排，排与排之间留出 1 米通道，便于检查处理。

(4) 200 升大桶堆放高度不要超过 3 层。因条件所限在室外放置时，要向桶口处倾斜一定角度，以免外界水分淤积在桶口渗入油中。中小桶在堆放时，码放高度不要超过 4 层。如果外包装物为铁桶，更应注意轻取轻放，以免引起碰撞变形。在堆放 4 升、1 升等小包装产品时，码放高度不要超过 6 层，长期存放地面要铺上油毡或用木架隔开地板，以免地板水汽上升，使纸箱受潮。

(5) 室内储存油桶可直立放置，但宜将桶略为倾斜。轻质油品要斜放，桶身倾斜与地面成 75 度角，成鱼鳞式相靠，下加垫木，以防地面水锈蚀油桶。

(6) 竖立放置的开启油桶最好放在盛漏托盘上，这样即使油桶有泄漏或渗漏，漏油全部被控制在盛漏托盘里的盛漏槽里，不会流到地面，产生危险。可以用铲车、叉车搬动盛漏托盘。也可以把油桶放在盛漏平台上，防止泄漏，如图 3—4 所示。

(7) 油品应远离明火，存放于干燥、阴凉、通风处。油桶绝不应储存靠近蒸气管道或加热的区域。发动机清洗剂，油路清洗剂或燃油添加剂类产品以及摩托车油为易燃品，存放及使用时一定要注意避免火源。温度对润滑脂的影响比对润滑油的大，长期暴露于高温下可使润滑脂中的油分分离，太低或太高的温度皆对润滑油有不良影响，因而不宜将润滑油长久储存与过热或过冷的地方。

(8) 拧紧封口盖，保持油桶密封。最好使用油桶盖保持油桶口干净，不受水分、杂质影响。

(9) 保持桶身、桶面清洁，标识清晰。应经常检查油桶有无泄漏及查看桶面上的标

图 3—4　盛漏平台上放置的油桶

志是否清晰。

（10）保持地面清洁，便于漏油能被及时发现并处理。

（11）做好入库登记，遵循先到先用的原则。

（12）新油与废油分开放置，并做好警告标志。

（13）装过废油的容器不可装新油，以防污染物的积累。

（14）储油仓库最好远离污染来源，譬如煤屑、泥尘、毛纱、烟尘等。仓库及所有配油器材应保持清洁。

2. 油桶的户外储存

将润滑油或其他油品储存于户外不是正确的选择。但若基于空间的原因必须存放于室外时，就应采取一些预防措施，将不良的后果降至最低。

（1）临时架起的帐篷或防水的帆布可保护油桶免受雨水的侵蚀。在揭开桶盖前，必须将桶头清洁及抹干，以防污染物质进入润滑油中，如图 3—5 所示。

（2）若油桶以桶塞朝上的方向垂直摆放，水可能经由桶塞间隙涌入污染或损坏润滑油。同时，雨水或凝结的水汽会积聚在桶面。尽量勿让油桶受到阳光直接照射，以减低桶内白天和晚上的温度变化。当气温升降时，热胀冷缩的作用会使水分经由桶塞渗入桶内。水分除了影响污染桶内润滑油，也会造成油桶内部生锈，产生不必要的污染。

当油桶必须桶塞朝上的方向摆放时，应用木条撑着油桶之一边底部使其倾斜，而且两个桶塞联起之直线要与木条平行，使积水远离桶塞的开口处，这样水分不会积聚在桶

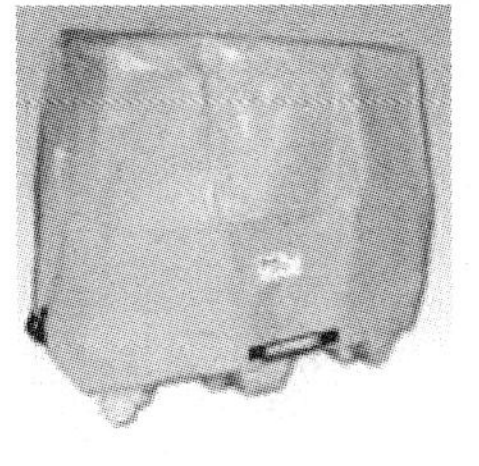

图 3—5　临时架起帐篷保护

盖周围。

油桶不可直立露天储存在室外，否则桶面积水，当油桶温度受四周温度变化影响时，会因桶内压力降低而由口盖微隙吸入水分。油桶长期露天储存在室外时，桶盖人造橡皮垫圈因日晒雨淋而发生裂缝时，更易吸入水分，如图 3—6 所示。

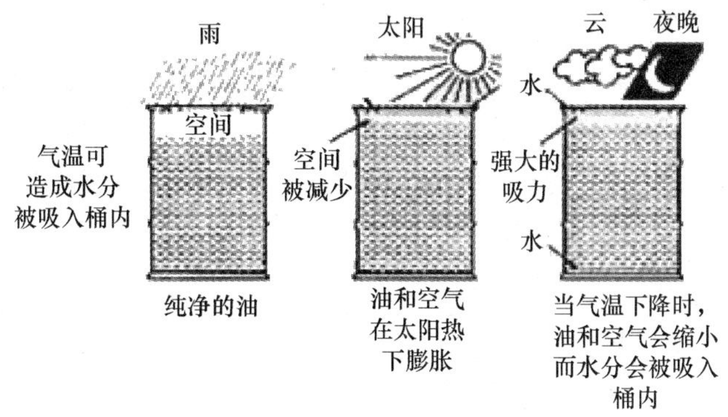

图 3—6　油桶露天储存的不利条件

（三）油桶的装卸和搬运

200 升大桶是工业上最普遍使用和最经常需要搬运的油品容器，装卸和搬运应注意以下安全操作：

（1）必须小心谨慎处理，盛满润滑油的油桶，总重约重 185 公斤，若不小搬移，则很容易碰伤人或损坏工厂设备。

（2）卸货时，可将铁桶沿滑板滑下，切不可直接从车上推下，以免摔裂油桶，发生泄漏。

（3）油桶卸下后，必须及时移往储存区，最佳的运送方法是利用铲车，将油桶堆放在木架上，或用铲车的机械臂卡紧油桶，也可用两轮手推车，将油桶搬运，不准拖运。

（四）油桶的取油和分装

（1）建议使用油桶垫，保持桶盖清洁。油桶垫由吸油棉制成，可以有效吸收油品，保证桶口清洁，如图 3—7 所示。

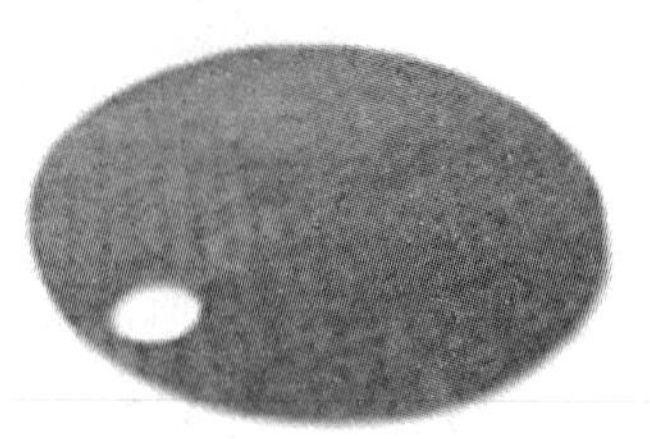

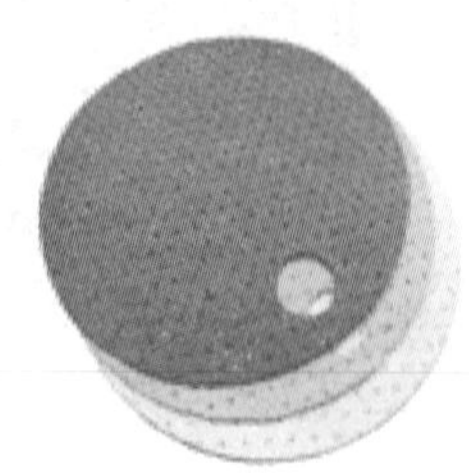

图 3—7　油桶垫

(2) 油品的取用，可以采用防溢溅分装漏斗。渗漏出来的油品，可以自动回流到油桶内，但是必须保证分装漏斗的干净清洁，防止污染到桶内的油品，如图 3—8 所示。

(3) 频繁抽取的油品，建议放置在油桶架上并安装龙头控制，可在龙头下方放置一容器，以防滴溅。最好采用油桶架，在油桶上安装油桶漏斗，这样容易分装，并能控制飞溅。

图 3—8　防溢溅分装漏斗

(4) 可将油桶直放，以手摇泵自大桶栓插入油桶取油。每次用油不多时，可用手摇油泵插入油桶，抽油分装成小听使用，一种油限用一个油泵，以防止污染。

(5) 取油后应及时盖上油桶盖，防止油品受到污染。

第三节　模具行业具体工艺工伤预防指导规范

随着数控技术和自动化技术的发展，目前模具行业涉及的各类机床的安全性和可靠性得到了很大的提高。可以说，只要按照机床的操作规程和工艺要求规范生产，工伤事故的发生比例就可以大大降低。根据相关统计数据，因为不规范操作、疲劳等人为因素引发的工伤事故，占了大多数。因此，本节对模具行业常见设备的操作规范进行工伤预防提示，相关指导规范，可以直接张贴于对应的模具行业机器设备上，用于指导各工种的工伤预防工作。

一、合模机作业工伤预防指导规范

<table>
<tr><td colspan="2" rowspan="3">公司 LOGO& 名称</td><td>文件编号</td><td></td></tr>
<tr><td>文件版本</td><td></td></tr>
<tr><td colspan="2">（管制章）</td></tr>
<tr><td rowspan="2">文件名称</td><td rowspan="2">合模机作业指导书</td><td>生效日期</td><td></td></tr>
<tr><td>页码</td><td>第 1 页，共 1 页</td></tr>
</table>

1. 目的

进一步规范相关人员对合模机的使用，消除安全隐患，从而确保人机安全。

2. 范围

车间内全体使用合模机的人员，非车间作业人员严禁使用。

3. 作业内容

（1）打开总电源开关，让 PLC 控制系统进行自检，进入主画面状态。

（2）检查工作面上无杂物，开启钥匙后触摸屏将画面切换至连动操作画面。

（3）将模具吊入，使其后模朝下贴紧下模板，并使其处于模板中心位置。

（4）选择下模板“吸合”键，将模具吸牢固定。

（5）打开油泵开关，油泵工作指示灯亮。

（6）按下“移入”钮，此时模具则可轻松推入机床内。

（7）将上模板慢慢压向模具，贴上模具后，按上模板“吸合”钮，将上模吸牢固定，按“设置”设定模具的“停止位置”和“变速位置”。

（8）然后触摸“自动开”钮，将上模板打开到极限位置。

（9）按“移出”将下模板推出，然后按“翻转”将上模板翻平。

（10）对一边模板的分模面涂红丹，然后将上模板、下模板复位，将上、下模压合，快接触时改用“慢合”，使两模板合紧，同时注意分模面的接触情况，以防磁伤。

（11）触摸所需的合模压力，压力选择由小到大，然后按“加压”钮，直到压力表压力值升至设定要求。

（12）触摸“慢开”钮打开一小段距离，然后再合模—加压—开模反复动作几次，最后将模具打开至极限位置。

（13）先后将下模板、上模板打开到前方工作台水平位置，检查其压合分型面的接触情况，并对需修改之处进行修整。

（14）最后重复 10～13 步的动作，直到达到要求。

（15）模具修好后，将上、下模具合拢，选择上模板的“退磁”钮，然后按“确认”钮，将上模板退磁才能脱前模。

（16）模具推出后，选择下模板的“退磁”钮，接着按“确认”，完成整个操作过程。

4. 相关文件/记录

NO.	修订内容概述	修订者	修订日期	备注	制定	审核	核准

二、吊车作业工伤预防指导规范

<table>
<tr><td colspan="2" rowspan="3">公司 LOGO& 名称</td><td>文件编号</td><td></td></tr>
<tr><td>文件版本</td><td></td></tr>
<tr><td colspan="2">（管制章）</td></tr>
<tr><td rowspan="2">文件名称</td><td rowspan="2">吊车作业指导书</td><td>生效日期</td><td></td></tr>
<tr><td>页码</td><td>第 1 页，共 2 页</td></tr>
</table>

1. 目的

进一步规范相关人员对吊车的使用，消除安全隐患，从而确保人机安全。

2. 范围

车间内全体使用吊车的人员，非车间现场作业人员严禁使用。

3. 作业内容

（1）吊车的使用

1）使用前，应将吊机空载运行检查是否正常，控制按钮是否灵敏可靠。检查吊带、吊链、吊钩、吊环是否齐全和可用。

2）使用时要考虑起吊方案是否合理。吊车、吊带、吊环是否在允许起吊重量范围内，起吊时要考虑对周围物体、人员的影响，翻模时要考虑惯性的冲击力和范围。

3）吊环应一次拧到位，不允许只拧到一半，否则起吊时吊环容易折弯和滑丝脱落。禁止用其他物品代替吊环。

4）使用完吊机后，应卸载空钩。不允许将吊机停在过道或走道上，吊钩应高于人头，以免发生碰伤。用过的吊带、吊环及时放回指定存放位置。

5）使用控制开关时，要熟知各按钮功能。与他人合作吊物时，需共同配合，不可单独行动。使用完毕应注意轻放，防止甩动碰撞到其他物品而损坏。

6）吊装物体时，手脚不要伸到吊物底下。禁止起吊物穿越人头顶，在吊机运动方向或惯性方向前 1 米内不允许站人。

7）运行过程中出现异常，应立即停机，报维修人员处理。

8）吊机的保养由设备管理处维修人员进行，每周作一次目测检查，每日对重要部位作一次检测。对链条作润滑处理。

（2）吊绳的使用要求

1）不要用吊绳吊超过其承受能力的重物。

2）不要在地面或粗糙面上拖拉吊绳。

3）不要将吊绳扭曲、缩短、拉长或打结使用。

4）不要拉扯正在装载使用中的吊绳。

5）已损毁的吊绳不可再修理使用。

6）吊绳不可在化学活性环境中存储，远离紫外线、热源和水。

7）不要用尖刀、尖角或粗糙面损伤吊绳。如遇尖角或粗糙面时，用厚纸皮将其与吊绳隔开。

8）每次使用前必须先检查吊绳是否有损坏。

续表

<table>
<tr><td colspan="2" rowspan="3">公司 LOGO& 名称</td><td>文件编号</td><td></td></tr>
<tr><td>文件版本</td><td></td></tr>
<tr><td colspan="2">（管制章）</td></tr>
<tr><td rowspan="2">文件名称</td><td rowspan="2">吊车作业指导书</td><td>生效日期</td><td></td></tr>
<tr><td>页码</td><td>第 2 页，共 2 页</td></tr>
</table>

9）维修组人员需定期检查吊绳，以保证所使用的吊绳为安全吊绳。

10）在运输、装卸过程中要保持吊绳所载物质的平衡。

11）不同颜色的吊绳，吊重不同。应根据所吊运工件的重量，选择相应规格的吊绳，具体参数如下：

宽度/颜色					45°	90°
1 英寸	紫色	1.0 吨	0.8 吨	2.0 吨	1.8 吨	1.4 吨
2 英寸	绿色	2.0 吨	1.6 吨	4.0 吨	3.6 吨	2.8 吨
3 英寸	黄色	3.0 吨	2.4 吨	6.0 吨	5.4 吨	4.2 吨

4. 相关文件/记录

NO.	修订内容概述	修订者	修订日期	备注	制定	审核	核准

三、砂轮机/磨刀机作业工伤预防指导规范

<table>
<tr><td colspan="2" rowspan="3">公司 LOGO& 名称</td><td>文件编号</td><td></td></tr>
<tr><td>文件版本</td><td></td></tr>
<tr><td colspan="2">（管制章）</td></tr>
<tr><td rowspan="2">文件名称</td><td rowspan="2">砂轮机/磨刀机作业指导书</td><td>生效日期</td><td></td></tr>
<tr><td>页码</td><td>第 1 页，共 1 页</td></tr>
</table>

1. 目的

正确、安全使用好砂轮机、磨刀机。

2. 范围

直接参与机械加工与维修的相关人员（学徒人员需由师傅亲自指导）。

3. 作业内容

操作、保养程序：

（1）砂轮机属高速旋转设备，操作时不得戴手套，但必须戴好防护眼镜。

（2）工件必须握持稳固，方可磨削。

（3）砂轮径向跳动较大时，必须经过修整方可磨削。

（4）较大、较重的工件不准在普通砂轮机上磨削。

（5）磨削工件时，不能站在砂轮旋转面的前方。

（6）磨削工件时，普通砂轮机不得使用端面磨削；万能磨刀机杯口砂轮不得使用外圆磨削。

（7）磨削较小工件时，工件的下端不得伸入砂轮护罩下部。

（8）砂轮如出现缺口或破损时，绝对禁止继续使用。

（9）禁止砂轮无护罩使用。

（10）禁止砂轮倒转使用。

（11）常见砂轮分氧化铝砂轮（白色或红色）与碳化硅砂轮（绿色），前者适合磨削钢件及高速工具钢类，后者适合磨削硬质合金类。

（12）万能磨刀机只适合于刀具，小直径钻头的磨削。

（13）CNC 使用的万能磨刀机砂轮，只适于精磨 CNC 的硬质合金刀具，不得他用。

（14）安装砂轮需由指定维修人员安装，且安装前，砂轮必须经过检查，其他人员不得擅自更换。

（15）更换下来的砂轮不得再次上机使用。

（16）砂轮机每班使用过后，须由清洁工清理干净砂轮机上或其周围的粉尘、氧化物等。

4. 相关文件/记录

NO.	修订内容概述	修订者	修订日期	备注	制定	审核	核准

四、铣床作业工伤预防指导规范

<table>
<tr><td colspan="2" rowspan="3">公司 LOGO& 名称</td><td>文件编号</td><td></td></tr>
<tr><td>文件版本</td><td></td></tr>
<tr><td colspan="2">（管制章）</td></tr>
<tr><td rowspan="2">文件名称</td><td rowspan="2">铣床作业指导书</td><td>生效日期</td><td></td></tr>
<tr><td>页码</td><td>第 1 页，共 2 页</td></tr>
</table>

1. 目的

确保正确操作铣床，明确铣床维护和保养细则，保证加工质量，避免安全事故。

2. 范围

本公司所有铣床均适用。

3. 作业内容

（1）操作注意事项

1）非专业技术人员或未经上岗培训者不得启动、操作此机床。

2）穿松散衣服、衣袖太长者不可操作本机床。

3）长发未扎好、穿拖鞋者不可操作本机床。

4）戴手套者不可操作本机床。

（2）开机前检查

1）机床前后左右 1 米范围内地面卫生与机床的卫生状况检查。

2）垫脚卡板是否稳固。

3）机床同附属零件之电源线有无接反及零乱现象。

4）机床之附属工具是否整齐稳固。

5）机床各部位之制动手柄有无松脱。

6）机床润滑油泵内有无油液。

7）打开机床总电源查看机床有无异响。

8）运转 X 轴 Y 轴 Z 轴及主轴，检验四轴运行是否顺畅。

9）检查 X 轴自动进给器运行有无异响。

10）手动查看所有转速变换啮合状态是否正常及有无异响。

11）查看主轴转动电机之皮带有无断裂及松动。

12）打开电子数显尺，查看 X 轴 Y 轴移动时电子尺显示数据是否与刻度相对应变数。

（3）操作方法

1）打开机床总电源。

2）把主轴校正到自己需要的角度。

3）把需要加工的工件校正到自己需要的角度及状态。

4）可以直接用压板的工件，可以先校正工件，再用压板螺钉销死，并进行再校正。

5）不可以直接用压板装夹工件，应须校正好辅助工具，如虎钳（批士）、斜度工作台、旋转工作台等之后再装夹工件进行校正。

续表

<table>
<tr><td colspan="2" rowspan="3">公司 LOGO& 名称</td><td>文件编号</td><td></td></tr>
<tr><td>文件版本</td><td></td></tr>
<tr><td colspan="2">（管制章）</td></tr>
<tr><td rowspan="2">文件名称</td><td rowspan="2">铣床作业指导书</td><td>生效日期</td><td></td></tr>
<tr><td>页码</td><td>第 2 页，共 2 页</td></tr>
</table>

6）所有加工工件必须装夹稳固。

（4）选择自己需要用的加工刀具并进行刀具安装

1）刀具安装时先确定刀套（索嘴）大小。

2）将主轴销死更换刀套（索嘴）。

3）刀套（索嘴）更换时须清理主轴孔内杂物以防刀具偏中。

4）刀具安装夹长度不能少于刀具总长的 1/3 位置，以防掉刀。

5）刀套（索嘴）以外的刀具长度比加工工件加工高度多出 5～10 毫米为最佳效果。

（5）把主轴电机皮带调到加工需要的转速，并确定好反转、顺转的加工方式。

（6）佩戴好护目镜等防护装备，启动机床主轴即可进行铣床切削加工。

（7）机床加工完成后，必须将机床移回到静止状态（X 轴回到中心位置，Y 轴回到最里边的位置）。

（8）操作过程中的注意事项

1）所有转动、传动有异响时须立即停机检查。

2）按照固定时间频率进行停机检查：

①精铣工件时，每隔半小时检查刀具、夹具有无松动。

②精铣工件时，每隔 15 分钟须停机检查一次刀具、夹具有无松动。

③每隔两次刀具回来加工后，停机进行工件数据检查。

3）操作时集中精神力，不得与他人闲谈。

4）停机/换刀时勿将转速变换掣当刹车掣用。

5）加工中途，如需要离开机床，应停机后再离开。

6）加工过程中，如果刀具/工件发热则须加冷却水。

7）在机床上进行钻孔加工时，钻削铁屑不得太长，排屑时间周期要短、快，钻削过程中要勤加冷却液。

8）加工过程中，眼睛到刀具的距离保持在前 40 厘米以上。

9）工件加工完成后，应将机床与周围环境清扫干净。

4. 相关文件/记录

NO.	修订内容概述	修订者	修订日期	备注	制定	审核	核准

五、磨床作业工伤预防指导规范

<table>
<tr><td colspan="2" rowspan="3">公司 LOGO& 名称</td><td>文件编号</td><td></td></tr>
<tr><td>文件版本</td><td></td></tr>
<tr><td colspan="2">（管制章）</td></tr>
<tr><td rowspan="2">文件名称</td><td rowspan="2">磨床作业指导书</td><td>生效日期</td><td></td></tr>
<tr><td>页码</td><td>第 1 页，共 2 页</td></tr>
</table>

1. 目的

确保正确操作磨床，明确磨床的维护和保养知识，保证加工质量，避免安全事故。

2. 范围

本公司所有磨床均适用。

3. 作业内容

（1）操作注意事项

1）非专业技术人员或未经上岗培训者不得操作或启动此类机床。

2）衣服松散、衣袖过长、长发没扎好和穿拖鞋者不可操作本机床。

（2）开机前检查

1）检查机床前后左右 1 米范围内地面卫生与机床的卫生状况检查。

2）检查机床同附属零件之电源线有无接反、搭错及零乱现象。

3）检查机床之附属工具是否整齐稳固。

4）检查机床各部位之制动手柄有无松脱。

5）检查机床润滑油泵内有无油液。

6）打开机床总电源查看有无漏电。

7）运转 X 轴 Y 轴 Z 轴查看运行是否顺畅。

8）打开电子数显尺，查看 X 轴 Y 轴移动时电子尺显示数据是否与刻度相对应变数。

9）所有检查合格后方可进行操作。

（3）操作方法

1）打开机床总电源。

2）查看主轴上有无砂轮。

3）砂轮/切割碟的拆装：

①打开主轴上的砂轮盒盖。

②用油刷将盒盖内的灰尘清扫干净。

③用一块胶板/木板垫在磁盘表面，将开口扳手一端置于轴心之平位处，另一端放在胶板/木板上，再用专用扳手拆下，销紧砂轮的螺钉。

④将轴心和即将用到的砂轮内孔清理干净，以防偏心，再将砂轮套上轴心。

⑤将砂轮销紧，盖上保护盒盖。

（4）修整砂轮平面

1）将砂轮主轴升高，确保砂轮底面高出洗石笔笔尖 10 毫米以上。

续表

<table>
<tr><td colspan="2" rowspan="2">公司 LOGO& 名称</td><td>文件编号</td><td></td></tr>
<tr><td>文件版本</td><td></td></tr>
<tr><td colspan="2"></td><td colspan="2">（管制章）</td></tr>
<tr><td rowspan="2">文件名称</td><td rowspan="2">磨床作业指导书</td><td>生效日期</td><td></td></tr>
<tr><td>页码</td><td>第 2 页，共 2 页</td></tr>
</table>

2）转动 Y 轴，将工作台移出后，清理干净磁盘表面杂物。

3）将洗石笔放在磁盘中并收磁，再查看摆放处是否稳固。

4）移动 X 轴 Y 轴，使洗石笔笔尖移到砂轮的下中心偏 10～20 毫米。

5）降低砂轮主轴使砂轮待修整之面距离洗石笔笔尖 2～5 毫米，再将洗石笔由修整砂轮之面的平行方向移出，离开砂轮转动范围 5～10 毫米。

6）打开主轴启动电源开关。

7）进行砂轮面修整，修整完后停机，将主轴升高，卸下洗石笔。

（5）工件加工

1）清理好磁盘卫生，确定工件的加工范围及角度。

2）可以直接在磁盘上摆放工件，也可将表面清洁后放于磁盘上，收拾磁盘即可。

3）当不可直接摆放工件时，则用辅助夹具压板进行组合固定。

4）砂轮面与工件待加工面之零位设定。

（6）磨削加工

1）加工过程中，如有异样状况，立即停止加工并关闭电源。

2）洗石笔工件摆放一定要稳固。

3）厚料/小料进行加工前，必须用夹具或小垫块将工件两边固定好。

4）随时留意砂轮有无松动，主轴转动有无偏心/跳动。

5）修整砂轮面时，每次进给量不可超过 0.1 平方毫米。

6）粗加工工件时，进入磨削截面积不可超过 0.005（0.01 毫米×0.5 毫米）平方毫米；精加工时，截面积不可超过 0.006（0.02 毫米×0.3 毫米）平方毫米，确保安全和精度。

7）取料换料时必须停止主轴转动。

8）停止加工时必须将床身移动静止状态（X 轴在中间，Y 轴在最内侧），关闭电源和打扫卫生。

9）打扫卫生不可用风枪，只能用油刷扫或用布擦，以免磨尘进入导轨影响精度。

10）检查附属抽尘机有无异响，吸尘道是否通畅。

11）砂轮外径小于直径 120 毫米后，不可再使用。

4. 相关文件/记录

NO.	修订内容概述	修订者	修订日期	备注	制定	审核	核准

六、钻床作业工伤预防指导规范

<table>
<tr><td colspan="2" rowspan="3">公司 LOGO& 名称</td><td>文件编号</td><td></td></tr>
<tr><td>文件版本</td><td></td></tr>
<tr><td colspan="2">（管制章）</td></tr>
<tr><td rowspan="2">文件名称</td><td rowspan="2">钻床作业指导书</td><td>生效日期</td><td></td></tr>
<tr><td>页码</td><td>第 1 页，共 1 页</td></tr>
</table>

1. 目的

确保正确操作钻床，明确钻床维护/保养，保证加工质量，避免安全事故。

2. 范围

本公司所有钻床均适用。

3. 作业内容

(1) 操作前注意事项

1) 机床周围卫生应清洁。

2) 机床上无遗留的工件或铁屑。

3) 长衣、长袖、穿拖鞋、戴手套者勿操作此机床。

4) 机头与机身旋转盘上的松紧装置应锁紧。

5) 机头上各手柄可正常扳动。

6) 机床使用的最大钻头，不得超过额定钻孔直径。

(2) 操作方法

1) 打开机床电源。

2) 夹嘴时一定要夹紧，机台上一定要擦干净。

3) 在钻孔过程中要往钻头上加冷却水。

4) 在钻小块件时要用虎钳（批士）夹持工件或采取其他安全方法来加工。

5) 在加工较大而精度又高的工件时，最好用码工钳或者码铁加以固定。

6) 所使用钻头直径在 3/16 以下要开快速，但排铁屑次数与加水频率要高。

7) 所使用钻头直径在 1/2 以上要开慢速，排屑加水频率要高。

8) 加工深孔时先用短钻头，逐步加深防止运水钻偏及卡钻，除模具运水孔及特殊指定外所有孔必须倒角。

(3) 操作过程中注意事项

1) 操作时不能戴手套。

2) 机台上不得摆放棉纱或其他工件。

3) 操作时要全神贯注，手扶稳工件，以防工件偏移出去。

4) 装夹工件时，必须预留钻头出口空间，以免钻到工作台。

5) 不能直接在工作台上敲击工件或锥柄套，也不可在钻床主轴上敲击钻夹头。

4. 相关文件/记录

NO.	修订内容概述	修订者	修订日期	备注	制定	审核	核准

七、车床作业工伤预防指导规范

<table>
<tr><td colspan="2" rowspan="3">公司 LOGO& 名称</td><td>文件编号</td><td></td></tr>
<tr><td>文件版本</td><td></td></tr>
<tr><td colspan="2">（管制章）</td></tr>
<tr><td rowspan="2">文件名称</td><td rowspan="2">车床作业指导书</td><td>生效日期</td><td></td></tr>
<tr><td>页码</td><td>第 1 页，共 2 页</td></tr>
</table>

1. 目的

确保正确操作车床，明确车床维护和保养责任，保证加工质量，避免安全事故。

2. 范围

本公司所有车床均适用。

3. 作业内容

（1）操作前注意事项

1）非专业技工或未经上岗培训者不得启动或操作此机床。

2）穿着松散、衣袖太长者不可以操作本机床。

3）披长发、穿拖鞋者不可操作本机床。

4）必须佩戴劳动防护眼镜。

（2）开机前检查内容

1）车床前后左右 1 米范围内地面卫生与机床的卫生需干净。

2）车床之附属工具需整齐稳固。

3）车床各部位之制动手柄无松脱。

4）打开机床总电源后机床无异响。

5）手动检查所有转速变换啮合状态正常及无异响。

6）主轴转动电机之皮带无断裂及松动。

7）车头螺钉无松动。

8）两轴拖板顺畅。

9）机床的行轨上无杂物。

（3）操作方法

1）打开车床总电源。

2）工件装夹：

①一般圆工件直接夹于三爪盘中，收紧即可。

②超长工件，一端用三爪盘夹住，另一端则要用顶尖顶住，中部还要用二轴中支撑架，或在尾部多加一个三轴支撑架方可稳固工件。

③方体工件则用四爪盘进行装夹，须校正。

④超大方体工件则须用花盘和螺丝压板组合进行装夹板才可稳固，须校正后，才能进行加工。

⑤装夹好工件后，用手动车床主轴 360 度运转看是否顺畅，否则应进行调试校正。

续表

<table>
<tr><td colspan="2" rowspan="3">公司 LOGO& 名称</td><td>文件编号</td><td></td></tr>
<tr><td>文件版本</td><td></td></tr>
<tr><td colspan="2">（管制章）</td></tr>
<tr><td rowspan="2">文件名称</td><td rowspan="2">车床作业指导书</td><td>生效日期</td><td></td></tr>
<tr><td>页码</td><td>第 2 页，共 2 页</td></tr>
</table>

（4）刀具选择及刀具安装

1）选取对应加工要求的刀具。

2）将刀座清理干净，在自己需要的角度同方位上装好刀具并锁紧。

3）进行刀口对中，刀口尖须与车床主轴中心对正。

4）用手转动主轴将刀移到工件最大外径 1～3 毫米处。

（5）打开车头控制电源。

（6）用手动调好加工转速，使各处转换齿轮相互啮合正常。

（7）选择好快慢开关。

（8）车削加工

1）用手将车头运转启动手柄向上拉，车头正式运转。

2）慢速将车刀移近工件再开始车削。

3）车削量由具体加工状况确定。

4）启动手柄向下拉（不可能拉到底）即可进行程序。

5）如果进行工件质量观察或取数时必须关掉机头控制电源开关。

（9）操作过程中注意事项

1）有异常状况，立即开控制电源开关。

2）传动、转动有无异响。

3）定时查看刀座有无松动。

4）集中精力，不得与他人交谈。

5）加工中途，如需离开车床，必须停机，关好电源方可离开。

6）车床主轴车头旋转时不得用手触摸工件及旋转物体。

7）工件刀具发热时须加冷却液。

8）用后尾钻削时，排屑时间周期要短、快，勤加冷却液。

（10）加工过程中，眼睛到刀具的距离保持在前 40 厘米以上。

（11）工件加工完成后，应将机床环境清扫干净。

4. 相关文件/记录

NO.	修订内容概述	修订者	修订日期	备注	制定	审核	核准

八、数控铣（CNC）机床作业工伤预防指导规范

<table>
<tr><td colspan="2" rowspan="3">公司 LOGO& 名称</td><td>文件编号</td><td></td></tr>
<tr><td>文件版本</td><td></td></tr>
<tr><td colspan="2">（管制章）</td></tr>
<tr><td rowspan="2">文件名称</td><td rowspan="2">数控铣（CNC）机床作业指导书</td><td>生效日期</td><td></td></tr>
<tr><td>页码</td><td>第 1 页，共 4 页</td></tr>
</table>

1. 目的

安全、正确地操作 CNC 机床，确保人机安全。

2. 范围

公司所有 CNC 操作人员均适用。

3. 作业内容

（1）检查

1）钢料的检查：要认真核对工件名称，基准方向、尺寸大小是否与程序（程式）清单一致（长宽公差±0.5 毫米，厚度公差+0.5～+3 毫米）。

1）铜料的检查：要认真核对电极（铜公）编码、尺寸大小是否与程序（程式）清单一致（尺寸公差±4 毫米），不合格的铜料全部退回铣床组。

（2）锁板

1）铜料在锁板前必须要看清楚程式清单上的排板位置图，根据电极（铜公）底部的编码锁到码板上。

2）锁板时，用力要适当，防止松动或使牙孔变形。

3）选择合适螺钉大小及长度，锁紧后螺钉不能顶到底面。

（3）码料

1）码铁（码仔）要比圆盘、码板略高，受力重点在码板、圆盘上。尽量选用标准的垫块。

2）合理选择码铁（码仔）放置位置，保证受力均匀，同时保证有足够空间进退刀，并要考虑刀具加工时是否会碰到码仔。

3）工件要尽量靠边码，方便在特殊情况下加工另一个工件。

（4）校表

1）正确选择校表边（最长基准边）。

2）检查校表表针是否松动和其灵敏度，按动测头多次，观察其回零误差。

3）认真观察表针变化情况，明确敲打位置，力度要适当。可使用胶锤、铜锤为敲打工具，禁止使用其他工具。

4）校正、锁紧码铁（码仔）后，要再一次检查看收紧码铁（码仔）过程中是否有移位。

5）要求直线方向 0.01/200 毫米，水平方向 0.03/200 毫米。

（5）碰数

1）正确选择分中位置。

2）检查碰数棒是否完好，分中位置不能有毛刺。

续表

<table>
<tr><td colspan="2" rowspan="3">公司 LOGO& 名称</td><td>文件编号</td><td></td></tr>
<tr><td>文件版本</td><td></td></tr>
<tr><td colspan="2">（管制章）</td></tr>
<tr><td rowspan="2">文件名称</td><td rowspan="2">数控铣（CNC）机床作业指导书</td><td>生效日期</td><td></td></tr>
<tr><td>页码</td><td>第 2 页，共 4 页</td></tr>
</table>

3）碰数棒装上主轴之前，切记要先在 MDI 里输入 S550M03。确定转速为 S550，然后按手动再按转速停止，才可将碰数棒装上主轴。

4）碰数棒靠近工件时，手摇一定要慢，在改变移动轴向时，必须认真检查轴向位置是否正确，以防方向错误而碰断碰数棒。

5）认真观察碰数棒接触工件时的分离情况，清零，重复两次确定，如每次分离时数值都不一样，相差 0.02 毫米以上，可能碰数棒已损坏，需更换。

6）碰数结束后，将机械坐标输入 G54、G55、…，然后在 MDI 输入相应的 G54、G55、…。如输入正确，绝对坐标一定为零，否则抄数有误或 G53 里有数值。有些机床不需要在 MDI 输入相应的 G54、G55、…，仍需查看绝对坐标是否为零。

7）将相对坐标清零，再左右、前后碰一次检查，若数值一致则碰数正确；反之则碰数有误。

（6）装刀

1）选择与施工图相符的刀具，检测刀粒、刀具的磨损状况。

2）严格按施工图的要求伸出的刀长装夹，比最低加工深度装长 2～3 毫米。

3）保证刀头、刀套（索嘴）、刀具不能有铜屑、油迹等杂物，装刀前一定要用风枪吹干净。

4）刀具避空位置必须伸出在嗦嘴外面，不能作为装夹位置。

5）原则上刀具的装夹长度，要占刀具总长度的 1/3 以上。

（7）对刀

1）正确选择对刀位置，施工图指定的对刀位置不方便对刀时，可自行选择方便对刀位置（必须用校表测量出指定对刀位置与自定对刀位置的距离）。

2）大工件加工重点注意工件是否会碰动导轨，主轴摇下来对刀时，要注意刀头、机头是否会碰到加工工件。

3）用刀柄作为对刀工具左右滚动时，当刀柄在刀具下方时，Z 轴运动方向只能向上，不能向下。

4）抄数后，必须要在 MDI 输入相应的坐标组，检查是否输入正确。

（8）程序（程式）启动

1）程序（程式）启动前，必须在传输电脑用传送软件查看刀具直径大小、加工深度、加工方式。检查 G53 里 X、Y 是否有偏数，刀具的最低点应在机床上的所有工件、夹具的上方，防止程式三轴同时归零时相撞。

2）程序（程式）第一次 Z 下刀时，进给一定要慢，要特别留意残余量的数值。一只手放在暂停按钮上，另一只手抓住快速移动按钮，以便有异常时能及时停止。

3）程序（程式）刚运作时，要再一次确认施工图的程序名称、刀具是否与实际装夹的一致。

4）程序（程式）正常运作时，要将快速移动按钮调到 50%或 100%的地方，喷油或喷气管要定到一个易于排屑的地方，尽可能使用 2 条油管。

续表

<table>
<tr><td rowspan="3" colspan="2">公司 LOGO& 名称</td><td>文件编号</td><td></td></tr>
<tr><td>文件版本</td><td></td></tr>
<tr><td colspan="2">（管制章）</td></tr>
<tr><td rowspan="2">文件名称</td><td rowspan="2">数控铣（CNC）机床作业指导书</td><td>生效日期</td><td></td></tr>
<tr><td>页码</td><td>第 3 页，共 4 页</td></tr>
</table>

（9）加工过程

1）对加工程式有疑问或加工余量偏大时，应及时与编程师或带班组长沟通。钢料的加工，要认真核对工件名称、基准方向、尺寸大小是否与程式清单一致，不一致或有含糊时拒绝加工。

2）钢料用飞刀开完粗后，必须用校表检查是否有移位。使用 Φ30R5 以上直径刀具，钢料粗加工时（加工深度超过 30 毫米），必须码 3 个码铁（码仔）以上，确认不会因受力而导致工件移位。

3）使用 MCED 修改程式途中，在保存时出现电脑死机现象，重新开机后，必须重新在网络上拷贝程序（程式）再修改，不可以使用电脑死机时的程式。

4）原则上操作员可根据机床的性能、刀具的受力情况适当调整转速和进给。范围在±20%，最大程度发挥机床的效率和保证加工的质量。

5）在加工时需降 Z 接顺或偏 X、Y 接顺时，应先在相对坐标清零、输入数据后检查相对坐标里的数值变更是否正确。

6）加工时不允许加工（锣）到码板、圆盘，如因程式问题、操机出错加工（锣）到码板、圆盘，必须记录到异常情况记录本上并报告部门主管。

7）加工过程中，应留意加工的状态、刀具的长度。确认正常的情况下，应准备好下一把使用的刀具和下一个要加工的工件，减少停机时间。

（10）完工检测

1）工件加工完毕后，下机时必须清理干净工件里面的铜、铁屑、切削油等方可下机。拆下加工好的工件，去除披锋，清理干净后摆放到指定的“待检工件区”。

2）电极（铜公）加工完工下机前，必须检查如下 5 点：①有没有变形现象；②刀纹清晰，没有特别粗糙的刀纹；③线条分明，接刀处不起明显的台阶；④没有明显难除去的毛刺（披锋）；⑤电极（铜公）四边分中位必须精加工到位，至少要有 1/2 精加工到位。

3）编程师将电极（铜公）检查好放合格工件区后，操作员及时用周转箱按模号编号统一送到检测部门。

（11）其他规定

1）电极（铜公）粗、精（幼）标识用 3 毫米的字码打上，字码要清晰工整，字码要打在适当的位置，用力要适当不要打太深，打太深会变形可能会影响 EDM 碰数精度。开粗加工电极 T，粗加工电极（粗公）R，精加工电极（幼公）F。

2）使用刀库的机床，每周六必须全面检测刀库里的所有刀具，并如实填写《刀具检测表》交给部门主管。

3）《程序清单》任何时候都要保持完整，不可乱涂乱画，不可折皱。必须及时填写加工坐标组、上下机操作员姓名、上机时间、下机时间、实际加工时间及异常情况。

续表

<table>
<tr><td colspan="2" rowspan="3">公司 LOGO& 名称</td><td>文件编号</td><td></td></tr>
<tr><td>文件版本</td><td></td></tr>
<tr><td colspan="2">（管制章）</td></tr>
<tr><td rowspan="2">文件名称</td><td rowspan="2">数控铣（CNC）机床作业指导书</td><td>生效日期</td><td></td></tr>
<tr><td>页码</td><td>第 4 页，共 4 页</td></tr>
</table>

4）操作员不能在传输电脑上私自安装其他软件，不能拷贝非 NC 文件。

5）大工件应注意在分中、对刀、加工过程中，工件靠里面那边是否会碰到 Z 轴的导轨。

6）保养后的机床、公共区域任何时候都要保持整洁、有序的状态。

7）操作员之间应积极、主动做好装卸工件和去除电极毛刺（铜公披锋）等辅助性工作。

8）不同班组之间，应做好交接班的各项工作，从而营造和谐、互相帮助的团队氛围。

4. 相关文件/记录

NO.	修订内容概述	修订者	修订日期	备注	制定	审核	核准

九、电火花（EDM）机床作业工伤预防指导规范

<table>
<tr><td colspan="2" rowspan="3">公司 LOGO& 名称</td><td>文件编号</td><td></td></tr>
<tr><td>文件版本</td><td></td></tr>
<tr><td colspan="2">（管制章）</td></tr>
<tr><td rowspan="2">文件名称</td><td rowspan="2">电火花（EDM）机床作业指导书</td><td>生效日期</td><td></td></tr>
<tr><td>页码</td><td>第 1 页，共 4 页</td></tr>
</table>

1. 目的

指导人员正确作业，控制加工质量，提高生产效率。

2. 范围

全体 EDM 加工作业人员适用。

3. 作业程序

（1）加工前的注意事项

1）首先要满足加工条件，即图纸、工件对照是否吻合，明确加工要求。

2）新模加工要点：

①加工图符合要求、数据清楚、纸面洁净，新模的加工图要有主管签名，加工图的各栏填写完整。

②有质量部的合格标识，工件件号与加工图纸和散件图上的件号是否相同。

③图纸上的电极检测尺寸是否与标识的尺寸相符、准确。

（2）加工前的准备工作

1）检查工件基准角标识，模具编号标识。

2）检查工件有无碰撞、凸起、生锈现象。

3）去除工件周边毛刺、肿块，将工件清洁干净。

4）检查电极编号标识、基准角标识，电极形状是否与图纸符合，电极字码是否正确。

5）检查电极有无撞伤、变形、省光，电极是否有其他要求（如需清角，修 R 角等）。

6）去除电极基准角毛刺，清理干净。

7）检查电极加工线孔位置是否合适，同时考虑电极的装夹方法。

（3）操作方法与技巧

1）工件清洁干净后放置于工作台上，工件的摆放便于看图纸，最好依图纸方向摆放。采用合适、正确的方法固定好工件。

2）校直基准长边，并检查周边垂直度及直角度，允许误差：长度方向 0.02/200 毫米，垂直方向 0.02/50 毫米内为合格工件（精密模除外）。

3）用卡尺检查粗、精电极是否标识正确。

4）装夹时，夹具不能超出电极掌底面积（除非确定夹具绝对避空）。

5）选用合格正确的夹具（治具）夹电极。

6）确认装夹的电极加工行程是否到位。

7）校平电极基准，检查直角（4 个角）加强筋（骨位）及斜度、弧度电极的水平、垂直平面，校正时必须反复校对，以消除在校对中产生的误差，并检查两平面的斜度、弧度是否一致，确保误差值在 0～0.02 毫米之间。

续表

<table>
<tr><td colspan="2" rowspan="3">公司 LOGO& 名称</td><td>文件编号</td><td></td></tr>
<tr><td>文件版本</td><td></td></tr>
<tr><td colspan="2">（管制章）</td></tr>
<tr><td rowspan="2">文件名称</td><td rowspan="2">电火花（EDM）机床作业指导书</td><td>生效日期</td><td></td></tr>
<tr><td>页码</td><td>第 2 页，共 4 页</td></tr>
</table>

8）加大电极时，电极需钻排气孔，避免抽真空时工件移动。

9）依图纸确认碰数方法。

10）根据电极数量及工件大小，考虑是否采用球形测头（波仔）碰数。

11）选择碰数方法，用带电小电流碰或用蜂鸣器碰，手动或自动。

12）工件电极碰数面必须干净无杂物。

13）碰数完成后，换另一坐标系，检查一次分中。

14）碰深度时，至少碰 3 次以上方可确认合格。

15）EDM 的坐标原点必须与图纸一致，决不允许随意动数、更改。

16）设定深度时，考虑底部里需预留火花位还是要加火花位。

（4）放电加工及参数调节

1）开机前检查 EDM 显示的坐标值是否与图纸一致，核实无误后，方可开机加工。

2）电流的调整，根据火花位的大小、加工的余量、电极大小、加工性质、光洁度要求等来调节检测是否是最佳电流。

3）在电极不变形、不积碳、不加大火花位的前提下，加工电极时，尽量保证更有效地完成。精加工（幼公）各加工参数的调节要保证质量及精度的要求。

4）当加工厚度 0.5～1.2 毫米的骨位电极时，最大电流不能超过 5 安，加工动模清角电极时，最小电流不得小于 5 安（精密模具除外）。

5）在放电加工时，必须要用小电流在 I 轴方向加工 0.01～0.02 毫米（打火花印）后，停机检查火花位无误后再继续加工。在放电加工中，务必要加强巡视，随时了解加工情况，避免出现异常导致加工部位打深或者碰伤不加工部位。

6）在工件快加工到图纸技术要求前，应停机提起电极（铜公），对加工部位的尺寸进行检查，确定加工余量与电子尺显示余量相符时，再继续加工到位。

（5）冲油的方法与技巧

1）冲油的方法有：上冲油式、下冲油式、上冲下抽油式、下抽上冲油式、浸泡冲油式；依工件、电极形状选用最佳冲油方式。

2）冲油的作用：有排渣和冷却，冲油时要全面考虑。

3）冲油的效果好与坏，在于方式、方向、位置、冲油的缓与急。

（6）尖角（利角）电极与加强筋（骨位）电极、清角电极的加工方法与技巧

1）尖角（利角）电极的加工方法是分段加工，开始小电流加工，待大面积触动后，再加大电流。

2）骨位电极的加工方法是分三、二、四段加工，放电时间调短。

续表

<table>
<tr><td colspan="2" rowspan="3">公司 LOGO& 名称</td><td>文件编号</td><td></td></tr>
<tr><td>文件版本</td><td></td></tr>
<tr><td colspan="2">（管制章）</td></tr>
<tr><td rowspan="2">文件名称</td><td rowspan="2">电火花（EDM）机床作业指导书</td><td>生效日期</td><td></td></tr>
<tr><td>页码</td><td>第 3 页，共 4 页</td></tr>
<tr><td colspan="4">3）清角电极的加工方法是不用分段加工，按火花位偏大 0.05～0.1 毫米加工，若有斜度清角，可分段加工，电流可偏大 0.1～0.2 毫米加工。
（7）加工完成后的自检工作
1）检查工件加工位置是否正确，用卡尺或校表检测，或重新碰数分中后复查。
2）检查深度是否加工到数，用校表或探针检测，或者重新碰深度，再加火花纹。
3）检查火花纹的粗细是否符合要求。
4）检查火花加工面有无变形、倒扣、积碳等现象。
5）检查加工面有否接顺。
6）对照图纸，检查电极是否要移数加工另一位置。
7）确认工件无误后，才可拆下电流。
8）检量电极损坏情况，是否需割电极。
9）检查工件、电极有无异常损耗的部位。
10）所有工件检查无误后，再装夹下一电极或拆卸工件。
11）每件工件完成后，及时报告组长，由组长安排下一工件。
（8）异常现象的处理
1）机器故障时，需及时告知主管组长，并通知设备维修组修理。
2）工件、电极不符合要求时，报告组长处理。
3）图纸有误或模糊不清时，及时通知组长，图纸数据只有技师（编程师、工程师）有修改权限，修改数据时，需要修改者签名确认。
4）加工出现问题，需及时通知组长或主管到现场，协商解决；不得隐瞒、不报告及迟报，不得私下解决和自行解决。
5）无论大错小错，都必须在出错时被发觉，及时填写出错报告交部门主管。
6）所有 EDM 的异常状况，都必须反馈给组长，当组长无法解决困难时报告部门主管。
（9）EDM 工作交接
1）机床卫生保养交接：交班人员将机床及周边环境彻底全面地清洁干净，交接给下一班，如接班人员发现上一班卫生没做到位，应及时提醒交班人员。
2）工作台面及图纸的交接：加工的电极及图纸按照编号摆放好，将待加工和已加工的电极及图纸分类摆放交接给下一班人员。
3）校表量具的交接：各技师及技工交接共用保管的量具、校表、工具等，接班时，如发现有丢失或损坏情况需及时提出。
4）工件加工情况的交接包括：</td></tr>
</table>

续表

<table>
<tr><td colspan="2" rowspan="3">公司 LOGO& 名称</td><td>文件编号</td><td></td></tr>
<tr><td>文件版本</td><td></td></tr>
<tr><td colspan="2">（管制章）</td></tr>
<tr><td rowspan="2">文件名称</td><td rowspan="2">电火花（EDM）机床作业指导书</td><td>生效日期</td><td></td></tr>
<tr><td>页码</td><td>第 4 页，共 4 页</td></tr>
</table>

①正在加工的工件及状况。

②已加工的工件及状况。

③待加工的工件及状况。

④工件加工的要求及注意事项。

5）有问题的地方，白班人员及时问清楚再交给夜班人员，交接清楚后方可下班。

6）两班交接工作，必须做到明白、清楚后方可下班，否则追究两班责任。

（10）图纸及电极的管制

1）每套模具所有的电极碰数图纸都用一个文件夹装订，每个文件注明模具编号（写在封面标签上）。

2）加工前所有待加工图纸应存放在文件夹中。

3）在加工过程中，图纸夹在看板中，并且每张加工的图纸由加工人员签上姓名及加工日期。

4）加工后的图档，应于当天存放在该套模具的文件夹中。

5）所有交给 EDM 加工的图档归火花机组管理，任何人（包括技师）不得私自拿走，只能借用。

6）不同模具的电极不准用同一胶箱存放，由 EDM 组人员依电极找出图纸。

7）加工完的电极及时放到货架规定的胶箱存放。

8）修模所需的电极，由电极专员找出电极，由技师找出相应的图纸。

（11）电极的装夹

1）目的是使电极不至于在工作状态下松动，使导电性能更好。

2）装夹时夹具不能超出电极基准边（除非确定绝对避空）不至于打伤工件。

3）一般小电极用单个螺杆固定即可，中型电极用加工治具固定 2 个螺丝连接杆，大型电极用 2 个螺丝连接杆固定，更大电极必须做合理治具，连上机头后不能摇动、晃动为最佳。

4）一般连接杆采用较短的杆，否则容易晃动。除特殊情况外，如电极需避空等。

5）石墨电极（碳公）除完成以上工序外，如有需要，在电极与连接治具上涂少许“502”胶水。石墨电极（碳公）锁螺钉时，不可太紧以免“崩牙”，加工时连接处需冲火花油，以缓冲为最佳。

4. 相关文件/记录

NO.	修订内容概述	修订者	修订日期	备注	制定	审核	核准

十、线切割（EDW）机床作业工伤预防指导规范

<table>
<tr><td colspan="2" rowspan="3">公司 LOGO& 名称</td><td>文件编号</td><td></td></tr>
<tr><td>文件版本</td><td></td></tr>
<tr><td colspan="2">（管制章）</td></tr>
<tr><td rowspan="2">文件名称</td><td rowspan="2">线切割（EDW）机床作业指导书</td><td>生效日期</td><td></td></tr>
<tr><td>页码</td><td>第 1 页，共 1 页</td></tr>
</table>

1. 目的

指导线切割人员安全规范作业，确保现场作业有序、准确，从而控制质量、成本。

2. 范围

公司全体线切割（EDW）编程、操作等技术人员。

3. 作业内容

（1）所有加工的图纸、工件全由本组组长收集，进行审核并签名确认后才安排加工。

（2）加工工件必须严格依照加工图纸（或图档）和按预先编制的工艺进行加工，并确保工件形位公差和尺寸公差的要求。

（3）加工前首先拿工件对照图纸，检查外形及其他尺寸、形状是否一致，用白色油笔画上大概形状，等确定完全无误后才能装机。

（4）装夹工件前应考虑好装夹位，在加工时是否割到压板及磁铁、螺杆是否撞到机头、有没有碰数位、加工时工件是否会松动，上下机头跟工件的距离应保持在 50 毫米左右，最多不能超过 100 毫米，以保证加工质量。装夹时应注意自身安全。

（5）工件装好后再进行打表分中，分中前应检查导轮是否正常，有没有松动现象，如有损坏应及时换新，分中时最少要有两次分中检查，确保无误后方可编程加工。

（6）编程时应注意放间隙补偿，不能打反，正常补偿的方法是钼丝的半径加工 0.02 毫米，也可根据机床或者设计的要求去放间隙。

（7）编好程序后开始开机加工，开机前应检查坐标是否与电脑里的数一致，水是否正常喷到钼丝，等检查完后才能开始加工。

（8）加工时应注意电流，应根据工件的厚度而定，工件厚度在 50 毫米以下的电流应打在 1 安左右，变频为 85 左右；50～100 毫米应打在 1.5 安左右，变频在 80 左右；100～150 毫米应打到 2 安左右，变频在 78 左右；150 毫米以上的应打到 2.2 安左右，变频在 70 左右。

（9）加工时应不定时检查机床运作是否正常，等加工完后应进行自检，自检后确保无误后，方可转序。

4. 相关文件/记录

NO.	修订内容概述	修订者	修订日期	备注	制定	审核	核准

十一、冲床作业工伤预防指导规范

<table>
<tr><td colspan="2" rowspan="3">公司 LOGO& 名称</td><td>文件编号</td><td></td></tr>
<tr><td>文件版本</td><td></td></tr>
<tr><td colspan="2">（管制章）</td></tr>
<tr><td rowspan="2">文件名称</td><td rowspan="2">冲床作业指导书</td><td>生效日期</td><td></td></tr>
<tr><td>页码</td><td>第 1 页，共 2 页</td></tr>
</table>

1. 目的

确保正确操作，正确维护保养，提高设备、模具利用率，促进生产高效进行。

2. 适用范围

适用于普通冲床所有操作人员。

3. 操作规程

（1）上岗要求

1）操作人员必须经过培训、实习取得普通冲床操作资格的方能上机操作，严禁无证人员上机操作。试工员工不能单独上机操作。

2）领班根据工作需要选择具有冲床操作资格证的员工到指定的设备操作，严禁非本机人员上机操作或串位操作。

3）操作人员必须熟悉本设备的基本技术参数及性能指标。

4）操作人员必须忠于职守，认真负责，熟练掌握本设备的操作、维护及保养。

5）操作人员必须不断学习，总结经验，力争自身素质的不断提高。

（2）安全操作

1）工作前：

①操作人员必须戴手套作业，以防工件毛边划伤手指和影响产品质量。

②检查和清理冲床周边区域及冲床台面上与工作无关的东西。

③检查冲床各摩擦部位润滑情况，并使各点得到充分滑动。

④测试制动器、离合器、操作器和各开关的动作是否灵活、可靠、准确，并作几次空行程。如发现有异常现象和声音应立即停机，通知相关人员处理。

⑤确认模具状态良好后，正确装模。

⑥装模程序：A. 确认模具送料方式、吨位、模柄、闭合高度、漏料孔、锁模尺寸等与冲床相配。B. 清理干净冲床和模具上、下表面。C. 使模具与冲床对中，手动调节冲床至下止点使上、下模闭合压紧，锁紧上模，下模稍收紧螺钉。D. 空转几次，对角均匀锁紧下模。E. 试制，调整好下止点，锁紧连杆处锁紧螺栓。模具导柱和刃口部位加油润滑。

2）工作中：

①定时压送润滑油。

②不许同时冲压两块及以上块材料。

③在使用脚踏开关时，不要把脚放在开关上，以免不慎触动而发生事故。

④冲床工作时严禁手伸入模具中，冲床开动后，不要再去变动模具上的工件位置，工件的取放使用专用工具。

续表

<table>
<tr><td colspan="2" rowspan="3">公司 LOGO& 名称</td><td>文件编号</td><td></td></tr>
<tr><td>文件版本</td><td></td></tr>
<tr><td colspan="2">（管制章）</td></tr>
<tr><td rowspan="2">文件名称</td><td rowspan="2">冲床作业指导书</td><td>生效日期</td><td></td></tr>
<tr><td>页码</td><td>第 2 页，共 2 页</td></tr>
</table>

⑤工作中随时把工作台附近的余料清除，清除时用钩子或刷子。模具卡住工件时，应完全停机后清除卡夹问题。工作中发现冲床或模具出现不正常现象（如声音）、螺钉松动、发热、裂纹、滑块自由下落、产品毛刺大、不脱料或质量不好等异常情况，应停机检修。

⑥不许随便拆除冲床保护装置。

3）工作完成后：

①离合器分离。

②关闭电源。

③清理现场。

④更换模具时应及时将拆下来的模具清洁防锈处理后放置于模具架上，较大模具不能上架时应在地面垫放方木，严禁将模具随地乱放，以免模具长时不用生锈报废。

⑤对于禁止空打的模具，下模前四角加片料，以防打坏模具。

⑥模具上配件应恢复原状，不得丢失。

4. 设备保养

（1）日保养

1）清理工作现场及废料，保持设备清洁卫生。

2）检查冲床各运动部位润滑是否良好，否则应加油润滑，63 吨、80 吨冲床用注油泵加油，25 吨、16 吨各润滑部位均用油杯加油润滑。

3）检查模具架模具是否需要防锈加油保养，及时保养模具。

（2）月保养

1）清理工作现场，整理模具，保持设备清洁卫生。

2）清理日保养留下的油泥，重新彻底润滑设备。

3）检查保险块是否正常，不正常时应及时请维修人员处理。

4）检查电磁操作是否灵活，脚踏开关及金属软管是否正常，否则应及时找维修人员处理。

5）校对冲床工作台和滑块平面度，上、下平面的平行度，滑块行程对工作台面的垂直度。

5. 相关文件/记录

NO.	修订内容概述	修订者	修订日期	备注	制定	审核	核准

十二、注塑机作业工伤预防指导规范

<table>
<tr><td colspan="2" rowspan="3">公司 LOGO& 名称</td><td>文件编号</td><td></td></tr>
<tr><td>文件版本</td><td></td></tr>
<tr><td colspan="2">（管制章）</td></tr>
<tr><td rowspan="2">文件名称</td><td rowspan="2">注塑机作业指导书</td><td>生效日期</td><td></td></tr>
<tr><td>页码</td><td>第 1 页，共 1 页</td></tr>
</table>

1. 目的

确保操作者的人身安全和设备的使用寿命以及提高生产效率。

2. 适用范围

适用于各类型注塑机操作人员。

3. 操作说明

（1）开机前的准备

1）检查总电源开关是否已开启。

2）检查冷却水是否堵塞或滴漏。

3）开启机筒预热电源开关，并依材料设定温度。

4）模具紧固螺栓和各行程开关，机械安全杆应调到相应位置，安全门应灵活、可靠。

5）加料前检查原料中应无异物及杂质。

（2）开机

1）温度升至设置温度后，要恒温 5～10 分钟再开机。

2）启动马达，无异常声响才能进行以下工作程序。

3）手动射胶，将机筒前段料排出，再熔胶、射胶，反复 1～3 次。

4）机器处于合模状态下手动台前移，将喷嘴紧贴模具浇口，并将前后移至行程开关限位块压位开关并锁定。

5）依工艺卡要求对各品种工艺参数进行设定，按半自动键，即进入半自动生产状态，进行生产。

（3）工作时（安全规范）

1）操作必须使用安全门，如安全门行程开关或机械安全杆失灵，应立即停机，修理后方可开机生产。

2）非当班操作者，任何人不得按动任何开关。

3）合模过程中发现异常应立即停机并向当班主管汇报。

4）机器修理较长时间或清理模具时，必须切断电源清理，模具中残料（潜伏口等）必须烧出。

5）避免在模具打开时，用射台撞击定模，以免定模脱落。

4. 相关文件/记录

NO.	修订内容概述	修订者	修订日期	备注	制定	审核	核准

十三、注塑生产工伤预防指导规范

<table>
<tr><td colspan="2" rowspan="3">公司 LOGO& 名称</td><td>文件编号</td><td></td></tr>
<tr><td>文件版本</td><td></td></tr>
<tr><td colspan="2">（管制章）</td></tr>
<tr><td rowspan="2">文件名称</td><td rowspan="2">注塑生产操作指引</td><td>生效日期</td><td></td></tr>
<tr><td>页码</td><td>第 1 页，共 4 页</td></tr>
</table>

1. 适用范围

适用于注塑生产过程中注塑操作工操作工序。

2. 需求物、器、具

1 200# 砂纸、脱膜剂（106、125）、蜡笔、碎布、剪钳、飞边（披锋）刀、圆棒、包装材料、卡板，准备好《生产日报表》、成品标签、半成品标签卡、胶纸、保护膜等需用物品。

3. 操作方法及步骤

（1）作业前

1）准备好卡板、包装材料（气泡袋、珍珠棉等）、包装箱、成品标签、半成品标签、胶纸。

2）熟悉注塑工艺卡内容并按照工艺要求操作，品质要求具体可参照首件签板样件。

（2）作业中

1）在领班调试、经质检确认产品并签首件样板后，操作工开始正常生产。

2）产品成型后开模顶出时，左手提前或及时打开安全门，右手再取出水口，取产品时（取产品、水口的先后顺序根据生产产品实际情况而定），必须集中注意力观察模腔（手指不可进入斜顶或推杆的下方取产品，不允许手持剪钳或刀片进入模腔范围）。面壳产品有斜顶扣住时，先推出产品再平取出。

3）产品取出后轻放在工作台面，按照首件样板进行自检，先用碎布把产品周边的油污抹干净（高光产品生产时不允许产品周边有油污）、再用剪钳或飞边（披峰）刀将浇口修平，剪下的浇口放入水口箱内。高光产品取出后先轻放工作台或贴膜架上，再贴保护膜。

4）飞边（披锋）前处理。当飞边（披锋）在产品内框、两侧边及顶面边的外观面上，且飞边（披锋）高度≤0.5 毫米时，用圆棒压；当飞边（披锋）高度＞0.5 毫米或飞边（披锋）在非外观面上时，用飞边（披锋）刀削，飞边（披锋）刀不准往自己身体方向内修刮，不能用力过猛，必须掌握力度往下或往外安全方向修刮。

5）打磨前处理。原则上要求半成品产品不打磨，融合纹（水纹）较深或划伤的产品，可用蜡笔涂后再打磨至看不见、无手感为止，其他缺陷打磨至平整；半成品打磨只能用 1200# 砂纸或蘸水进行打磨至用正常生产的油漆喷油后能遮盖住缺陷为可接受程度；打磨时按质检签的喷油打磨板样件要求进行打磨，打磨产品质量必须由质检、质控负责判定。产品打磨的范围不能超过需打磨位置的 10 毫米。

6）风筒加工。产品如有拉白，要用风筒进行加工处理。操作工先将风筒电源线插好，用右手从风筒架上拿起风筒，并打开开关加热；待风筒温度升高正常后，将风筒正对着产品拉白处并距产品 5～10 厘米，倾斜 30 度来回移动，吹风时间为 3～5 秒，风筒功率规定为 1 600 瓦；产品拉白消失后应立即关闭风筒开关，并应将风筒放回风筒架。

续表

<table>
<tr><td colspan="2" rowspan="3">公司 LOGO& 名称</td><td>文件编号</td><td></td></tr>
<tr><td>文件版本</td><td></td></tr>
<tr><td colspan="2">（管制章）</td></tr>
<tr><td rowspan="2">文件名称</td><td rowspan="2">注塑生产操作指引</td><td>生效日期</td><td></td></tr>
<tr><td>页码</td><td>第 2 页，共 4 页</td></tr>
</table>

7）在产品自检和前处理加工后，操作工用与产品颜色不同的蜡笔在产品内边上写产品原料批次编号和工号，并参照《关于半成品燃烧级别的标识》《高光产品原料区分标示》工艺通知要求，贴上不同颜色标识。

8）产品打包装或上拉。

①打包装。小件产品包装时要按照注塑件包装工艺要求进行包装；大件需要包装工进行包装作业的，必须将产品并排摆放在工作台面上，摆放时注意产品不能叠放，确保两产品之间有间距即可，以免产品出现碰划伤。

须写好成品标签卡（包括普通和 ROHs 两种）或半成品标签卡贴在指定位置，要求每个班都必须在所有标签卡的左上角按照生产、包装顺序依序注明阿拉伯数字编号，以便后续在产品出现异常问题时查找并统计数量。

②产品上拉。产品间隔一定距离（6～8 厘米）放置于传送拉正中间，其接触面应与传送拉流动方向一致，严禁两种以上产品互相套放，且产品不能竖立在传送拉上。

9）异常处理。

①生产过程中坏机、坏模时，有接冻水的模具，必须先关冻水机开关掣和注塑机马达，再及时向领班报告。

②生产过程中因特殊情况停机超过 10 分钟以上时，必须退炮筒、空射炮筒螺杆内的胶料，防止因原料高温分解导致产品黏模，打空胶时，不准打太多浪费原料，必须将软胶分为小块压扁，以便于破碎回收。

10）生产停机。

①短时停机时，必须先把产品取出，并把启动马达关闭。

②正常生产到产量后换模具时，提前关闭下料口的闸刀把炮筒内的原料注射完，以免换料清机时浪费原料；另外必须提前 6～10 次注射时关冻水机，生产直至模具模腔内的模温较高时（模温 40 摄氏度左右）才能通知上模工拆下模具，以免模具太冷生锈。

11）在出现产品脱模不顺的情况下，根据实际生产情况必须对模具喷洒适量脱模剂，喷洒时要注意均匀。

脱模剂喷洒使用规范一览表

喷涂部位	快喷头喷管	喷雾喷头	距离（厘米）	时间（秒）	喷洒方式
骨位较深部位	使用	—	伸入	1～2	喷后停止
定模部位	—	使用	20～25	1～2	水平平行移动
动模部位	使用	使用	15～20	2～3	水平平行移动

续表

<table>
<tr><td colspan="2" rowspan="3">公司 LOGO& 名称</td><td>文件编号</td><td></td></tr>
<tr><td>文件版本</td><td></td></tr>
<tr><td colspan="2">（管制章）</td></tr>
<tr><td rowspan="2">文件名称</td><td rowspan="2">注塑生产操作指引</td><td>生效日期</td><td></td></tr>
<tr><td>页码</td><td>第 3 页，共 4 页</td></tr>
</table>

12）模具清洁保养

①刚上模的普通模具，用干净的碎布擦拭动模和定模周边的油污，定模模腔部分必须用棉花或专用纸巾来擦拭。

②生产中的模具，大模具 4 小时彻底清洁一次，小模具 2 小时清洁一次，全自动生产的模具 4 小时清洁一次。

高光模具的保养按照其专门工艺操作指引执行。

13）生产过程中产生的水口和废品必须分开装箱并标示清楚，标签卡上必须注明机台号、原料种类或名称、时间等。

14）生产时的状况（包括合格品、废品、不良缺陷项目等）必须及时、准确地填写在《生产日报表》。

（3）作业后

1）下班前操作工要在《生产日报表》上确认并签名。

2）下班前必须清理干净工作台面，将用过的碎抹布、砂纸等废弃物分类放入垃圾存放处，包装材料必须按 5 秒要求摆放整齐。

3）必须将干净的水口和废品放入干净的水口箱中，贴好水口料标签，装满一个水口箱后，必须检查水口箱里是否有螺钉、弹簧等金属件，检查完毕才可以拉到碎料房指定地点。

4）两个班交接时必须填写《交接班记录表》、下一班确认签名后上一班人员才能下班。

5）下班前必须把当天的生产报表填写完整并交给当班领班。

4. 注意事项

（1）严禁用铜棒或其他硬物敲打模腔或模面；严禁用铁条和钢条敲打模嘴，须用铜条；严禁用布片擦镜片、高光模面和电铸件模腔，须用棉花或专用纸巾。

（2）安全门控制电掣失灵、机台安全杆未调到位，应立即停机，并速通知领班解决。

（3）发现意外明火，应立即关电源和用灭火器扑灭。在发现模具、机器有异常情况或产品有质量问题时，绝对不允许私自处理，应立即通知领班或主管给予解决。

（4）半自动注射时，出现下列情况不准合模：

1）顶针没有复位（如特殊情况必须经领班和主管同意才能合模）。

2）模具内有产品。

3）模具内有异物。

4）抽芯（行位）结构未复位。

续表

<table>
<tr><td colspan="2" rowspan="3">公司 LOGO& 名称</td><td>文件编号</td><td></td></tr>
<tr><td>文件版本</td><td></td></tr>
<tr><td colspan="2">（管制章）</td></tr>
<tr><td rowspan="2">文件名称</td><td rowspan="2">注塑生产操作指引</td><td>生效日期</td><td></td></tr>
<tr><td>页码</td><td>第 3 页，共 4 页</td></tr>
</table>

（5）操作工必须做好“5 秒”工作，在操作过程中要时刻做好自身的安全防护工作。

（6）操作工在生产过程中要实时、准确地填写《注塑车间生产日报表》。

（7）工作过程中产生的垃圾严格按《垃圾分类工作指引》进行分类。

5. 相关文件/记录

NO.	修订内容概述	修订者	修订日期	备注	制定	审核	核准

第四章

模具行业工伤预防综合指导规范

工伤预防是一项综合性的系统工程，《工伤保险条例》和《工伤预防费使用管理暂行办法》既明确了人力资源社会保障行政部门的主体责任，又明确了工伤预防费的使用办法。在开展工伤预防具体工作时，企业应当把工伤预防工作和安全生产工作相结合，通过多种措施的实施，切实落实工伤预防责任。

本章从企业安全生产管理的角度出发，结合国家安全生产管理相关法律、法规和规章、制度的要求，提出模具行业工伤预防管理措施的指导规范，并对企业事故防范、职业病防治、健康监护等一并提出指导，本节既是模具行业的综合工伤预防指南，更是一般企业包括特殊行业的工伤预防指导规范。

第一节　危险源及其管理指导规范

一、危险源的定义与分类

危险源是指一个系统中具有潜在能量和物质释放危险的、在一定的触发因素作用下可转化为事故的部位、区域、场所、空间、岗位、设备及其位置。也就是说，危险源是能量、危险物质集中的核心，是能量传出来或爆发的地方。危险源存在于确定的系统中，系统范围不同，危险源的区域也不同。例如，从全国范围来说，对于危险行业（如石油、化工等）具体的一个企业（如炼油厂）就是一个危险源。而从一个企业系统来说，可能某个车间、仓库就是危险源，一个车间系统可能某台设备就是危险源。因此，分析危险源应按系统的不同层次来进行。

依据上述认识，危险源应由3个要素构成：潜在危险性、存在条件和触发因素。危险源的潜在危险性是指一旦触发事故可能带来的危害程度或损失大小，或者说危险源可能释放的能量强度或危险物质量的大小。危险源的存在条件是指危险源所处的物理、化学状态和约束条件状态，例如，物质的压力、温度、化学稳定性，盛装容器的坚固性，周围环境障碍物等情况。触发因素虽然不属于危险源的固有属性，但它是危险源转化为事故的外因，而且每一类型的危险源都有相应的敏感触发因素。如易燃、易爆物质，热能是其敏感的触发因素；又如压力容器，压力升高是其敏感的触发因素。因此，一定的危险源总是与相应的触发因素相关联。在触发因素的作用下，危险源转化为危险状态，继而转化为事故。

危险源是可能导致事故发生的潜在的不安全因素。实际上，生产过程中的危险源即不安全因素种类繁多、非常复杂，它们在导致事故发生、造成人员伤害和财产损失方面所起的作用很不相同。相应地，控制它们的原则、方法也很不相同。根据危险源在事故发生、发展中的作用，把危险源划分为两大类，即第一类危险源和第二类危险源。

（一）第一类危险源

第一类危险源是指生产系统中存在的、可能发生意外释放的能量或危险物质，实际工作中往往把产生能量的能量源或拥有能量的能量载体看作第一类危险源来处理。例如，带电的导体、奔驰的车辆等。

在工业企业生产过程中，比较常见的第一类危险源主要有：

(1) 产生、供给人们生产、生活活动能量的装置、设备是典型的能量源。如变电所、供热锅炉等，它们运转时供给或产生很高的能量。

(2) 使人体或物体具有较高势能的装置、设备、场所相当于能量源。如起重、提升机械、高差较大的场所等，使人体或物体具有较高的势能。

(3) 拥有能量的人或物。如运动中的车辆、机械的运动部件、带电的导体等，本身具有较大能量。

(4) 一些正常情况下按人们的意图进行能量的转换和做功，在意外情况下可能产生巨大能量的装置、设备、场所。如强烈放热反应的化工装置，充满爆炸性气体的空间等。

(5) 正常情况下多余的能量被泄放而处于安全状态，一旦失控时发生能量的大量蓄积，其结果可能导致大量能量的意外释放的装置、设备、场所。如各种压力容器、受压设备，容易发生静电蓄积的装置、场所等。

(6) 除了干扰人体与外界能量交换的有害物质外，也包括具有化学能的危险物质。具有化学能的危险物质分为可燃烧爆炸危险物质和有毒、有害危险物质两类。前者指能够引起火灾、爆炸的物质，按其物理化学性质分为可燃气体、可燃液体、易燃固体、可燃粉尘、易爆化合物、自燃性物质、忌水性物质和混合危险物质8类；后者指直接加害于人体，造成人员中毒、致病、致畸、致癌等的化学物质。

(7) 生产、加工、储存危险物质的装置、设备、场所在意外情况下可能引起其中的危险物质起火、爆炸或泄漏。如炸药的生产、加工、储存设施，化工、石油化工生产装置等。

(8) 人体一旦与之接触将导致人体能量意外释放的物体。如物体的棱角、工件的毛刺、锋利的刃等，一旦运动的人体与之接触，人体的动能意外释放而遭受伤害。

(二) 第二类危险源

导致约束、限制能量屏蔽措施失效或破坏的各种不安全因素称作第二类危险源，它包括人、物、环境三方面的问题。

(1) 人的因素问题主要是人的不安全行为和人失误。不安全行为一般指明显违反安全操作规程的行为，这种行为往往直接导致事故发生。例如，不断开电源就带电修理电气线路而发生触电等。人失误是指人的行为的结果偏离了预定的标准。例如，合错了开关使检修中的线路带电，误开阀门使有害气体泄放等。人的不安全行为、人失误可能直接破坏对第一类危险源的控制，造成能量或危险物质的意外释放；也可能造成物的因素问题，进而导致事故。

(2) 物的因素问题可以概括为物的不安全状态和物的故障（或失效）。物的不安全状态是指机械设备、物质等明显地不符合安全要求的状态。例如，没有防护装置的传动齿轮、裸露的带电体等。在我国的安全管理实践中，往往把物的不安全状态称作“隐患”。物的故障（或失效）是指机械设备、零部件等由于性能低下而不能实现预定功能的现象。物的不安全状态和物的故障（或失效）可能直接使约束、限制能量或危险物质的措施失效而发生事故。例如，电线绝缘损坏发生漏电，管路破裂使其中的有毒有害介质泄漏等。有时一种物的故障可能导致另一种物的故障，最终造成能量或危险物质的意外释放。例如，压力容器的泄压装置故障，使容器内部介质压力上升，最终导致容器破裂。物的因素问题有时会诱发人的因素问题，人的因素问题有时会造成物的因素问题，实际情况比较复杂。

(3) 环境因素主要指系统运行的环境，包括温度、湿度、照明、粉尘、通风换气、噪声和振动等物理环境，以及企业和社会的软环境。不良的物理环境会引起物的因素问题或人的因素问题。例如，潮湿的环境会加速金属腐蚀而降低结构或容器的强度；工作场所强烈的噪声影响人的情绪，分散人的注意力而发生人失误；企业的管理制度、人际关系或社会环境影响人的心理，可能造成人的不安全行为或人失误。

二、危险源辨识

危险源辨识是发现、识别系统中危险源的工作。这是一件非常重要的工作，它是危险源控制的基础，只有辨识了危险源之后才能有的放矢地考虑如何采取措施控制危险源。危险源辨识方法主要分为对照法和系统安全分析法。

（一）对照法

对照法是与有关的标准、规范、规程或经验进行对照，以此来辨识危险源。有关的标准、规范、规程，以及常用的安全检查表，都是在大量实践经验的基础上编制而成的，因此，对照法是一种基于经验的方法，适用于有以往经验可供借鉴的情况。

（二）系统安全分析法

系统安全分析法主要是从安全角度进行的系统分析，通过揭示系统中可能导致系统故障或事故的各种因素及其相互关联，来辨识系统中的危险源。系统安全分析方法经常被用来辨识可能带来严重事故后果的危险源，也可以用于辨识没有事故经验的系统的危险源。

三、危险源控制途径

危险源的控制可从三方面进行，即技术控制、人行为控制和管理控制。

（一）技术控制

技术控制是指采用技术措施对固有危险源进行控制，主要技术有消除、控制、防护、隔离、监控、保留和转移等。

（二）人行为控制

人行为控制是指控制人为失误，减少人不正确行为对危险源的触发作用。人为失误的主要表现形式有：操作失误、指挥错误、不正确的判断或缺乏判断、粗心大意、厌烦、懒散、疲劳、紧张、疾病或生理缺陷、错误使用防护用品和防护装置等。人行为的控制首先是加强教育培训，做到人的安全化；其次应做到操作安全化。

（三）管理控制

管理控制可采取以下管理措施，对危险源进行控制：

1. 建立、健全危险源管理的规章制度

危险源确定后，在对危险源进行系统危险性分析的基础上建立健全各项规章制度，包括岗位安全生产责任制、危险源重点控制实施细则、安全操作规程、操作人员培训考核制度、日常管理制度、交接班制度、检查制度、信息反馈制度，危险作业审批制度、异常情况应急措施、考核奖惩制度等。

2. 明确责任、定期检查

应根据各危险源的等级分别确定各级的负责人，并明确他们应负的具体责任。特别是要明确各级危险源的定期检查责任。除了作业人员必须每天自查外，还要规定各级领导定期参加检查。对于重点危险源，应做到公司总经理（厂长、所长等）半年一查，分厂厂长月查，车间主任（室主任）周查，工段、班组长日查。对于低级别的危险源也应制订出详细的检查安排计划。专职安技人员要对各级人员实行检查的情况定期检查、监督并严格进行考评，以实现管理的封闭。

3. 加强危险源的日常管理

要严格要求作业人员贯彻执行有关危险源日常管理的规章制度。搞好安全值班、交接班，按安全操作规程进行操作；按安全检查表进行日常安全检查；危险作业经过审批等。所有活动均应按要求认真做好记录。领导和安技部门定期进行严格检查考核，发现问题及时给以指导教育，根据检查考核情况进行奖惩。

4. 抓好信息反馈、及时整改隐患

要建立、健全危险源信息反馈系统，制定信息反馈制度并严格贯彻实施。对检查发现的事故隐患，应根据其性质和严重程度，按照规定分级实行信息反馈和整改，做好记录，发现重大隐患应立即向安技部门和行政第一领导报告。安技部门要定期收集、处理信息，及时提供给各级领导研究决策，不断改进危险源的控制管理工作。

5. 搞好危险源控制管理的基础建设工作

危险源控制管理的基础工作除建立健全各项规章制度外，还应建立、健全危险源的安全档案和设置安全标志牌。应按安全档案管理的有关内容要求建立危险源的档案，并指定专人专门保管，定期整理。应在危险源的显著位置悬挂安全标志牌，标明危险等级，注明负责人员，按照国家标准的安全标志表明主要危险，并注明防范措施。

6. 搞好危险源控制管理的考核评价和奖惩

应对危险源控制管理的各方面工作制定考核标准，并力求量化，划分等级。定期严格考核评价，给予奖惩并与班组升级和评先进结合起来。逐年提高要求，促使危险源控制管理的水平不断提高。

四、危险源控制基本原则

危险源控制的基本原则，主要有消除优先原则、降低风险原则、个体防护原则。

1. 消除优先原则

首先考虑通过合理的设计和科学的管理，尽可能从根本上消除危险源，实现本质安全。如采用无害工艺技术，生产中以无害物质代替有害物质，实现自动化、遥控技术等。

2. 降低风险原则

若无法从根本上消除危险源，其次考虑降低风险。采取技术和管理措施，努力降低伤害或损坏发生的概率或潜在的严重程度。

3. 个体防护原则

在采取消除或降低风险措施后，还不能完全保证作业人员的安全健康时，最后考虑个体防护设备，作为补充对策。如穿戴特种劳动防护用品等。

第二节　安全生产规章制度指导规范

一、安全生产规章制度的定义

生产经营单位安全生产规章制度是指生产经营单位依据国家有关法律法规、国家和行业标准，结合生产、经营的安全生产实际，以生产经营单位名义起草颁发的有关安全生产的规范性文件。一般包括规程、标准、规定、措施、办法、制度、指导意见等。

安全生产规章制度是生产经营单位贯彻国家有关安全生产法律法规、国家和行业标准，贯彻国家安全生产方针政策的行动指南，是生产经营单位有效防范生产、经营过程安全生产风险，保障从业人员安全和健康，加强安全生产管理的重要措施。

建立、健全安全生产规章制度是生产经营单位的法定责任。生产经营单位是安全生产的责任主体，国家有关法律、法规对生产经营单位加强安全生产规章制度建设有明确的要求。《安全生产法》第四条规定："生产经营单位必须遵守本法和其他有关安全生产的法律、法规，加强安全生产管理，建立、健全安全生产责任制和安全生产规章制度，改善安全生产条件，推进安全生产标准化建设，提高安全生产水平，确保安全生产。"《劳动法》第五十二条规定："用人单位必须建立、健全劳动安全卫生制度，严格执行国家劳动安全卫生规程和标准，对劳动者进行劳动安全卫生教育，防止劳动过程中的事故，减少职业危害。"《突发事件应对法》第二十二条规定："所有单位应当建立健全安全管理制度，定期检查本单位各项安全防范措施的落实情况，及时消除事故隐患。"所以，建立、健全安全生产规章制度是国家有关安全生产法律、法规明确的生产经营单位的法定责任。

二、建立安全生产规章制度的意义

生产经营单位要实施有效的安全生产管理，履行其保护职工安全、健康的法定义务，落实"安全第一，预防为主，综合治理"的安全生产方针，就必须建立健全强有力的组织保障体系、规章制度保障体系和措施保障体系。这三大体系的具体体现就是以安全生产责任制为核心的安全生产管理规章制度体系。

安全生产管理规章制度是生产经营单位规章制度的重要组成部分，是国家有关法规、标准在生产经营单位安全生产中的具体落实，是统一全体职工从事安全生产的行为准则。因此，一切生产经营单位都必须建立健全一整套既符合国家法规标准，又符合生产经营单位生产经营管理实际的安全生产管理规章制度。

生产经营单位安全生产管理规章制度基本可分为三大类：一是以生产经营单位安全生产责任制为核心的全厂性安全生产总则；二是各种单项制度，如安全生产的教育制度、检查制度、安全技术措施计划管理制度、特种作业人员培训制度、危险作业审批制度、伤亡事故管理制度、职业卫生管理制度、特种设备安全管理制度、电气安全管理制度、消防管理制度等；三是岗位安全操作规程。

建立、健全安全生产规章制度是生产经营单位安全生产的重要保障。生产经营单位需要对生产工艺过程、机械设备、人员操作进行系统分析、评价，制定出一系列的操作规程和安全控制措施，以保障生产、经营工作合法、有序、安全地运行，将安全风险降到最低。在长期的生产经营活动中，生产经营单位积累了大量的安全风险防范对策措施，这些措施只有形成安全规章制度，才能有效地得到继承和发扬。

建立、健全安全生产规章制度是生产经营单位保护从业人员安全与健康的重要手段。只有通过安全生产规章制度的约束，才能防止生产经营单位安全生产管理的随意性，才能使从业人员进一步明确自己的权利和义务，有效地保障从业人员的合法权益。同时，也为从业人员在生产、经营过程中遵章守纪提供明确的标准和依据。

三、安全生产规章制度的主要内容

一般生产经营单位制定的安全生产规章制度的主要内容如下，特殊或专项作业项目的安全生产制度可结合自身要求加以制定。

（一）安全教育培训制度

安全教育培训制度应包括以下内容：

（1）为确保安全生产，强化本单位职工安全生产知识，各部门要结合中心工作，应用广播、版报、安全课等形式，积极开展经常性的安全生产教育。

（2）凡新入厂的管理人员和职工，必须接受厂级、车间、班级的三级安全生产教育后方可上岗，有关部门做好三级教育卡的备案记录工作。

（3）转岗职工、重新上岗职工的安全教育。

（4）特种作业人员在上岗前必须进行专业技术培训，持有关部门颁发的有效证件方可上岗。

（5）所有授课人员应做好教育记录，保证教育内容和时间符合法律规定，受教育人接受教育后应签字确认。

（6）凡发生工伤事故后，主管部门要根据事故原因对职工进行教育。

（7）安全生产教育后，由安全科或主管领导将授课及考试资料归档。

（二）安全生产检查制度

各生产经营单位结合本单位的实际，在编制检查制度中，应列出工作现场的检查重点内容，以及谁去检查，什么时间检查，检查后怎么消除隐患等内容。

（1）本单位安全科应每月进行一次安全生产检查，对安全生产责任制、安全生产制度的落实，结合季节变化开展季节性检查、排查并及时消除事故隐患。

（2）各车间每周进行一次安全生产检查，主要检查机器设备、设施的安全生产状况，排查事故隐患。

（3）班组每日进行一次安全生产检查，主要检查职工是否遵守操作规程，是否按规定佩戴个人安全防护用品，纠正违章现象。

（4）单位专职、兼职安全员定时巡检，及时发现事故隐患。

(5) 所有检查结果要有记录，对检查出的隐患或违反规定的行为应及时上报，立即排除。

(三) 安全生产奖惩制度

安全生产奖惩制度的编制应结合本单位不同岗位而定，应找出各岗位易发生的违反规定、违反标准、违反操作规程的行为，各部门及单位领导在岗位责任制中易发生违反规定的范围。根据情节轻重制定出单位的处罚标准、奖励的有关条款。可依照以下内容确定奖励标准：

(1) 对安全生产管理有突出贡献的。

(2) 发现生产安全重大事故隐患的。

(3) 拒绝或举报违章作业的。

(4) 在发生事故中抢险救灾做出突出贡献的。

奖惩制度的奖励、惩处的实施由谁来决定，在制度中应予以明确。

(四) 生产安全事故的报告和处理制度

(1) 发生生产安全事故后，应立即上报上级安全主管部门，主管部门根据事故情况上报有关部门处理。

(2) 发生生产安全事故后，事故部门或个人要保护好现场，不得将事故现场随意变动或恢复。

(3) 发生事故的部门或事故当事人要积极协助调查分析，不得隐瞒事故真相。

(4) 对发生事故的各类工伤事故要按照“四不放过”的原则，查明原因，分清责任，接受教育，提出处理意见，建立防范措施。

另外应将对违反操作规程、违章作业、违章指挥所造成的事故，按照事故大小对责任人的行政、经济处罚标准作为条款编入制度中。

(五) 个人防护用品管理制度

生产经营单位结合自身实际情况编制个人防护用品管理制度，具体内容包括：

(1) 要明确发放防护用品名称、使用年限和发放部门。

(2) 明确个人防护用品的标准和范围。

(3) 明确个人防护用品的采购部门及质量保障要求。

(4) 明确回收的时限和负责部门。

(5) 明确丢失或损坏的处理标准和补发条款。

(6) 明确职工使用防护用品的要求。

（六）设备安全管理制度

设备安全管理制度的编制应包括以下内容：

（1）对设备的选购要满足安全技术要求。

（2）设备的维护、保养、时限和方法。

（3）设备应具有可靠的安全防护装置。

（4）明确设备的危险部位和维修措施。

（5）对设备的安全生产检查的时限和内容。

（6）设备操作人员的培训和持证要求。

（7）设备异常情况的紧急处置措施。

不同的设备应有不同的标准与要求，在编制设备管理制度时应结合单位设备状况，在制度中做出具体要求。

（七）危险作业管理制度

危险作业一般包括吊装作业、动土作业、拆除作业、动火作业、高处作业、密闭空间作业、焊接与切割作业、电气设备使用、厂内机动车辆作业、手持电动工具作业等。危险作业管理制度的编制应明确以下内容：

（1）本单位危险作业的批准部门和批准程序。

（2）现场保护措施。

（3）明确责任人、现场指挥员、现场操作人员、现场救护（防护）人员。

（4）明确操作人员需持有的特种作业证件。

（5）明确正确佩戴和使用防护用品。

（6）明确要做好的现场记录。

（八）安全生产操作规程

安全生产操作规程是职工操作机械和调整仪器仪表以及从事其他作业时必须遵守的程序和注意事项。各生产经营单位应根据本单位的机械设备种类和台数，实行一机一操作规程。可以包括以下内容：

（1）开动设备接通电源之前，应清理工作现场，仔细检查各种手柄位置是否正确、灵活，安全装置是否齐全。

（2）开动设备前，应先检查油箱中的油量是否充足，油路是否畅通并按润滑图表卡进行润滑工作。

（3）变速时，各变速手柄必须转换到指定位置。

（4）工件必须装卡牢固，以免松动甩出造成事故。

(5) 已卡紧的工件不得再行敲打校正，以免影响设备精度。

(6) 要经常保持润滑工具及润滑系统的清洁，不得敞开油箱盖，以免灰尘铁屑等杂物进入。

(7) 开动设备时必须盖好电器箱盖，不允许有活物、水、油等进入电机或电器装置内。

(8) 设备外露基准面或滑动面上不准堆放工具、产品等以免碰伤设备，影响设备情况。

(9) 严禁超性能、超负荷使用设备。

(10) 采取自动控制时，首先要调整好限位装置，以免超越行程造成事故。

(11) 设备运转时操作者不得离开工作岗位，并要经常检查各部位有无异常（异声、异味、发热、振动等）。发现故障应立即停止操作，及时排除，凡属操作者不能排除的故障，应及时通知维修人员排除。

(12) 操作者离开设备或装卸工件对设备进行调整、清洁或润滑时，都应切断电源。

(13) 不得拆除设备上的安全防护装置。

(14) 调整或维修设备时，要正确使用拆卸工具，严禁乱敲乱拆。

(15) 人员注意力要集中，个人防护用品使用要符合要求，站立位置要安全。

(16) 特殊危险物品的安全要求等。

第三节　安全生产责任制指导规范

一、安全生产责任制及其重要作用

（一）安全生产责任制的概念

安全生产责任制是根据我国的安全生产方针“安全第一、预防为主、综合治理”和安全生产法规以及“管生产必须管安全”这一原则，建立的各级领导、职能部门、工程技术人员、岗位操作人员在劳动生产过程中对安全生产层层负责的制度，是将以上所列的各级负责人员、各职能部门及其工作人员和各岗位生产人员在安全生产方面应做的事情和应负的责任加以明确规定的一种制度。安全生产责任制是企业岗位责任制的一个组成部分，是企业中最基本的一项安全制度，也是企业安全生产、劳动保护管理制度的核心。实践证明，凡是建立、健全了安全生产责任制的企业，各级领导重视安全生产、劳动保护工作，切实贯彻执行党的安全生产、劳动保护方针、政策和国家的安全生产、劳动保护法规，在认真负责地组织生产的同时，积极采取措施，改善劳动条件，工伤事故和职业性疾病就会减少；反之，就会职责不清，相互推诿，而使安全生产、劳动保护工作无人负责，无法进行，工伤事故与职业病就会不断发生。

安全生产责任制是经长期的安全生产、劳动保护管理实践证明了的成功制度与措施。这一制度与措施最早见于国务院 1963 年 3 月 30 日颁布的《关于加强企业生产中安全工作的几项规定》(即《五项规定》)。《五项规定》中要求，企业的各级领导、职能部门、有关工程技术人员和生产工人，各自在生产过程中应负的安全责任，必须加以明确的规定。《五项规定》还要求，企业单位的各级领导人员在管理生产的同时，必须负责管理安全工作，认真贯彻执行国家有关劳动保护的法令和制度，在计划、布置、检查、总结、评比生产的同时，计划、布置、检查、总结、评比安全工作（即“五同时”制度）；企业单位中的生产、技术、设计、供销、运输、财务等各有关专职机构，都应在各自的业务范围内，对实现安全生产的要求负责；企业单位都应根据实际情况加强劳动保护机构或专职人员的工作；企业单位各生产小组都应设置不脱产的安全生产管理员；企业职工应自觉遵守安全生产规章制度。

（二）企业建立安全生产责任制的意义

建立安全生产责任制的目的，一方面是增强生产经营单位各级负责人员、各职能部门及其工作人员和各岗位生产人员对安全生产的责任感，另一方面明确生产经营单位中各级负责人员、各职能部门及其工作人员和各岗位生产人员在安全生产中应履行的职责和应承担的责任，以充分调动各级人员和各部门安全生产方面的积极性和主观能动性，确保安全生产。

建立安全生产责任制的重要意义主要体现在两方面。一是落实我国安全生产方针和有关安全生产法规和政策的具体要求。《安全生产法》规定：生产经营单位必须建立、健全安全生产责任制。二是通过明确责任使各级各类人员真正重视安全生产工作，对预防事故和减少损失、进行事故调查和处理、建立和谐社会等具有重要作用。

生产经营单位是安全生产的责任主体，生产经营单位必须建立安全生产责任制，把“安全生产，人人有责”从制度上固定下来；生产经营单位法人代表要切实履行本单位安全生产第一责任人的职责，把安全生产的责任落实到每个环节、每个岗位、每个人，从而增强各级管理人员的责任心，使安全管理工作既做到责任明确，又互相协调配合，共同努力把安全生产工作落到实处。

二、建立安全生产责任制的要求

建立完善的安全生产责任的总要求是：横向到边、纵向到底，并由生产经营单位的主要负责人组织建立。建立的安全生产责任制具体应满足如下要求：

（1）必须符合国家安全生产法律、法规和政策、方针的要求。

（2）与生产经营单位管理体制协调一致。

（3）要根据本单位、部门、班组、岗位的实际情况制定，既明确、具体，又具有可操作性，防止形式主义。

（4）由专门的人员与机构制定和落实，并应适时修订。

（5）应有配套的监督、检查等制度，以保证安全生产责任制得到真正落实。

生产经营单位的主要负责人在管理生产的同时，必须负责管理事故预防工作。在计划、布置、检查、总结、评比生产的时候，同时计划、布置、检查、总结、评比事故预防工作（简称“五同时”）。事故预防工作必须由行政第一把手负责，分公司、车间的各级第一把手在安全管理上都负第一位责任。各级的副职根据各自分管业务工作范围负相应的责任。他们的主要任务是贯彻执行国家有关安全生产的法律、法规、制度和保持管辖范围内职工的安全和健康。凡是严格认真地贯彻了“五同时”，就是尽了责任；反之就是失职。如果因此而造成事故，那就要视事故后果的严重程度和失职程度，由行政以及司法机关追究法律责任。

三、安全生产责任制的主要内容

安全生产责任制的内容主要包括以下两个方面：

一是纵向方面，即从上到下所有类型人员的安全生产职责。在建立责任制时，可首先将本单位从主要负责人一直到岗位工人分成相应的层级，然后结合本单位的实际工作，对不同层级的人员在安全生产中应承担的职责做出规定。

二是横向方面，即各职能部门（包括党、政、工、团）的安全生产职责。在建立责任制时，可按照本单位职能部门的设置（如安全、设备、计划、技术、生产、基建、人事、财务、设计、档案、培训、党办、宣传、工会、团委等部门），分别对其在安全生产中应承担的职责作出规定。

生产经营单位在建立安全生产责任制时，在纵向方面至少应包括下列几类人员：

1. 生产经营单位主要负责人

生产经营单位的主要负责人是本单位安全生产的第一责任者，对安全生产工作全面负责。《安全生产法》第十八条将生产经营单位的主要负责人的安全生产职责定为：

（1）建立、健全本单位安全生产责任制。

（2）组织制定本单位安全生产规章制度和操作规程。

（3）保证本单位安全生产投入的有效实施。

（4）督促、检查本单位的安全生产工作，及时消除生产安全事故隐患。

（5）组织制定并实施本单位的生产安全事故应急救援预案。

（6）及时、如实报告生产安全事故。

（7）组织制订并实施本单位安全生产教育和培训计划。

具体可根据上述7个方面内容，并结合本单位的实际情况对主要负责人的职责做出具体规定。

2. 生产经营单位其他负责人

生产经营单位其他负责人的职责是协助主要负责人搞好安全生产工作。不同的负责人管的工作不同，应根据其具体分管工作，对其在安全生产方面应承担的具体职责作出规定。

3. 生产经营单位职能管理机构负责人及其工作人员

各职能部门都会涉及安全生产职责，需根据各部门职责分工做出具体规定。各职能部门负责人的职责是按照本部门的安全生产职责，组织有关人员做好本部门安全生产责任制的落实，并对本部门职责范围内的安全生产工作负责；各职能部门的工作人员则是在各自职责范围内做好有关安全生产工作，并对自己职责范围内的安全生产工作负责。

4. 班组长

班组是搞好安全生产工作的关键，班组长全面负责本班组的安全生产，是安全生产法律、法规和规章制度的直接执行者。班组长的主要职责是贯彻执行本单位对安全生产的规定和要求，督促本班组的工人遵守有关安全生产规章制度和安全操作规程，切实做到不违章指挥，不违章作业，遵守劳动纪律。

5. 岗位工人

岗位工人对本岗位的安全生产负直接责任。岗位工人要接受安全生产教育和培训，遵守有关安全生产规章和安全操作规程，不违章作业，遵守劳动纪律。特种作业人员必须接受专门的培训，经考试合格取得操作资格证书后，方可上岗作业。

第四节　工伤预防教育培训指导规范

《工伤保险条例》第十二条规定：工伤保险基金存入社会保障基金财政专户，用于本条例规定的工伤保险待遇，劳动能力鉴定，工伤预防的宣传、培训等费用，以及法律、法规规定的用于工伤保险的其他费用的支付。

《安全生产法》第二十五条规定：生产经营单位应当对从业人员进行安全生产教育和培训，保证从业人员具备必要的安全生产知识，熟悉有关的安全生产规章制度和安全操作规程，掌握本岗位的安全操作技能，了解事故应急处理措施，知悉自身在安全生产方面的权利和义务。未经安全生产教育和培训合格的从业人员，不得上岗作业。

一、工伤预防教育培训对象

(1) 根据《生产经营单位安全培训规定》，生产经营单位应当进行安全培训的从业人员包括主要负责人、安全生产管理人员、特种作业人员和其他从业人员。

(2) 生产经营单位使用被派遣劳动者的，应当将被派遣劳动者纳入本单位从业人员统一管理，对被派遣劳动者进行岗位安全操作规程和安全操作技能的教育和培训。劳务派遣单位应当对被派遣劳动者进行必要的安全生产教育和培训。

(3) 生产经营单位接收中等职业学校、高等学校学生实习的，应当对实习学生进行相应的安全生产教育和培训，提供必要的劳动防护用品。学校应当协助生产经营单位对实习学生进行安全生产教育和培训。

二、工伤预防教育培训的目的

1. 统一思想，提高认识

通过教育，把职工的思想统一到“安全第一、预防为主、综合治理”的方针上来，使企业的经营管理者和各级领导真正把安全摆在“第一”的位置，在从事企业经营管理活动中坚持“五同时”的基本原则；使广大职工认识安全生产的重要性，从“要我安全”变为“我要安全”“我会安全”，做到“三不伤害”，即不伤害自己，不伤害他人，不被他人所伤害，提高自觉抵制“三违”的能力。

2. 提高企业的安全生产管理水平

安全生产管理包括对全体职工的安全管理，对设备、设施的安全技术管理和对作业环境的劳动卫生管理。通过安全教育，提高各级领导干部的安全生产政策水平，掌握有关安全生产法规、制度，学习应用先进的安全生产管理方法、手段，提高全体职工在各自工作范围内，对设备、设施和作业环境的安全生产管理能力。

3. 提高全体职工的工伤预防知识、安全知识水平和安全技能

安全知识包括对生产活动中存在的各类危险因素和危险源的辨识、分析、预防、控制知识。安全技能包括安全操作的技巧、紧急状态的应变能力以及事故状态的急救、自救和处理能力。通过安全教育，使广大职工掌握安全生产知识，提高安全操作水平，发挥自防自控的自我保护及相互保护作用，有效地防止事故。

鉴于企业经济实力和科技水平，设备、设施的安全状态尚未达到本质安全的程度，坚持不断地进行安全教育，减少和控制人的不安全行为，就显得尤为重要。

三、工伤预防教育的内容

安全教育的内容主要包括思想教育、法制教育、知识教育和技能训练。

思想教育主要是安全生产方针政策教育、形势任务教育和重要意义教育等。通过形式多样、丰富多彩的安全教育，使各级领导牢固地树立起“安全第一”的思想，正确处理各自业务范围内的安全与生产、安全与效益的关系，主动采取事故预防措施；通过教育提高全体职工的安全意识，激励其安全动机，自觉采取安全行为。

法制教育主要是法律法规教育、执法守法教育、权利义务教育等。通过教育，使企业的各级领导和全体职工知法、懂法、守法，以法规为准绳约束自己，履行自己的义务；以法律为武器维护自己的权利。

知识教育主要是安全管理、安全技术和劳动卫生知识教育。通过教育，使企业的经营管理者和各级领导了解和掌握安全生产规律，熟悉自己业务范围内必需的安全生产管理理论和方法及相关的安全技术、劳动卫生知识，提高安全管理水平；使全体职工掌握各自必要的安全科学技术，提高企业的整体安全素质。

技能训练主要是针对各个不同岗位或工种的工人所必需的安全生产方法和手段的训练，如安全操作技能训练、危险预知训练、紧急状态事故处理训练、自救互救训练、消防演习、逃生救生训练等。通过训练，使工人掌握必备的安全生产技能与技巧。

（一）对生产经营单位主要负责人的教育培训

1. 基本要求

（1）煤矿、非煤矿山、危险化学品、烟花爆竹、金属冶炼等生产经营单位主要负责人和安全生产管理人员，自任职之日起 6 个月内，必须经安全生产监管监察部门对其安全生产知识和管理能力考核合格。

(2) 其他单位主要负责人必须按照国家有关规定进行安全生产培训。

(3) 所有单位主要负责人每年应进行安全生产再培训。

2. 培训的主要内容

(1) 国家有关安全生产的方针、政策和有关安全生产的法律、法规、规章及标准。

(2) 安全生产管理的基本知识、安全生产技术、安全生产专业知识。

(3) 重大危险源管理、重大事故防范、应急管理和救援组织以及事故调查处理的有关规定。

(4) 职业危害及其预防措施。

(5) 国内外先进的安全生产管理经验。

(6) 典型事故和应急救援案例分析。

(7) 其他需要培训的内容。

3. 培训时间

煤矿、非煤矿山、危险化学品、烟花爆竹、金属冶炼等生产经营单位主要负责人初次安全培训时间不得少于 48 学时，每年再培训时间不得少于 16 学时。其他单位主要负责人安全生产管理培训时间不得少于 32 学时，每年再培训时间不得少于 12 学时。

4. 再培训的主要内容

再培训的主要内容是新知识、新技术、新工艺、新装备和新案例，包括：

(1) 有关安全生产的法律、法规、规章、规程、标准和政策。

(2) 安全生产的新技术、新知识。

(3) 安全生产管理经验。

(4) 典型事故案例。

(二) 对安全生产管理人员的教育培训

1. 基本要求

(1) 煤矿、非煤矿山、危险化学品、烟花爆竹、金属冶炼等生产经营单位的安全生产管理人员必须进行安全资格培训，经安全生产监督管理部门或法律、法规规定的有关主管部门考核合格并取得安全资格证书后方可任职。

(2) 其他单位安全生产管理人员必须按照国家有关规定进行安全生产培训。

(3) 所有单位安全生产管理人员每年应进行安全生产再培训。

2. 培训的主要内容

(1) 国家有关安全生产的方针、政策，及有关安全生产的法律、法规、规章及标准。

(2) 安全生产管理知识、安全生产技术、职业卫生等知识。

(3) 伤亡事故统计、报告及职业危害的调查处理方法。

（4）应急管理、应急预案编制以及应急处置的内容和要求。

（5）国内外先进的安全生产管理经验。

（6）典型事故和应急救援案例分析。

（7）其他需要培训的内容。

3. 培训时间

煤矿、非煤矿山、危险化学品、烟花爆竹、金属冶炼等生产经营单位的安全生产管理人员初次安全培训时间不得少于48学时，每年再培训时间不得少于16学时。其他单位的安全生产管理人员安全培训时间不得少于32学时，每年再培训时间不得少于12学时。

4. 再培训的主要内容

再培训的主要内容是新知识、新技术、新工艺、新装备和新案例，包括：

（1）有关安全生产的法律、法规、规章、规程、标准和政策。

（2）安全生产的新技术、新知识。

（3）安全生产管理经验。

（4）典型事故案例。

（三）对生产经营单位其他从业人员的教育培训

生产经营单位其他从业人员（简称“从业人员”）是指除主要负责人和安全生产管理人员以外，该单位从事生产经营活动的所有人员，包括其他负责人、管理人员、技术人员和各岗位的工人，以及临时聘用的人员。

1. 新从业人员

对新从业人员应进行厂（矿）、车间（工段、区、队）、班组三级安全生产教育培训。

（1）厂（矿）级安全生产教育培训的内容主要是：安全生产基本知识，本单位安全生产规章制度，劳动纪律，作业场所和工作岗位存在的危险因素、防范措施及事故应急措施，有关事故案例等。

（2）车间（工段、区、队）级安全生产教育培训的内容主要是：本车间（工段、区、队）安全生产状况和规章制度，作业场所和工作岗位存在的危险因素、防范措施及事故应急措施，事故案例等。

（3）班组级安全生产教育培训的内容主要是：岗位安全操作规程，生产设备、安全装置、劳动防护用品（用具）的正确使用方法，事故案例等。

生产经营单位新上岗的从业人员，岗前安全培训时间不得少于24学时，煤矿、非煤矿山、危险化学品、烟花爆竹、金属冶炼等生产经营单位新上岗的从业人员安全培训时间不得少于72学时，每年再培训的时间不得少于20学时。

2. 调整工作岗位或离岗一年以上重新上岗的从业人员

从业人员调整工作岗位或离岗一年以上重新上岗时，应进行相应的车间（工段、区、队）级安全生产教育培训。

生产经营单位采用新工艺、新技术、新材料或者使用新设备时，应当对有关从业人员重新进行有针对性的安全培训。

单位要确立终身教育的观念和全员培训的目标，对在岗的从业人员应进行经常性的安全生产教育培训。其内容主要是：安全生产新知识、新技术，安全生产法律法规，作业场所和工作岗位存在的危险因素、防范措施及事故应急措施，事故案例等。

第五节　安全生产检查指导规范

安全生产检查是指对生产过程及安全管理中可能存在的隐患、有害与危险因素、缺陷等进行查证，以确定隐患或有害与危险因素、缺陷的存在状态，以及它们转化为事故的条件，以便制定整改措施，消除隐患和有害与危险因素，确保生产安全。

安全生产检查是安全管理工作的重要内容，是消除隐患、防止事故发生、改善劳动条件的重要手段。通过安全生产检查可以发现生产经营单位生产过程中的危险因素，以便有计划地制定纠正措施，保证生产安全。

一、安全生产检查的类型

1. 定期安全生产检查

定期检查一般是通过有计划、有组织、有目的的形式来实现的。如次/年、次/季、次/月、次/周等。检查周期根据各单位实际情况确定。定期检查的面广、有深度，能及时发现并解决问题。

2. 经常性安全生产检查

经常性检查是采取个别的、日常的巡视方式来实现的。在施工（生产）过程中进行经常性的预防检查，能及时发现隐患，及时消除，保证施工（生产）正常进行。

3. 季节性及节假日前安全生产检查

由各级生产单位根据季节变化，按事故发生的规律对易发的潜在危险，突出重点进行季节检查。如冬季防冻保温、防火、防煤气中毒，夏季防暑降温、防汛、防雷电等检查。

由于节假日（特别是重大节日，如元旦、春节、劳动节、国庆节）前后容易发生事故，因而应进行有针对性的安全生产检查。

4. 专业（项）安全生产检查

专业（项）安全生产检查是对某个专项问题或在施工（生产）中存在的普遍性安全问题进行的单项定性检查。

对危险较大的在用设备、设施，作业场所环境条件的管理性或监督性定量检测检验，则属专业性安全生产检查。专业（项）检查具有较强的针对性和专业要求，用于检查难度较大的项目。通过检查，发现潜在问题，研究整改对策，及时消除隐患，进行技术改造。

5. 综合性安全生产检查

一般是由主管部门对下属各企业或生产单位进行的全面综合性检查，必要时可组织进行系统的安全性评价。

6. 不定期的职工代表巡视安全生产检查

由企业或车间工会负责人负责组织有关专业技术特长的职工代表进行巡视安全生产检查。重点查国家安全生产方针、法规的贯彻执行情况，查单位领导干部安全生产责任制的执行情况，工人安全生产权利的执行情况，查事故原因、隐患整改情况，并对责任者提出处理意见。此类检查可进一步强化各级领导安全生产责任制的落实，促进职工劳动保护合法权利的维护。

二、安全生产检查的内容

安全生产检查对象的确定应本着突出重点的原则，对于危险性大、易发事故、事故危害大的生产系统、部位、装置、设备等应加强检查。一般应重点检查：易造成重大损失的易燃易爆危险物品、剧毒品、锅炉、压力容器、起重、运输、冶炼设备、电气设备、冲压机械、高处作业和本企业易发生工伤、火灾、爆炸等事故的设备、工种、场所及其作业人员，造成职业中毒或职业病的尘毒点及其作业人员，直接管理重要危险点和有害点的部门及其负责人。

安全生产检查的内容包括软件系统和硬件系统，具体主要是查思想、查管理、查隐患、查整改、查事故处理。

目前，对非矿山企业，国家有关规定要求强制性检查的项目：锅炉、压力容器、压力管道、高压医用氧舱、起重机、电梯、自动扶梯、施工升降机、简易升降机、防爆电器、厂内机动车辆、客运索道、游艺机及游乐设施等，作业场所的粉尘、噪声、振动、辐射、高温低温、有毒物质的浓度等。

三、安全生产检查的方法

1. 常规检查

常规检查是常见的一种检查方法。通常是由安全生产管理人员作为检查工作的主体，到作业场所的现场，通过感观或辅助一定的简单工具、仪表等，对作业人员的行为、作业场所的环境条件、生产设备设施等进行的定性检查。安全生产检查人员通过这一手段，及时发现现场存在的安全隐患并采取措施予以消除，纠正施工人员的不安全行为。

这种方法完全依靠安全生产检查人员的经验和能力，检查的结果直接受安全生产检查人员个人素质的影响。因此，对安全生产检查人员要求较高。

2. 安全生产检查表法

为使检查工作更加规范，使个人的行为对检查结果的影响减少到最小，常采用安全生产检查表法。

安全生产检查表（SCL）是为了系统地找出系统中的不安全因素，事先把系统加以剖析，列出各层次的不安全因素，确定检查项目。并把检查项目按系统的组成顺序编制成表，以便进行检查或评审，这种表就叫作安全生产检查表。安全生产检查表是进行安全生产检查，发现和查明各种危险和隐患，监督各项安全规章制度的实施，及时发现事故隐患并制止违章行为的一个有力工具。

安全生产检查表应列举需查明的所有会导致事故的不安全因素。每个检查表均需注明检查时间、检查者、直接负责人等，以便分清责任。安全生产检查表的设计应做到系统、全面，检查项目应明确。编制安全生产检查表的主要依据：有关标准、规程、规范及规定，国内外事故案例及本单位在安全管理及生产中的有关经验；通过系统分析，确定的危险部位及防范措施，都是安全生产检查表的内容；新知识、新成果、新方法、新技术、新法规和标准。

在我国许多行业都编制并实施了适合行业特点的安全生产检查标准。如建筑、火电、机械、煤炭等行业都制定了适用于本行业的安全生产检查表。企业在实施安全生产检查工作时，根据行业颁布的安全生产检查标准，可以结合本单位情况制定更具可操作性的检查表。

3. 仪器检查法

机器、设备内部的缺陷及作业环境条件的真实信息或定量数据，只能通过仪器检查法来进行定量化的检验与测量，才能发现安全隐患，从而为后续整改提供信息。因此必要时需要实施仪器检查。由于被检查对象不同，检查所用的仪器和手段也不同。

四、安全生产检查的工作程序

安全生产检查工作一般包括以下几个步骤。

1. 安全生产检查准备

准备内容包括：

(1) 确定检查对象、目的、任务。

(2) 查阅、掌握有关法律、法规、标准、规程的要求。

(3) 了解检查对象的工艺流程、生产情况、可能出危险危害的情况。

(4) 制订检查计划，安排检查内容、方法、步骤。

(5) 编写安全生产检查表或检查提纲。

(6) 准备必要的检测工具、仪器、书写表格或记录本。

(7) 挑选和训练检查人员，并进行必要的分工等。

2. 实施安全生产检查

实施安全生产检查就是通过访谈、查阅文件和记录、现场检查、仪器测量的方式获取信息。

(1) 访谈。与有关人员谈话来了解相关部门、岗位执行规章制度的情况。

(2) 查阅文件和记录。检查设计文件、作业规程、安全措施、责任制度、操作规程等是否齐全，是否有效；查阅相应记录，判断上述文件是否被执行。

(3) 现场观察。到作业现场寻找不安全因素、事故隐患、事故征兆等。

(4) 仪器测量。利用一定的检测检验仪器设备，对在用的设施、设备、器材状况及作业环境条件等进行测量，以发现隐患。

3. 通过分析做出判断

掌握情况（获得信息）之后，就要进行分析、判断和检验。可凭经验、技能进行分析、判断，必要时可以通过仪器检验得出正确结论。

4. 及时做出决定进行处理

做出判断后应针对存在的问题做出采取措施的决定，即通过下达隐患整改意见和要求，包括要求进行信息的反馈。

5. 实现安全生产检查工作闭环

通过复查整改落实情况，获得整改效果的信息，以实现安全生产检查工作的闭环。

第六节　特种设备和特种作业管理指导规范

一、特种设备

特种设备是指对人身和财产安全有较大危险性的锅炉、压力容器（含气瓶）、压力管道、电梯、起重机械、客运索道、大型游乐设施、场（厂）内专用机动车辆以及法律、行政法规规定适用《特种设备安全法》的其他特种设备。

根据《特种设备安全法》的规定，国家对特种设备实行目录管理。特种设备目录由国务院负责特种设备安全监督管理的部门制定，报国务院批准后执行。特种设备生产、经营、使用单位应当遵守该法和其他有关法律、法规，建立、健全特种设备安全和节能责任制度，加强特种设备安全和节能管理，确保特种设备生产、经营、使用安全，符合节能要求。特种设备生产、经营、使用单位及其主要负责人对其生产、经营、使用的特种设备安全负责。特种设备生产、经营、使用单位应当按照国家有关规定配备特种设备安全管理人员、检测人员和作业人员，并对其进行必要的安全教育和技能培训。特种设备安全管理人员、检测人员和作业人员应当按照国家有关规定取得相应资格，方可从事相关工作。特种设备安全管理人员、检测人员和作业人员应当严格执行安全技术规范和管理制度，保证特种设备安全。

特种设备使用单位应当使用取得许可生产并经检验合格的特种设备，禁止使用国家明令淘汰和已经报废的特种设备。特种设备使用单位应当在特种设备投入使用前或者投入使用后 30 日内，向负责特种设备安全监督管理的部门办理使用登记，取得使用登记证书。登记标志应当置于该特种设备的显著位置。特种设备使用单位应当建立岗位责任、隐患治理、应急救援等安全管理制度，制定操作规程，保证特种设备安全运行。

特种设备使用单位应当建立特种设备安全技术档案。安全技术档案应当包括以下内容：

（1）特种设备的设计文件、产品质量合格证明、安装及使用维护保养说明、监督检验证明等相关技术资料和文件。

（2）特种设备的定期检验和定期自行检查记录。

（3）特种设备的日常使用状况记录。

（4）特种设备及其附属仪器仪表的维护保养记录。

（5）特种设备的运行故障和事故记录。

特种设备安全管理人员应当对特种设备使用状况进行经常性检查，发现问题应当立即处理；情况紧急时，可以决定停止使用特种设备并及时报告本单位有关负责人。特种设备作业人员在作业过程中发现事故隐患或者其他不安全因素，应当立即向特种设备安全管理人员和单位有关负责人报告；特种设备运行不正常时，特种设备作业人员应当按照操作规程采取有效措施保证安全。

电梯的维护保养应当由电梯制造单位或者依照《特种设备安全法》取得许可的安装、改造、修理单位进行。电梯的维护保养单位应当在维护保养中严格执行安全技术规范的要求，保证其维护保养的电梯的安全性能，并负责落实现场安全防护措施，保证施工安全。电梯的维护保养单位应当对其维护保养的电梯的安全性能负责；接到故障通知后，应当立即赶赴现场，并采取必要的应急救援措施。电梯投入使用后，电梯制造单位应当对其制造的电梯的安全运行情况进行跟踪调查和了解，对电梯的维护保养单位或者使用单位在维护保养和安全运行方面存在的问题，提出改进建议，并提供必要的技术帮助；发现电梯存在严重事故隐患时， 应当及时告知电梯使用单位，并向负责特种设备安全监督管理的部门报告。电梯制造单位对调查和了解的情况，应当做出记录。

移动式压力容器、气瓶充装单位，应当具备下列条件，并经负责特种设备安全监督管理的部门许可，方可从事充装活动：

（1）有与充装和管理相适应的管理人员和技术人员。

（2）有与充装和管理相适应的充装设备、检测手段、场地厂房、器具、安全设施。

（3）有健全的充装管理制度、责任制度、处理措施。

充装单位应当建立充装前后的检查、记录制度，禁止对不符合安全技术规范要求的移动式压力容器和气瓶进行充装。气瓶充装单位应当向气体使用者提供符合安全技术规范要求的气瓶，对气体使用者进行气瓶安全使用指导，并按照安全技术规范的要求办理气瓶使用登记，及时申报定期检验。

二、特种作业人员

1. 特种作业和特种作业人员的概念

根据《特种作业人员安全技术培训考核管理规定》（国家安全生产监督管理总局令第30号），特种作业是指容易发生事故，对操作者本人、他人的安全健康及设备、设施的安全可能造成重大危害的作业。特种作业的范围由特种作业目录规定，有11大类51个工种，详细请查阅《特种作业目录》。特种作业人员，是指直接从事特种作业的从业人员。特种作业人员应当符合下列条件：

(1) 年满18周岁，且不超过国家法定退休年龄。

(2) 经社区或者县级以上医疗机构体检健康合格，并无妨碍从事相应特种作业的器质性心脏病、癫痫病、美尼尔氏症、眩晕症、癔症、震颤麻痹症、精神病、痴呆症以及其他疾病和生理缺陷。

(3) 具有初中及以上文化程度。

(4) 具备必要的安全技术知识与技能。

(5) 相应特种作业规定的其他条件。

危险化学品特种作业人员除上述第一项、第二项、第四项和第五项规定的条件外，应当具备高中或者相当于高中及以上文化程度。

2. 培训

(1) 特种作业人员应当接受与其所从事的特种作业相应的安全技术理论培训和实际操作培训。已经取得职业高中、技工学校及中专以上学历的毕业生从事与其所学专业相应的特种作业，持学历证明经考核发证机关同意，可以免予相关专业的培训。跨省、自治区、直辖市从业的特种作业人员，可以在户籍所在地或者从业所在地参加培训。

(2) 从事特种作业人员安全技术培训的机构（以下统称培训机构），必须按照有关规定取得安全生产培训资质证书后，方可从事特种作业人员的安全技术培训。培训机构开展特种作业人员的安全技术培训，应当制订相应的培训计划、教学安排，并报有关考核发证机关审查、备案。生产经营单位委托其他机构进行特种作业人员安全技术培训的，保证安全技术培训的责任仍由本单位负责。

(3) 培训机构应当按照国家安全生产监督管理总局、煤矿安全监察局制定的特种作业人员培训大纲和煤矿特种作业人员培训大纲进行特种作业人员的安全技术培训。

3. 考核发证

(1) 特种作业人员的考核包括考试和审核两部分。考试由考核发证机关或其委托的单位负责，审核由考核发证机关负责。国家安全生产监督管理总局、煤矿安全监察局分别制定特种作业人员、煤矿特种作业人员的考核标准，并建立相应的考试题库。考核发证机关或其委托的单位应当按照国家安全生产监督管理总局、煤矿安全监察局统一制定的考核标准进行考核。

(2) 参加特种作业操作资格考试的人员，应当填写考试申请表，由申请人或者申请人的用人单位持学历证明或者培训机构出具的培训证明向申请人户籍所在地或者从业所在地的考核发证机关或其委托的单位提出申请。考核发证机关或其委托的单位收到申请后，应当在60日内组织考试。特种作业操作资格考试包括安全技术理论考试和实际操作考试两部分。考试不及格的，允许补考1次。经补考仍不及格的，重新参加相应的安全技术培训。

（3）考核发证机关委托承担特种作业操作资格考试的单位应当具备相应的场所、设施、设备等条件，建立相应的管理制度，并公布收费标准等信息。

（4）考核发证机关或其委托承担特种作业操作资格考试的单位，应当在考试结束后10个工作日内公布考试成绩。

（5）符合规定并经考试合格的特种作业人员，应当向其户籍所在地或者从业所在地的考核发证机关申请办理特种作业操作证，并提交身份证复印件、学历证书复印件、体检证明、考试合格证明等材料。

（6）收到申请的考核发证机关应当在5个工作日内完成对特种作业人员所提交申请材料的审查，做出受理或者不予受理的决定。能够当场做出受理决定的，应当当场做出受理决定；申请材料不齐全或者不符合要求的，应当当场或者在5个工作日内一次告知申请人需要补正的全部内容，逾期不告知的，视为自收到申请材料之日起即已被受理。

（7）对已经受理的申请，考核发证机关应当在20个工作日内完成审核工作。符合条件的，颁发特种作业操作证；不符合条件的，应当说明理由。

（8）特种作业操作证有效期为6年，在全国范围内有效。特种作业操作证由国家安全生产监督管理总局统一式样、标准及编号。

（9）特种作业操作证遗失的，应当向原考核发证机关提出书面申请，经原考核发证机关审查同意后，予以补发。

特种作业操作证所记载的信息发生变化或者损毁的，应当向原考核发证机关提出书面申请，经原考核发证机关审查确认后，予以更换或者更新。

4. 复审

（1）特种作业操作证每3年复审1次。特种作业人员在特种作业操作证有效期内，连续从事本工种10年以上，严格遵守有关安全生产法律法规的，经原考核发证机关或者从业所在地考核发证机关同意，特种作业操作证的复审时间可以延长至每6年1次。

（2）特种作业操作证需要复审的，应当在期满前60日内，由申请人或者申请人的用人单位向原考核发证机关或者从业所在地考核发证机关提出申请，并提交下列材料：①社区或者县级以上医疗机构出具的健康证明；②从事特种作业的情况；③安全培训考试合格记录；④特种作业操作证有效期届满需要延期换证的，应当按照规定申请延期复审。

（3）特种作业操作证申请复审或者延期复审前，特种作业人员应当参加必要的安全培训并考试合格。安全培训时间不少于8个学时，主要培训法律、法规、标准、事故案例和有关新工艺、新技术、新装备等知识。

（4）申请复审的，考核发证机关应当在收到申请之日起20个工作日内完成复审工作。

复审合格的，由考核发证机关签章、登记，予以确认；不合格的，说明理由。申请延期复审的，经复审合格后，由考核发证机关重新颁发特种作业操作证。

（5）特种作业人员有下列情形之一的，复审或者延期复审不予通过：①健康体检不合格的；②违章操作造成严重后果或者有 2 次以上违章行为，并经查证确实的；③有安全生产违法行为，并给予行政处罚的；④拒绝、阻碍安全生产监管监察部门监督检查的；⑤未按规定参加安全培训，或者考试不合格的。符合上述第二项、第三项、第四项、第五项情形的，按照规定经重新安全培训考试合格后，再办理复审或者延期复审手续。再复审、延期复审仍不合格，或者未按期复审的，特种作业操作证失效。

（6）有下列情形之一的，考核发证机关应当撤销特种作业操作证：①超过特种作业操作证有效期未延期复审的；②特种作业人员的身体条件已不适合继续从事特种作业的；③对发生生产安全事故负有责任的；④特种作业操作证记载虚假信息的；⑤以欺骗、贿赂等不正当手段取得特种作业操作证的。特种作业人员违反上述第四项、第五项规定的，3 年内不得再次申请特种作业操作证。

（7）有下列情形之一的，考核发证机关应当注销特种作业操作证：①特种作业人员死亡的；②特种作业人员提出注销申请的；③特种作业操作证被依法撤销的。

（8）离开特种作业岗位 6 个月以上的特种作业人员，应当重新进行实际操作考试，经确认合格后方可上岗作业。

第七节　安全标志使用指导规范

一、安全色

安全色是指特定的表达安全信息的颜色。它以形象而醒目的色彩向人们提供禁止、警告、指令、提示等安全信息。我国安全色标准规定红色、黄色、蓝色、绿色 4 种颜色为安全色。

1. 安全色的含义及用途

（1）红色表示禁止、停止的意思。禁止使用、停止使用和有危险的器件设备或环境涂以红色的标记。如禁止标志、交通禁令标志、消防设备。

（2）黄色表示注意、警告的意思。需警告人们注意的器件、设备或环境涂以黄色标记。如警告标志、交通警告标志。

（3）蓝色表示指令、必须遵守的意思。如指令必须佩戴个人防护用具标志、交通指示标志等。

（4）绿色表示通行、安全和提供信息的意思。可以通行或安全情况涂以绿色标记。如表示通行、机器启动按钮、安全信号旗等。

2. 对比色

对比色是为了使安全色更加醒目所用的反衬色。对比色有黑白 2 种颜色，黄色安全色的对比色为黑色。红、蓝、绿安全色的对比色均为白色。而黑、白 2 色互为对比色。

（1）黑色用于安全标志的文字、图形符号，警告标志的几何图形和公共信息标志。

（2）白色则作为安全标志中红、蓝、绿安全色的背景色，也可用于安全标志的文字和图形符号，以及安全通道、交通的标线，铁路站台上的安全线等。

（3）红色与白色相间的条纹比单独使用红色更加醒目，表示禁止通行、禁止跨越等，用于公路交通等方面的防护栏杆及隔离墩。

（4）黄色与黑色相间的条纹比单独使用黄色更为醒目，表示要特别注意。用于起重吊钩、剪板机压紧装置、冲床滑块等。

（5）蓝色与白色相间的条纹比单独使用蓝色醒目，用于指示方向，多为交通指导性导向标。

二、安全线

安全线是指工矿企业中用以划分安全区域与危险区域的分界线。厂房内安全通道的标示线、铁路站台上的安全线都是常见的安全线。根据国家有关规定，安全线用白色标记，宽度不小于 60 毫米。在生产过程中，有了安全线的标示，人们就能区分安全区域和危险区域，有利于人们对危险区域的认识和判断。

三、安全标志

安全标志由安全色、几何图形和图形符号构成，用以表达特定的安全信息。使用安全标志的目的是提醒人们注意不安全因素，防止事故发生，起到保障安全的作用。当然，安全标志本身并不能消除任何危险，也不能取代预防事故的相应设施。

1. 安全标志的类型

安全标志分为禁止标志、警告标志、指令标志和提示标志四大类型。

2. 安全标志的含义

（1）禁止标志是禁止人们不安全行为的图形标志。其基本形式为带斜杠的圆形框。圆环和斜杠为红色，图形符号为黑色，衬底为白色。

（2）警告标志是提醒人们对周围环境引起注意，以避免可能发生危险的图形标志。其基本形式是正三角形边框。三角形边框及图形为黑色，衬底为黄色。

（3）指令标志是强制人们必须做出某种动作或采用防范措施的图形标志。其基本形式是圆形边框。图形符号为白色，衬底为蓝色。

（4）提示标志是向人们提供某种信息的图形标志。其基本形式是正方形边框。图形符号为白色，衬底为绿色。

3. 使用安全标志的相关规定

安全标志在安全生产管理中的作用非常重要，作业场所或者有关设备、设施存在的较大危险因素，员工可能不清楚，或者常常忽视，如果不采取一定的措施加以提醒，这看似不大的问题，也可能造成严重的后果。因此，在有较大危险因素的生产、经营场所或者有关设施、设备上，设置明显的安全警示标志，以提醒、警告员工，使他们能时刻清醒地认识到所处环境的危险，提高注意力，加强自身安全保护，这对避免事故发生将会起到积极的作用。

在设置安全标志方面，相关法律、法规已有诸多规定。如《安全生产法》规定，生产经营单位应当在有较大危险因素的生产经营场所和有关设施、设备上，设置明显的安全警示标志。安全警示标志必须符合国家标准。设置的安全标志，未经有关部门批准，不准移动和拆除。

第八节　安全事故报告、调查与处理指导规范

一、事故报告的原则要求

事故报告是安全生产工作中的一项十分重要的内容，事故发生后，及时、准确、完整地报告事故，对及时、有效地组织事故救援，减少事故损失，顺利开展事故调查具有十分重要的意义。因此，《安全生产法》和《生产安全事故报告和调查处理条例》都对生产安全事故报告工作做出了严格要求。

《生产安全事故报告和调查处理条例》第四条第一款规定：事故报告应当及时、准确、完整，任何单位和个人对事故不得迟报、漏报、谎报或者瞒报。

《安全生产法》第八十条、第八十一条对事故的报告做出了如下规定：生产经营单位发生生产安全事故后，事故现场有关人员应当立即报告本单位负责人。单位负责人接到

事故报告后，应当迅速采取有效措施，组织抢救，防止事故扩大，减少人员伤亡和财产损失，并按照国家有关规定立即如实报告当地负有安全生产监督管理职责的部门，不得隐瞒不报、谎报或者迟报，不得故意破坏事故现场、毁灭有关证据。

负有安全生产监督管理职责的部门接到事故报告后，应当立即按照国家有关规定上报事故情况。负有安全生产监督管理职责的部门和有关地方人民政府对事故情况不得隐瞒不报、谎报或者迟报。

二、生产安全事故报告责任

《安全生产法》和《生产安全事故报告和调查处理条例》都明确规定了事故报告责任，下列人员和单位负有事故报告的责任：

（1）事故现场有关人员。

（2）事故发生单位的主要负责人。

（3）安全生产监督管理部门。

（4）负有安全生产监督管理职责的有关部门。

（5）有关地方人民政府。

事故单位负责人既有向县级以上人民政府安全生产监督管理部门报告的责任，又有向负有安全生产监督管理职责的有关部门报告的责任，即事故报告是两条线，实行双报告制。

三、生产安全事故报告程序和时限

根据《生产安全事故报告和调查处理条例》的有关规定，事故现场有关人员、事故单位负责人和有关部门应当按照下列程序和时间要求报告事故：

（1）事故发生后，事故现场有关人员应当立即向本单位负责人报告；情况紧急时，事故现场有关人员可以直接向事故发生地县级以上人民政府安全生产监督管理部门和负有安全生产监督管理职责的有关部门报告。

（2）单位负责人接到事故报告后，应当于1小时内向事故发生地县级以上人民政府安全生产监督管理部门和负有安全生产监督管理职责的有关部门报告。

（3）安全生产监督管理部门和负有安全生产监督管理职责的有关部门接到事故报告后，应当按照事故的级别逐级上报事故情况，并报告同级人民政府，通知公安机关、劳动保障行政部门、工会和人民检察院，且每级上报的时间不得超过2小时。

1）特别重大事故、重大事故逐级上报至国务院安全生产监督管理部门和负有安全生产监督管理职责的有关部门。

2）较大事故逐级上报至省、自治区、直辖市人民政府安全生产监督管理部门和负有安全生产监督管理职责的有关部门。

3）一般事故上报至设区的市级人民政府安全生产监督管理部门和负有安全生产监督管理职责的有关部门。

(4) 国务院安全生产监督管理部门和负有安全生产监督管理职责的有关部门以及省级人民政府接到发生特别重大事故、重大事故的报告后，应当立即报告国务院。

必要时，安全生产监督管理部门和负有安全生产监督管理职责的有关部门可以越级上报事故情况。

四、事故报告的内容

根据《生产安全事故报告和调查处理条例》的有关规定，事故报告的内容应当包括事故发生单位概况、事故发生的时间、地点、简要经过和事故现场情况，事故已经造成或者可能造成的伤亡人数和初步估计的直接经济损失，以及已经采取的措施等。事故报告后出现新情况的，还应当及时补报。

1. 事故发生单位概况

事故发生单位概况应当包括单位的全称、所处地理位置、所有制形式和隶属关系、生产经营范围和规模、持有各类证照的情况、单位负责人的基本情况以及近期的生产经营状况等。对于不同行业的企业，报告的内容应该根据实际情况来确定，但是应当以全面、简洁为原则。

2. 事故发生的时间、地点以及事故现场情况

报告事故发生的时间应当具体，并尽量精确到分钟。报告事故发生的地点要准确，除事故发生的中心地点外，还应当报告事故所波及的区域。报告事故现场的情况应当全面，不仅应当报告现场的总体情况，还应当报告现场的人员伤亡情况、设备设施的毁损情况；不仅应当报告事故发生后的现场情况，还应当尽量报告事故发生前的现场情况。

3. 事故的简要经过

事故的简要经过是对事故全过程的简要叙述。核心要求在于“全”和“简”。“全”就是要全过程描述，“简”就是要简单明了。但是，描述要前后衔接、脉络清晰、因果相连。需要强调的是，由于事故的发生往往是在一瞬间，对事故经过的描述应当特别注意事故发生前作业场所有关人员和设备设施的一些细节，因为这些细节可能就是引发事故的重要原因。

4. 事故已经造成或者可能造成的伤亡人数（包括下落不明的人数）和初步估计的直接经济损失

对于人员伤亡情况的报告，应当遵守实事求是的原则，不做无根据的猜测，更不能隐瞒实际伤亡人数。在矿山事故中，往往出现多人被困井下的情况，对可能造成的伤亡人数，要根据事故单位当班记录，尽可能准确地报告。对直接经济损失的初步估算，主要指事故所导致的建筑物的毁损、生产设备设施和仪器仪表的损坏等。由于人员伤亡情况和经济损失情况直接影响事故等级的划分，并因此决定事故的调查处理等后续重大问题，在报告这方面情况时应当谨慎细致，力求准确。

5. 已经采取的措施

已经采取的措施主要是指事故现场有关人员、事故单位负责人、已经接到事故报告的安全生产管理部门为减少损失、防止事故扩大和便于事故调查所采取的应急救援和现场保护等具体措施。

6. 事故的补报

事故报告后出现新情况的，应当及时补报。自事故发生之日起 30 日内，事故造成的伤亡人数发生变化的，应当及时补报。道路交通事故、火灾事故自发生之日起 7 日内，事故造成的伤亡人数发生变化的，应当及时补报。

五、事故现场调查

事故现场的调查主要包括事故现场保护、事故现场的处理和勘查、事故证据的搜集整理三部分。

（一）事故现场保护

事故调查组的首要任务是进行事故现场的保护，因为事故现场的各种证据是判断事故原因以及确定事故责任的重要物质条件，需要尽最大可能给予保护。

《生产安全事故报告和调查处理条例》第十六条规定：事故发生后，有关单位和人员应当妥善保护事故现场以及相关证据，任何单位和个人不得破坏事故现场、毁灭相关证据。这里明确了两个问题，一是保护事故现场以及相关证据是有关单位和个人的法定义务。所谓“有关单位和个人”是事故现场保护的义务主体，既包括在事故现场的事故发生单位及其有关人员，也包括在事故现场的有关地方人民政府安全生产监督管理部门、负有安全生产监督管理职责的有关部门、事故应急救援组织等单位及其有关人员，只要是在事故现场的单位和个人，都有妥善保护现场和相关证据的义务。二是禁止破坏事故现场、毁灭有关证据。不论是过失还是故意，有关单位和个人均不得破坏事故现场、毁灭相关证据。有上述行为的，将要承担相应的法律责任。事故现场保护要做到的工作包括以下几个方面：

（1）核实事故情况，尽快上报事故情况。

（2）确定保护区的范围，布置警戒线。

（3）控制好事故肇事人。

（4）尽量搜集事故的相关信息以便事故调查组查阅。

事故现场的保护要方法得当。对露天事故现场的保护范围可以大一些，然后根据实际情况再调整；对生产车间事故现场的保护则主要是采取封锁入口，控制无关人员进出；对于事故破损部件、残留件等要求不能触动，以免破坏事故现场。

（二）事故现场的处理和勘查

1. 事故现场处理

当调查组进入现场或做模拟试验需要移动某些物体时，必须做好现场的标志，同时要采用照相或摄像，将可能被清除或践踏的痕迹记录下来，以保证现场勘察调查能获得完整的事故信息内容。调查组进入事故现场进行调查的过程中，在事故调查分析没有形成结论以前，要注意保护事故现场，不得破坏与事故有关的物体、痕迹、状态等。

2. 现场勘察与证物搜集

对损坏的物体、部件、碎片、残留物、致害物的位置等，均应贴上标签，注明时间、地点、管理者；所有物件应保持原样，不准冲洗擦拭；对健康有害的物品，应采取不损坏原始证据的安全保护措施。

3. 事故现场摄影及要求

（1）方位拍照。要能反映事故现场在周围环境中的位置。

（2）全面拍照。要能反映事故现场各部分之间的联系。

（3）中心拍照。要能反映事故现场中心情况。

（4）细目拍照。要能解释事故直接原因的痕迹物、致害物等。

（5）人体拍照。要能反映死亡者主要受伤和造成死亡的伤害部位。

4. 事故图绘制

根据事故类别和规模以及调查工作的需要，绘出事故调查分析所必须了解的信息示意图，如建筑物平面图、剖面图，事故现场涉及范围图，设备或工具器具构造简图、流程图，受害者位置图，事故状态下人员位置及疏散图，破坏物立体图或展开图等。

（三）事故证据的搜集整理

1. 证人材料搜集

尽快搜集证人口述材料，然后认真考证其真实性，听取单位领导和群众意见。

2. 事故事实材料搜集

（1）与事故鉴别、记录有关的材料。包括事故发生的单位、地点、时间，受害人和肇事者的姓名、性别、文化程度、职业、技术等级、本工种工龄、支付工资形式；受害者和肇事者的技术情况、接受安全教育情况；出事当天，受害者和肇事者什么时间开始工作、工作内容、工作量、作业程序、操作时的动作或位置；受害者和肇事者过去的事故记录。

（2）事故发生的有关事实材料。包括事故发生前设备、设施等的性能和质量状况；必要时对使用的材料进行物理性能或化学性能试验分析；有关涉及工艺方面的技术文件、工作指令和规章制度方面的资料及执行情况；关于环境方面的情况，如照明、温度、湿度、通风、声响、色彩、道路、工作情况以及工作环境中的有毒有害物质取样分析记录；个人防护措施状况及个人防护用品的有效性、质量、使用范围；出事前受害者和肇事者的健康和精神状态；其他有可能与事故有关的细节或因素。

六、事故原因分析

事故原因的调查分析包括事故直接原因和间接原因的调查分析。调查分析事故发生的直接原因就是分别对人和物的因素进行深入、细致的追踪，弄清在人和物方面所有的事故因素。明确它们的相互关系和所占的重要程度，从中确定事故发生的直接原因。

事故间接原因的调查就是调查分析导致人的不安全行为、物的不安全状态，以及人、物、环境的失调得以产生的原因，弄清为什么存在不安全行为和不安全状态，为什么没能在事故发生前采取措施，预防事故的发生。

导致事故发生的原因是多方面的，主要可以概况为以下三个方面的原因：

1. 劳动过程中设备、设施和环境等因素是导致事故的重要原因

这些因素主要包括：生产环境的优劣，生产设备的状态，生产工艺是否合理，原材料的毒害程度。这些是硬件方面的原因，属于比较直接的原因。

2. 安全生产管理方面的因素也是导致事故的主要原因

这里主要包括安全生产的规章制度是否完善，安全生产责任制是否落实，安全生产组织机构是否开展有效工作，安全生产经费是否到位，安全生产宣传教育工作的开展情况，安全防护装置的保养状况，安全警告标志和逃生通道是否齐全等。这些原因相对需要认真分析，属于更深入的原因。

3. 事故肇事人的状况也是导致事故的直接因素

这里主要包括其操作水平、熟练程度，经验是否丰富，精神状态是否良好，是否违章操作等。人的因素是事故原因中很主要的因素，需要重点分析，这是事故发生发展的关键原因。

对事故进行分析有很多方法，目的都是找到导致事故发生的原因。首先从专项技术

的角度来分别探讨事故的技术原因，然后从事故统计的高度探讨宏观的事故统计分析法，最后通过安全系统分析法的介绍从全局的角度全面分析事故的发生发展过程。

七、确定事故责任

1. 查找事故原因的目的是确定事故责任

事故调查分析不仅要明确事故的原因，更重要的是要确定事故责任，落实防范措施，确保不再出现同类事故。这是加强安全生产的重要手段。目前，事故性质分为责任事故、非责任事故和人为破坏事故。

(1) 责任事故是指由于工作不到位导致的事故，是一种可以预防的事故，责任事故需要处理相应的责任人。

(2) 非责任事故是指由于一些不可抗拒的力量而导致的事故。这些事故的原因主要是由于人类对自然的认识水平有限，需要在今后的工作中更加注意预防工作，防止同类事故的再次发生。

(3) 人为破坏事故是指有人预先恶意地对机器设备以及其他因素进行破坏，导致其他人在不知情的状况下发生了事故。这类事故一般都属于刑事案件，相关责任人要受到法律的制裁。

2. 事故责任人

事故责任人的责任主要包括直接责任人、领导责任人和间接责任人三种：

(1) 直接责任人是指由于当事人与重大事故及其损失有直接因果关系，是对事故发生以及导致一系列后果起决定性作用的人员。

(2) 领导责任人是指当事人的行为虽然没有直接导致事故发生，但由于其领导监管不力而导致事故所应承担的责任。

(3) 间接责任人是指当事人与事故的发生具有间接的关系，需要承担相应的责任。

3. 事故责任的确定

事故责任的确定是整个事故调查分析中最难的环节，因为责任确定的过程就是将事故原因分解给不同人员的过程。这个问题说起来很简单，但对于事故调查组成员来说，事故的责任人必须受到处罚，所以事故调查组就要公正地对待所有涉及事故的人员，公平、公正、科学、合理地确定相应的责任。凡因下述原因造成事故，应首先追究领导者的责任：

(1) 没有按规定对工人进行安全教育和技术培训，或未经相关考试合格就上岗操作的。

(2) 缺乏安全技术操作规程或制度与规程不健全的。

(3) 设备严重失修或超负载运转。

(4) 安全措施、安全信号、安全标志、安全用具、个人防护用品缺乏或有缺陷的。

(5) 对事故熟视无睹，不认真采取措施或挪用安全技术措施经费，致使重复发生同类事故的。

(6) 对现场工作缺乏检查或指导错误的。

特大安全事故肇事单位和个人的刑事处罚、行政处罚和民事责任，依照有关法律、法规和规章的规定执行。

第九节　工伤预防职业健康管理指导规范

一、强化员工健康管理的意义

企业员工健康管理对提升企业管理、促进企业发展的作用，已被国内外很多企业实践证明。其重要意义根据经验数据，综合体现如下：

1. 降低企业总医疗费用，降低成本

美国的企业健康管理经验表明，健康管理对于任何企业及个人都有这样一个“秘密”，即 90%和 10%。具体地说就是 90%的个人和企业通过健康管理后，医疗费用降到原来的 10%；而 10%的个人和企业未做健康管理，医疗费用比原来上升 90%。原因很简单，实施了健康管理的企业，其员工的患病率、住院率明显降低，绝大部分的疾病风险都以各种方式被消灭在萌芽状态；即使万一患病，也会因为“三早”（早检查、早诊断、早治疗）而很快得到痊愈。因此，企业在员工医疗保健方面的支出总额明显下降，从面降低成本。

2. 减少经济损失

由于实行了健康管理，企业员工不仅减少了自身患病的概率，其也会通过对家人生活方式等方面的积极影响而降低他们的患病可能性。这样，企业健康管理既减少了员工的病假工时，又减少了其为照顾家人健康的事假工时，从而大大减少了因此而给企业带来的间接经济损失。

3. 吸引和留住优秀员工

企业的发展离不开高层企业家和优秀员工的加盟，在健康日益成为人们追求的重要目标之一的时代，企业的职业健康福利措施无疑会吸引和留住许多既渴求事业成功也重视自身健康的优秀人才，成为企业参与市场竞争的利器之一。

4. 提高员工的劳动生产率

做健康管理的企业，员工人均年产出总值提高了50%以上。人力资源专家经过调研找到了原因：一方面，实施健康管理的企业员工更能感受到企业对他们的关怀，更富有归属感和工作热情，这项福利更能吸引优秀的员工加盟企业，这样自然就会为企业注入更多的创新思路；另一方面，通过健康管理的实施，企业员工的身心更健康，精力更充沛，员工之间更加团结互助，而这能直接提高企业的劳动生产率。

二、实施员工健康管理的措施

员工健康管理是一项对员工的健康状况进行跟踪、评估的过程，因此它的重点在于预防和控制，而不是事后弥补。目前，我国的员工健康管理仍然存在"事后弥补"型，即健康出了问题再想办法去解决。一个典型的例子，就是对员工健康问题的关注过多地依赖于基本医疗保险，而医疗保险是一个低水平的事后的医疗支付体系，根本无法起到预防和控制的作用；而定期的体检也是形式多于内容，很难真正发挥评估、诊断的作用。

实施企业员工健康管理，是涉及企业文化建设、工作条件、社会环境等多种因素的系统工程。一般说来，应从以下几个方面着手：

1. 建立尊重员工的文化氛围

要实施员工健康管理，必须先从企业文化着手。首先，企业要树立人性化的管理理念，营造尊重员工、重视员工的文化氛围，塑造积极的企业形象。其次在具体的管理实践中，实行柔性管理和爱心管理，倾听员工需求，帮助员工进步，让员工参与决策等，使员工切实体验到受尊重的感觉，并找到归属感。

2. 创造舒适的工作环境

舒适的工作环境有利于身心健康，也有利于调动员工的工作积极性，发挥员工的创造力。例如，从空间、装饰、光线、整洁度等方面对工作环境加以优化，为员工提供舒适的办公环境；对于一些枯燥的重复性劳动，通过工间操、播放背景音乐等形式，达到舒缓压力、调节情绪的目的。

在这方面，美国Google公司的做法或许值得借鉴。Google总部地处环境优美的加州山景城，办公楼的设计风格别致，员工使用滑板车往来于不同的工作场所；为了满足员工休闲的需要，Google特意建造了别致的休息区；为了满足员工的个性化需要，Google支付预算让员工自己布置办公室等。

3. 完善企业的激励、沟通机制

通过完善企业的激励、沟通机制来解决员工的后顾之忧，清除员工健康发展的障碍。

关注员工个人发展，提供广阔的发展空间，完善职业晋升通道，给员工以动力和希望；提供有竞争力的薪酬和奖励制度，激励员工朝着积极、健康的方向迈进。同时，建立畅通的沟通渠道，让员工之间、上下级之间可以平等对话、互通信息、交流思想。积极举办各种形式的文化体育活动，舒缓工作的压力，增强员工之间的情感交流，提高团队凝聚力。

4. 设置员工健康管理相关岗位

加强人力资源方面的投入，设置员工健康管理的相关岗位，负责对员工健康进行管理和监督。如华为公司于2008年首次设立首席员工健康与安全官，以进一步完善员工保障与职业健康计划。除此以外，华为还专门成立了健康指导中心，规范员工餐饮、饮水、办公等健康标准和疾病预防工作，提供健康与心理咨询。一些世界500强企业，如GE、Dow Chemicals等也设立了亚太或中国地区健康顾问的职位，用来对公司员工的身体健康和心理健康进行管理和监督。

5. 实施EAP计划

EAP（Employee Assistance Program）即“员工帮助计划”，是由组织为员工提供的一套系统服务，通过专业人员对企业员工提供诊断、辅导、咨询和培训等服务，解决员工的各种心理和行为问题，改善员工在组织中的工作绩效。EAP主要包括初级预防、二级预防和三级预防三方面内容，作用分别是消除诱发问题的来源、教育和培训、员工心理咨询与辅导。据了解，目前世界500强中相当数量的企业建立了EAP。惠普、摩托罗拉、思科、诺基亚、爱立信、可口可乐、杜邦、宝洁等一大批外资企业尤其是IT企业，纷纷启动了它们在中国的EAP项目。不少本土企业，例如联想集团、重庆移动等，也认识到员工健康管理的重要性，纷纷引入EAP项目。

企业可以通过组织员工健康体检、开展健康知识培训、建立员工健康档案和组织健康体育活动等方式，关注员工身心健康。有条件的企业，还可以设立医务室、健康管理员工岗位等，从多角度关心员工健康，进行健康教育，倡导健康的生活理念，改善员工的职业健康环境。

三、健康档案的建立

在工伤事故的预防及处理中，很多企业由于没有做好相关的预案，往往处于“头痛医头、脚痛医脚”的被动局面。因此，企业应建立完善的《健康检查档案》，包括企业档案和员工个人档案。这样一方面可以体现企业的规范管理和对员工的人文关怀，另外也可以积累原始数据，为工伤事故和职业病的预防打下良好基础。

1. 企业档案的建立

一般来说，企业档案应包含的主要内容有：每年体检的工作安排（体检时间，体检医院及检查方式，体检主要项目，负责部门等），每年参加体检的人员名单，体检汇总表及分类统计表，发现的主要问题及采取的措施。

2. 个人档案的建立

企业应从维护员工健康权益出发，为全体员工定期组织健康体检，并建立完整的健康档案。员工健康档案应完整地记录员工的个人资料、身体健康情况、心理测试成绩等信息，为企业深入了解和掌握员工身体健康状况提供准确翔实的信息。员工健康档案的建立，为企业管理者加强管理，合理调整员工岗位和安排具体工作打下基础，并充分地体现出企业对员工的关怀。

3. 健康档案的管理

在档案管理方面，模具企业应该建立健康档案的管理制度，并有专人进行规范化管理。而对很多模具企业来说，由于人员流动性大等原因，健康档案的管理尚不规范，也没有实现电子化管理。因此，建议企业分三步走：首先，完成纸质资料的电子化工作；其次建立好规范的管理制度；最后完成数据的电子化存储、远程访问和数据库的建设工作。

对于人数较多的模具企业，还可以考虑购置专业化的职工健康档案管理网络版系统。系统主要完成职工健康状况的记录，历次体检结果的存储、查询、统计分析，Excel 数据导出等功能。由于此类系统提供了模板导入功能，方便对每次员工集中体检后大量体检数据的批量录入，而后台管理和前台个人查询都通过浏览器进入访问。为避免个人隐私信息的泄露，系统又能对数据库数据及传输过程进行加密保护。该类系统具有灵活的统计功能和数据导出功能，满足企业健康档案建立及管理的需求。

第十节　模具行业职业病预防指导规范

我国的《职业病防治法》，于 2001 年 10 月 27 日第九届全国人大常委会第二十四次会议通过，自此职业病防治进入了有法可依的阶段。后根据 2011 年 12 月 31 日第十一届全国人大常委会第二十四次会议《关于修改〈中华人民共和国职业病防治法〉的决定》修正。《职业病防治法》分总则、前期预防、劳动过程中的防护与管理、职业病诊断与职业病病人保障、监督检查、法律责任、附则共 7 章 90 条，自 2011 年 12 月 31 日起施行。2016 年 7 月 2 日，《全国人民代表大会常务委员会关于修改〈中华人民共和国节约能源法〉等六部法律的决定》由中华人民共和国第十二届全国人民代表大会常务委员会第二十一次会议通过，其中对《中华人民共和国职业病防治法》所做的修改，自 2016 年 9 月 1 日起施行。

目前，根据国家卫生计生委、国家安全监管总局、人力资源社会保障部和全国总工会 2013 年 12 月 23 日联合发布的《职业病分类和目录》(国卫疾控发〔2013〕48 号)，我国法定职业病分为 10 大类，共计 132 种。其中尘肺病以矽肺、煤工尘肺发病为最多，职业中毒以铅、汞、锰、镉及其化合物、氯气、氨气、一氧化碳及苯中毒为最多。

一、职业病预防的一般措施

对于模具行业，目前尚未有列入法律的职业病发生。但在行业内时有发生的重大工伤事故，仍然造成了重大的人员伤亡和财产损失。因此，企业主和从业人员必须提高职业病预防意识，而企业也有责任为劳动者创造安全、舒适的工作环境。职业病防治管理上一般采用三级预防措施，具体如下：

1. 一级预防

一级预防也称病因预防，即从根本上消除和控制职业病危害因素，防止职业病的发生。

(1) 技术措施：以无毒物质代替有毒物质；使用远距离操作或自动化、半自动化操作，防止有害物质跑、冒、滴、漏；加强通风、除尘、排毒措施。

(2) 组织措施：合理组织、安排劳动过程，建立、健全劳动制度，贯彻执行国家制定的卫生法规。

(3) 卫生保健措施：做好就业前体格检查，发现易感者和就业禁忌证；做好卫生宣传、健康教育；注意平衡膳食和保健食品供给；加强锻炼，提高机体抵抗力。

2. 二级预防

二级预防又称临床前期预防，通过早期发现、早期诊断、早期治疗防止病损的发展。

(1) 对职业接触人群，开展普查、筛检、定期健康检查，明确诊断，及时治疗。

(2) 定期对生产环境进行监测，发现问题立即采取防治对策。

3. 三级预防

三级预防又称临床预防，使患者在明确诊断后，得到及时、合理的处理，防止疾病恶化及复发，防止劳动能力丧失。对慢性职业病患者，通过医学监护、预防并发症和伤残。通过功能性和心理康复治疗，做到病而不残，残而不废，达到延长寿命的目的。

二、职业病预防的主要措施

无论是法定职业病，还是医学范畴内的职业病，预防的主要措施有：

(1) 技术革新、改革生产工艺，如以无毒或低毒的物质代替有毒或剧毒的物质，以低噪声设备代替高噪声设备等。生产过程实现机械化、自动化，从而减少工人与有害因素接触的机会。

(2) 采取通风法、排毒、降噪、隔离等技术性措施来降低或消除生产性有害因素。

(3) 加强生产设备的管理，防止毒物的跑、冒、滴、漏污染环境。

(4) 对新建、改建、扩建和技术改造项目进行“三同时”审查，确保这些项目完成后有害因素的浓度或强度可以达到国家标准。

(5) 制定和严格遵守安全操作规程，防止发生意外事故。

(6) 加强个人防护养成良好的卫生习惯，防止有害物质进入体内。

(7) 合理安排休息制度，注意营养，增强机体对有害物质的抵抗能力。

(8) 对接触生产性有害作业的工人，进行就业前身体检查和定期身体检查，及早发现禁忌证及职业病患者，及早进行处理。

(9) 根据国家制定的一系列卫生标准，定期监测作业环境中生产性有害因素的浓度或强度，及时发现问题，及时解决。

三、模具行业的职业病预防

对于模具行业，虽然鲜见发生法定的职业病，但是却可能发生医学上定义的职业病。部分工种会受到噪声、粉尘、有毒有害气体、化学品污染等慢性伤害。因此，建议广大模具企业应进一步加强以下工作：

(1) 提高对职业病防治的意识，万万不能只重视看得见的工伤事故，而忽视了因电脑辐射、噪声、空气污染等对员工健康造成的慢性伤害。

(2) 根据各工种工伤预防要求，购置并督促员工佩戴防护手套、口罩、耳塞、防护服、工业安全用鞋、防护眼镜等通用和专用劳动防护用品，从而可以显著减轻“慢性受伤”。

(3) 重视在模具车间普遍存在的作业环境不佳问题，正视因噪声、粉尘、烟雾、有毒有害气体等造成的环境污染。有些企业在这方面做得很好，委托专业单位定期做环境监测，并委托专业公司处理相关污染。这种做法，值得借鉴和推广。

第五章

模具行业工伤预防事故处置指导规范

在工伤事故发生后，事故应急救援体系能保证事故应急救援组织的及时出动，并针对性地采取救援措施，对防止事故的进一步扩大，减少人员伤亡和财产损失意义重大。应急救援工作中一项重要任务是对发生事故的处理和人员的及时救护，特别是现场救护往往能为伤员争取最宝贵的“救命的黄金时刻”。现场及时、正确的救护，为医院救治创造条件，能最大限度地挽救伤员的生命和减轻伤残。对于企业员工而言，学习和了解一些基本的自救和救援常识，对于减轻事故后果，实施有效的救援非常必要。

本章通过对事故应急救援与处置基础知识的讲解，让读者初步了解事故应急救援与处置程序，并具体讲述了几种常见的救护方法；以火灾和危险化学品泄漏为例，讲述了工伤事故险情下如何避灾、逃生；通过具体方法的讲述，让读者能够掌握常见事故伤害发生时的急救措施。本章也对发生工伤事故之后，单位如何办理工伤保险手续进行了流程介绍。

第一节　事故应急救援与处置

应急救援与处置，是指为消除、减少事故危害，防止事故扩大或恶化，最大限度地降低事故造成的损失或危害而采取的救援措施或行动。

从业人员掌握一定的应急救援知识，对于处理紧急事故，防止和减少伤亡事故有重要的意义。企业在日常安全生产教育培训中，要介绍该单位危险源的位置、发生事故的类型、事故后果的严重程度、事故救援的程序及方法等，并组织从业人员进行演练。

一、事故应急救援与处置程序

（1）发现紧急情况后，事故现场人员应立即上报单位领导，如事态严重，应直接拨打相关电话报警。

（2）立即疏散事故现场人员。

（3）实施警戒治安，避免无关人员进入现场。

（4）立即采取现场行之有效的救护措施，对受伤人员实施救护和对事态进行控制。

（5）及时将受伤人员送医院救治。

（6）及时报告有关救援部门。

二、受伤人员的伤情判断

1. 有无意识

判断：受伤人员对于问话、拍打肩膀、紧捏手指等刺激均无反应，说明已无意识。

措施：无意识时必须呼救并采取急救措施。

2. 有无呼吸

判断：目测受伤人员胸部的起伏情况，用耳朵测听呼吸。

措施：保持呼吸道畅通，如果呼吸停止，必须马上进行人工呼吸。

3. 有无脉搏

判断：测试脉搏时应将指尖轻轻放在受伤人员的颈动脉或股动脉处。

措施：若感觉不到脉搏，则需立即进行胸外心脏按压。

4. 有无大出血

判断：动脉出血时，血液呈喷射状，血色鲜红，危险性大；静脉出血时，血流较缓慢，血色暗红，呈持续状；毛细血管出血时，血色鲜红，从伤口处渗出，常自动凝固而止血，危险性较小。

措施：必须采取措施立即止血。

三、几种常见的救护方法

（一）心肺复苏

心肺复苏（CPR）是针对骤停的心跳和呼吸采取的“救命技术”。其救护对象为在意外事件中心跳和呼吸停止的伤员或病人，而非心肺功能衰竭或绝症终期病患。

实施心肺复苏的具体步骤：

1. 判断患者有无意识

轻拍伤员的肩部，并大声呼喊，如果伤员没有反应，说明没有意识。

2. 明确抢救的体位

伤员正确的抢救体位是水平仰卧位，即伤员平卧，头、颈、躯干不扭曲，两上肢放在躯干旁边；抢救者应跪在伤员肩部上侧，这样不需要移动自己的膝部，就可依次进行人工呼吸和胸外心脏按压。

3. 保持伤员呼吸道畅通

解开伤员的领带、衣扣。救护人一只手压额，使伤员头部后仰，另一只手的食指、中指置于下颌骨下方。

将颏部向前抬起，使咽喉和气道在一条水平线上。清除伤员口鼻内的污物、土块、痰、涕、呕吐物，使其呼吸道通畅。必要时嘴对嘴吸出伤员口鼻中阻塞的痰和异物。

4. 判断伤员的呼吸（要在3～5秒内完成）

看胸部有无起伏，听有无出气声音，用脸感觉有无气流拂面。如无呼吸，立即进行人工呼吸。

5. 人工呼吸

保持伤员的气道畅通。用压前额的那只手的拇指、食指捏紧伤员的鼻孔，另一只手托下颌，口对口吹气进行人工呼吸。如果伤员的牙关紧闭或口腔严重受伤，无法对其口吹气时可用一只手使伤员的口紧闭，做口对鼻人工呼吸。一次吹气完毕后，救护者吸气准备第二次吹气。

按以上步骤反复进行，吹气频率为12～15次/分钟。

6. 判断伤员脉搏

若有脉搏，继续做人工呼吸；若无脉搏，进行胸外心脏按压。

7. 胸外心脏按压

将一只手的掌根按在伤员胸骨中下切迹上，两指平放在胸骨正中部位，另一只手压在该手的手背上，双手手指均应翘起不能平压在胸壁上，双肘关节伸直，利用体重和肩臂力量垂直向下挤压。使胸骨下陷4厘米左右，略停顿后在原位放松，但手掌根不能离开胸壁定位点。

单人抢救时，每按压30次后吹气2次，反复进行；双人抢救时，每按压5次后由另一人吹气1次，反复进行。

（二）止血的方法

当一个人一次失血量不超过血液总量的10%时，对健康无明显影响，并且失去的血量能很快恢复；当失血量超过30%时，就可能危及生命。

（1）毛细血管出血。血液从伤口渗出，出血量少，色红，危险性小，只需要在伤口处盖上消毒纱布或干净手帕等，扎紧即可止血。

（2）静脉出血。血色暗红，缓慢不断流出。一般抬高出血肢体以减少出血，然后在出血处放几层纱布，加压包扎即可止血。

（3）动脉出血。血色鲜红，出血来自伤口的近心端，呈搏动性喷血，出血量多，速度快，危险性大。动脉出血时一般采用间接指压法止血。即在出血动脉的近心端用手指把动脉压在骨面上，予以止血。

（三）骨折急救

骨折的急救是指在骨折发生后进行的及时处理，包括检查诊断和必要的临时措施。正确的急救措施可有效减轻伤员的痛苦，并为医生的救护争取宝贵的时间。

现场处理方法如下：

（1）肢体骨折可用夹板、木棍、竹竿等将断骨上、下方两个关节固定，若无固定物，则可将受伤的上肢绑在胸部，将受伤的下肢同健肢一并绑起来，避免骨折部位移动，以减少疼痛，防止伤势恶化。

（2）开放性骨折且伴有大量出血者，先止血，再固定，并用干净布片或纱布覆盖伤口，然后速送医院救治，切勿将外露的断骨推回伤口内。

（3）若在包扎伤口时骨折端已自行滑回创口内，则到医院后，须向负责医生说明，提请注意。

（4）如有颈椎损伤，则使伤员平卧后，将沙土袋（或其他代替物）放置在头部两侧以使颈部固定不动。

（5）腰椎骨折应使伤员平卧在硬木板（或门板）上，并将腰椎躯干及两下肢一起进行固定，预防瘫痪。搬运时应数人合作，保持平稳，不能扭曲。平地搬运时伤员头部在后，上楼、下楼、下坡时头部在上，搬运中应严密观察伤员，防止伤情突变。

第二节　避险与逃生

一、火灾时的避险与逃生

火灾的发生往往是瞬间的、无情的，如何提高自我保护能力，从火灾现场安全撤离，成为减少火灾事故中人员伤亡的关键。因此，多掌握一些自救与逃生的知识、技能，把握住脱险时机，就会在困境中拯救自己或赢得更多等待救援的时间，从而获得第二次生命。

（一）遇到火情时的对策

(1) 火势初期，如果发现火势不大，未对人与环境造成很大威胁，其附近有消防器材，如灭火器、消防栓、自来水等，应尽可能地在第一时间将火扑灭，不可置小火于不顾而酿成火灾。

(2) 当火势失去控制时，不要惊慌失措，应冷静机智地运用火场自救和逃生知识摆脱困境。心理的恐慌和崩溃往往使人丧失绝佳的逃生机会。

（二）建筑物内发生火灾时如何避险与逃生

1. 火灾现场的自救与逃生

(1) 沉着冷静，辨明方向，迅速撤离危险区域。突遇火灾，面对浓烟和大火，首先要使自己保持镇静，迅速判断危险地点和安全地点，果断决定逃生的办法，尽快撤离险地。如果火灾现场人员较多，切不可慌张，更不要相互拥挤、盲目跟从或乱冲乱撞、相互践踏，造成意外伤害。

撤离时要朝明亮或外面空旷的地方跑，同时尽量向楼梯下面跑。进入楼梯间后，在确定下楼层未着火时，可以向下逃生，而绝不应往上跑。若通道已被烟火封阻，则应背向烟火方向离开，通过阳台、气窗、天台等往室外逃生。如果现场烟雾很大或断电，能见度低，无法辨明方向，则应贴近墙壁或按指示灯的提示，摸索前进，找到安全出口。

(2) 利用消防通道，不可进入电梯。在高层建筑中，电梯的供电系统在火灾时随时会断电，或因强热作用使电梯部件变形而“卡壳”将人困在电梯内，给救援工作增加难度；同时，由于电梯井犹如贯通的烟囱般直通各楼层，有毒的烟雾极易被吸入其中，人在电梯里随时会被浓烟毒气熏呛而窒息。因此，火灾时千万不可乘普通的电梯逃生，而是要根据情况选择进入相对较为安全的楼梯、消防通道、有外窗的通廊。此外，还可以利用建筑物的阳台、窗台、天台屋顶等攀到周围的安全地点。

如果逃生要经过充满烟雾的路线，为避免浓烟呛入口鼻，可使用毛巾或口罩蒙住口鼻，同时使身体尽量贴近地面或匍匐前行。烟气较空气轻而飘于上部，贴近地面撤离是避免烟气吸入、滤去毒气的最佳方法。穿过烟火封锁区，应尽量佩戴防毒面具、头盔、阻燃隔热服等护具，如果没有这些护具，可向头部、身上浇冷水或用湿毛巾、湿棉被、湿毯子等将头、身体裹好，再冲出去。

(3) 寻找、自制有效工具进行自救。有些建筑物内设有高空缓降器或救生绳，火场人员可以通过这些设施安全地离开危险的楼层。如果没有这些专门设施，而安全通道又已被烟火封堵，在救援人员还不能及时赶到的情况下，可以迅速利用身边的绳索或床单、窗帘、衣服等自制成简易救生绳，有条件的最好用水打湿，然后从窗台或阳台沿绳缓滑到下面楼层或地面；还可以沿着水管、避雷线等建筑结构中的凸出物滑到地面安全逃生。

(4) 暂避较安全场所，等待救援。假如用手摸房门已感到烫手，或已知房间被大火或烟雾围困，此时切不可打开房门，否则火焰与浓烟会顺势冲进房间。这时可采取创造避难场所、固守待援的办法。首先应关紧迎火的门窗，打开背火的门窗，用湿毛巾或湿布条塞住门窗缝隙，或者用水浸湿棉被蒙上门窗，并不停泼水降温，同时用水淋透房间内可燃物，防止烟火渗入，固守在房间内，等待救援人员到达。

(5) 设法发出信号，寻求外界帮助。被烟火围困暂时无法逃离的人员，应尽量站在阳台或窗口等易于被人发现和能避免烟火近身的地方。在白天，可以向窗外晃动鲜艳衣物，或向外抛轻型晃眼的东西；在晚上，可以用手电筒不停地在窗口闪动或者利用敲击金属物、大声呼救等方式，及时发出有效的求救信号，引起救援者的注意。另外，消防人员进入室内救援都是沿墙壁摸索前进，所以，当被烟气窒息失去自救能力时，应努力滚到墙边或门边，便于消防人员寻找、营救。同时，躺在墙边也可防止房屋结构塌落砸伤自己。

(6) 无法逃生时，跳楼是最后的选择。身处火灾烟气中的人，精神上往往陷于恐惧之中，这种恐慌的心理极易导致不顾一切地伤害性行为，如跳楼逃生。应该注意的是，只有消防人员准备好救生气垫并指挥跳楼时，或者楼层不高（一般 4 层以下），非跳楼即被烧死的情况下，才采取跳楼的方法。即使已没有任何退路，若生命还未受到严重威胁，也要冷静地等待消防人员的救援。

跳楼也要有技巧。跳楼时应尽量往救生气垫中部跳或选择有水池、软雨篷、草地等方向跳；如有可能，要尽量抱些棉被、沙发垫等松软物品或打开雨伞跳下，以减缓冲击力。如果徒手跳楼，一定要抓住窗台或阳台边沿使身体自然下垂，以尽量降低身体与地面的垂直距离，落地前要双手抱紧头部，身体弯曲成一团，以减少伤害。跳楼虽可求生，但会对身体造成一定的伤害，所以要慎之又慎。

2. 提高自救与逃生能力

（1）熟悉周围环境，记牢消防通道路线。每个人对自己工作场所环境和居住所在地的建筑物结构及逃生路线要做到了如指掌；若处于陌生环境，如入住宾馆、商场购物、进入娱乐场所时，务必要留意疏散通道、紧急出口的具体位置及楼梯方位等，这样一旦火灾发生，寻找逃生之路就会胸有成竹，临危不惧，并安全迅速地脱离现场。

（2）不断提高自己的安全意识。只有在日常工作和生活中注意积累和提高各种安全技能，才能使自己面对险境时保持镇静，得以生存。因此，有火灾隐患的单位或其他有条件的单位，应集中组织火灾应急逃生预演，使人们熟悉周围环境和建筑物内的消防设施及自救逃生的方法。这样，火灾发生时，就不会惊慌失措、走投无路，使每个人都能沉着应对，从容不迫地逃离险境。这也是人们能从火场逃生的最有效措施之一。

（3）保持通道出口畅通无阻。楼梯、消防通道、紧急出口等是火灾发生时最重要的逃生之路，应确保其畅通无阻，切不可堆放杂物或封闭上锁。任何人发现任何地点的消防通道或紧急出口被堵塞，都应及时报告公安消防部门进行处理。

二、危险化学品泄漏时的避险与逃生

化学品毒气泄漏的特点是发生突然、扩散迅速、持续时间长、涉及面广。一旦出现泄漏事故，往往引起人们的恐慌，处理不当则会产生严重的后果。因此，发生毒气泄漏事故后，如果现场人员无法控制泄漏，则应迅速报警并选择安全逃生。不同化学物质以及在不同情况下出现泄漏事故，其自救与逃生的方法有很大差异。若逃生方法选择不当，不仅不能安全逃出，反而会使自己受到更严重的伤害。

1. 安全撤离事故现场

（1）发生毒气泄漏事故时，现场人员不可恐慌，按照平时应急预案的演练步骤，各司其职，井然有序地撤离。

（2）从毒气泄漏现场逃生时，要抓紧宝贵的时间，任何贻误时机的行为都有可能给现场人员带来灾难性的后果。因此，当现场人员确认无法控制泄漏时，必须当机立断，选择正确的逃生方法，快速撤离现场。

（3）逃生要根据泄漏物质的特性，佩戴相应的个人防护用具。如果现场没有防护用具或者防护用具数量不足，也可应急使用湿毛巾或衣物捂住口鼻逃生。

（4）沉着冷静确定风向，然后根据毒气泄漏源位置，向上风向或沿侧风向转移撤离，也就是逆风逃生；另外，根据泄漏物质的密度，选择沿高处或低洼处逃生，但切忌在低洼处滞留。

（5）如果事故现场已有救护消防人员或专人引导，逃生时要服从他们的指引和安排。

2. 提高自救与逃生能力

在毒气泄漏事故发生时能够顺利逃生，除了在现场能够临危不惧，采取有效的自救逃生方法外，还要靠平时对有毒、有害化学品知识的掌握和防护、自救能力的提高。因此，接触危险化学品的职工，应了解本企业、本班组各种化学危险品的危害，熟悉厂区建筑物、设备、道路等，必要时能以最快的速度报警或选择正确的方法逃生。同时，企业应向职工提供必要的设备、培训等条件，通过对职工的安全教育和培训，使他们能够正确识别化学品安全标签，了解有毒化学品安全使用程序和注意事项，以及所接触化学品对人体的危害和防护急救措施。企业还应制订和完善毒气泄漏事故应急预案，并定期组织演练，让每一个职工都了解应急方案，掌握自救的基本要领和逃生的正确方法，提高职工应对毒气泄漏事故的应变能力，做到遇灾不慌，临阵不乱，能够正确判断和处理。

另外，根据国家有关法律、法规规定，有毒气泄漏可能的企业，应该在厂区最高处安装风向标。发生泄漏事故后，风向标可以正确指导有关人员根据风向及泄漏源位置，及时往上风向或侧风向逃生。企业还应保证每个作业场所至少有两个紧急出口，紧急出口和通道要畅通无阻并有明显标志。

第三节　常见事故的现场紧急救护

一、意外触电事故急救措施

1. 触电症状

（1）轻者有惊吓、发麻、心悸、头晕、乏力等症状，一般可自行恢复。

（2）重者会出现强直性肌肉收缩、昏迷、休克，以心室纤颤为主，低压电流造成上述症状持续数分钟后心跳骤停。高压电流主要伤害呼吸中枢，呼吸麻痹为主要死因。

（3）局部烧伤。低压电流所致伤口小，伤口焦黄，较干燥（似烤煳状）；高压电流或闪电烧伤，表面可有烧伤烙印闪电纹，给人感觉烧伤并不严重，但实际烧伤面积大，伤口深，重者可伤及肌肉、肌腱、血管、神经及骨骼。

2. 伤员脱离电源的处理

触电急救首先要使触电者迅速脱离电源，越快越好，因为电流作用时间越长，对人体伤害就越重。脱离电源就是要把触电者接触的那一部分带电设备的开关或其他断路设备断开，或设法将触电者与带电设备脱离。

(1) 在脱离电源前，救护人员不得直接用手触及伤员，以免救护人员同时触电，如触电者处于高处，应采取相应措施，防止该伤员脱离电源后自高处坠落形成复合伤。

(2) 触电者触及低压带电设备后，救护人员应设法迅速切断电源。如关闭电源开关，拔出电源插头等，或使用绝缘工具，如干燥的木棒、木板、绳索等解脱触电者。另外，救护人员可站在绝缘垫上或干木板上，在使触电者与导电体解脱时，最好用一只手进行。

(3) 触电者触及高压带电设备后，救护人员应迅速切断电源或用适合该电压等级的绝缘工具（戴绝缘手套，穿绝缘靴并用绝缘棒）解脱触电者，救护人员在抢救过程中应注意保护自身与周围带电部分保持必要的安全距离。

(4) 在救护触电伤员切除电源时，有时会同时使照明电路断电，因此，应考虑事故照明、应急灯等临时照明，新的照明要符合使用场所的防火、防爆要求，但不能因此延误电源切断和人员急救。

3. 伤员脱离电源后的处理

(1) 对神志清醒的触电伤员，应使其就地躺平，严密观察其呼吸、脉搏等生命指标，暂时不要让其站立或走动。

(2) 对神志不清的触电伤员，也应使其就地躺平，且确保气道通畅，并用 5 秒的时间呼叫伤员或轻拍其肩部，以判定伤员是否丧失意识，禁止摇动伤员头部呼叫伤员。

(3) 对需要进行心肺复苏的伤员，在将其脱离电源后，应立即就地进行有效的心肺复苏抢救。

(4) 呼吸、心跳情况的判定。触电伤员如丧失意识，应在 10 秒内用看、听、试的方法，判定伤员呼吸心跳情况：看伤员的胸部、上腹部有无呼吸起伏动作；用耳贴近伤员的口鼻处，听有无呼吸气的声音；先试测口鼻有无呼气的气流，再用两手指轻试一侧（左或右）喉结旁凹陷处的颈动脉有无搏动。

若采用看、听、试等方法发现伤员既无呼吸又无颈动脉搏动，可判定伤员呼吸心跳停止。

(5) 进行心肺复苏抢救。

(6) 紧急呼救。大声向周围人群呼救，同时拨打 120 电话请求急救。

(7) 伤员的移动与转送。心肺复苏应在现场就地坚持进行，不要随意移动伤员，如确实需要移动时，抢救中断时间不应超过 30 秒。

移动伤员或将伤员送医院时，除应使伤员平躺在担架上，并在其背部垫以平硬宽木板外，还应继续抢救，心跳呼吸停止者应继续用心肺复苏技术抢救，并做好保暖工作。

在转送伤员去医院前，应与有关医院取得联系，请求做好接收伤员的准备，同进度对触电人员的其他合并伤，如骨折、体表出血等做出相应的处理。

(8) 伤员好转后的处理。如伤员的心跳和呼吸经抢救后均已恢复，则可暂停心肺复苏操作，但心跳呼吸恢复后的早期仍有可能再次骤停，应严密监护，不能大意，要随着准备再次抢救。

二、化学品烧伤急救措施

化学品烧伤主要包括被强酸烧伤和被强碱烧伤。

高浓度酸能使皮肤角质层蛋白质凝固坏死，呈界限明显的皮肤烧伤，并可引起局部疼痛性凝固性坏死。

被强碱烧伤时，由于碱具有吸水作用，会使局部细胞脱水，强碱烧伤后创面呈黏滑或肥皂样变化。

1. 强酸烧伤的急救方法

各种不同的酸烧伤，其皮肤产生的颜色变化也不同，如硫酸创面呈青黑色或棕黑色；硝酸烧伤先呈黄色，以后转为黄褐色；盐酸烧伤则呈黄蓝色；三氯醋酸的创面先为白色，以后变为青铜色等。此外，颜色的改变还与酸烧伤的深浅有关，潮红色最浅，灰色、棕黄色或黑色则较深。

酸烧伤后立即用水冲洗是最为重要的急救措施，冲洗后一般不需用中和剂，必要时可用2%～5%的碳酸氢钠、2.5%的氢氧化镁或肥皂水处理创面后，仍用大量清水冲洗，以去除剩余的中和溶液。

创面处理采用一般烧伤的处理方法。由于酸烧伤后形成的痂皮完整，宜采用暴露疗法。

2. 强碱烧伤的急救方法

碱烧伤后，应立即用大量清水冲洗创面，冲洗时间越长，效果越好，达10小时效果尤佳，但伤后2小时处理者效果差。如创面pH值达7以上，可用0.5%～5%醋酸、2%硼酸湿敷创面，再用清水冲洗。

创面冲洗干净后，最好采用暴露疗法，以便观察创面的变化。深度烧伤应及早进行切痂植皮手术。全身处理同一般烧伤。

三、眼部受伤急救措施

机械制造企业最常见的眼部受伤是铁屑飞入眼睛或化学物质，如强酸、强碱等溅入眼睛。眼睛是人体中较脆弱的部位，一定要采取及时、正确的方法予以处理，以免造成失明。

眼睛受伤的救护方法如下：

（1）轻度眼伤，如眼睛进异物，切忌用手揉搓，以防伤到角膜、眼球，可叫现场同伴用肥皂水洗手后，翻开眼皮用干净手绢、纱布将异物拨出。注意不要使用棉花等物品取异物，不要取虹膜或瞳孔口的异物。

如眼中溅入化学物质，要立即用大量清水反复冲洗。如果找不到水龙头，可以用杯中的水冲洗眼睛 15 分钟，并确保水进入眼睛内角。如果患者戴隐形眼镜应将其摘掉。冲洗后用干净的棉布覆盖患眼，并包扎覆盖双眼，以减少患眼的活动。

（2）重度眼伤，如异物插入眼中，这时千万不要试图拔出插入眼中的异物，若看到眼球鼓出或从眼球中脱出东西，切不可把它推回眼内，这样做十分危险，可能会把能恢复的伤眼弄坏。正确的做法是让伤者仰躺，救护者设法支撑其头部，并尽可能使其保持静止不动，同时可用消毒纱布或刚洗过的新毛巾轻轻盖上伤眼，尽快送往医院。

四、断指急救措施

一旦发生断指事故，首先要抢救伤员生命，检查有无脊髓和神经损伤，并注意保护，防止引起或加重损伤。如有出血，要根据出血部位，选用加压包扎、指压、扎止血带等方法紧急止血，防止休克。疑有骨折、脱位，先不要自行整复，可用夹板、石膏或代用品进行简单固定。活动性出血（如手或足），最好别扎大肢体（如前臂、小腿），这样会扎住静脉，而动脉扎不住，从而会增加出血量，这时采用局部加压法更好些。

做完这些或在此同时，应该处理断指。有时手指未完全断离，仍有一点皮肤或组织相连，其中可能有细小血管，足以提供营养，避免手指坏死，因此务必小心在意，妥善包扎保护，防止血管受到扭曲或拉伸。

断指残端如有出血，应首先止血。肢体、手指断离后，虽失去血脉滋养，但短期内尚有生机，而时间一长，则会变性腐烂。冷藏保存断指可以降低其新陈代谢的速度，维持生机。冬天气温较低，容易做到（8 小时内可再植）；春秋季节，特别是盛夏（6 小时内可再植），天气炎热，此时迅速低温冷藏保存断指尤为重要。可将断指先用无菌敷料或相对干净的布巾等代用品包裹，外面用塑料薄膜密封，然后置于合适的容器如冰瓶内，周围放上冰块，和病人一同转送附近有再植条件的医院。冰块可取自冰箱，若一时难以取得，可用冰棍、雪糕代替。断指不可直接与冰块或冰水接触，以防冻伤变性。酒精可使蛋白质变性，故绝对禁忌将断离肢（指）直接浸泡于酒精内。如欲冲洗，只可用生理盐水。高渗或低渗溶液，均对组织细胞有害，会影响再植成活率，故不可以用来浸泡、冲洗断指。

五、车辆伤害急救措施

车辆伤害多发生于公路，如行人、自行车被机动车撞伤，摩托车、汽车翻车伤及车内人员等。车辆伤害的主要受伤部位为头部、四肢、盆腔、肝、脾、胸部。引起死亡的主要原因为头部损伤、严重的复合伤和碾压伤。

如果是运输危险化学品的车辆发生了交通事故，不仅会造成人员伤害，还可能由于危险化学品受到撞击、泄漏发生火灾、爆炸或人员中毒等事故。

车辆伤害现场救护原则：

(1) 现场应急的顺序为紧急呼救→保护现场→转运伤员。分别拨打求救电话 120、110、119。

(2) 切勿立即移动伤者，除非处境会危害其生命（如汽车着火、有爆炸可能等）。

(3) 将失事车辆引擎关闭，拉紧驻车制动或用石头固定车轮，防止汽车滑动。

(4) 呼救的同时，现场人员首先要查看伤员的伤情，伤员从车内救出的过程应根据伤情区别进行，脊柱损伤的伤员不能拖、拽、抱，应使用颈托固定颈部或使用脊柱固定板，避免脊髓受损或损伤加重导致截瘫。

(5) 实行先救命、后治伤的原则，若伤员呼吸心跳停止，则进行心肺复苏抢救。

(6) 意识清醒的伤员可询问其伤在何处（疼痛、出血、何处活动受限），并立刻检查受伤部位，进行对症处理，疑有骨折应尽量简单固定后再搬运。

(7) 事故发生后应尽可能对现场进行保护，以便给事故责任划分提供可靠证据，并采用最快的方式向交通管理执法部门报告。

(8) 如果交通事故涉及危险化学品，应首先了解危险化学品的种类、名称和危险特性，有针对性地实施应急行动，同时尽量佩戴劳动防护用品，站在上风侧进行现场救护。

六、溺水事故的急救措施

（一）水中救护

1. 自救

当发生溺水且不熟悉水性时除及时呼救外，应及时取仰卧位，头部向后，使鼻部可露出水面呼吸。呼气要浅，吸气要深，则可浮出水面，此时千万不要慌张，不要将手臂上举乱扑腾，而使身体下沉更快。

会游泳者，如果发生小腿抽筋，要保持镇静，采取仰泳位，用手将抽筋的腿的脚趾向背侧弯曲，可使痉挛松懈，然后慢慢游向岸边。救护溺水者，应迅速游到溺水者附近，观察清楚位置，从其后方出手救援。或投入木板、救生圈、长杆等，让落水者攀扶上岸。

2. 救护

营救人员迅速接近落水者，从其后面靠近，不要让慌乱挣扎的落水者抓住，以免发生危险。从后面双手托住落水者的头部，两人均采用仰泳，将其带至安全处。有条件的采用可漂移的脊柱板救护伤员，必要时进行口对口的人工呼吸。

（二）岸上救护

（1）将伤员抬出水面后，应立即清理溺水者口鼻内的污泥、痰涕，用纱布裹住手指将落水者的舌头拉出口外，解开衣扣，以保持呼吸畅通，然后抱起落水者的腰腹部，使其背朝上、头下垂进行倒水；或者抱起落水者双腿，将其腰腹部放在施救者的肩上，快步奔跑使积水倒出；或者施救者采取半跪位，将伤员的腹部放在施救者腿上，使其头部下垂，并用手平压背部进行倒水。

（2）溺水者获救后，应立即检查其呼吸、心跳。如呼吸停止，应马上做人工呼吸，先口对口吹入四口气，在 5 秒内观察其有无恢复自主呼吸，如无反应，应接着做人工呼吸，直至其恢复自主呼吸。

（3）如果溺水者呼吸、心跳完全停止了，应立即做心肺复苏。

（4）不能轻易放弃救治，特别是低温情况下，应抢救更长时间，直到专业救护人员到达。

（5）现场救护有效，伤员恢复心跳、呼吸，可用干毛巾擦遍全身，自四肢、躯干向心脏方向摩擦，以促进血液循环。

七、高处坠落急救措施

1. 高处坠落的危害

高处坠落一般发生于行车作业、大型机械设备安装或维修作业中。高处坠落人员通常有多个系统或多个器官损伤，严重者当场死亡。高处坠落人员除有直接或间接受伤器官外，还可能有昏迷、呼吸窘迫、面色苍白和表情淡漠等症状，可导致胸、腹腔内脏组织器官发生广泛的损伤。高空坠落时，若足或臀部先着地，则外力可沿脊柱传导到颅脑而致伤；由高处仰面跌下时，背或腰部受冲击，可引起腰椎韧带撕裂，椎体裂开或椎弓根骨折，易引起脊髓损伤。如果发生脑干损伤，常有较重的意识障碍、光反射消失等症状，也可能出现严重的合并症状。

2. 急救方法

（1）去除伤员身上的用具和口袋中的硬物。

(2) 在搬运和转送过程中，颈部和躯干不能前屈或扭转，而应使脊柱伸直，绝对禁止一个抬肩一个抬腿的搬法，以免导致或加重截瘫。

(3) 对创伤局部妥善包扎，但对怀疑颅底骨折和脑脊液漏患者切忌作填塞，以免引起颅内感染。

(4) 颌面部受伤人员首先应保持呼吸道畅通，摘除假牙，清除移位的组织碎片、血凝块、口腔分泌物等，同时松解伤员的颈、胸部纽扣。若舌已后坠或伤者口腔内的异物无法清除，可用 12 号粗针穿刺环甲膜，维持呼吸，并尽快地进行气管切开手术。

(5) 复合伤伤员要使其成平仰卧位，保持呼吸道畅通，并解开其衣领扣。

(6) 若周围血管受伤，则应将受伤部位以上的动脉压迫至骨骼上。直接在伤口上放置厚敷料，用绷带加压包扎时以不出血和不影响肢体血液循环为宜。当上述方法无效时慎用止血带，如必须使用止血带，原则上应尽量缩短使用时间，一般以不超过 1 小时为宜，并做好标记，注明上止血带的时间。

(7) 有条件时迅速给予静脉补液，增加血容量。

(8) 将伤员快速平稳地送医院救治。

八、化学品中毒急救措施

化学品中毒可分为刺激性气体中毒、窒息性气体中毒和有机溶剂中毒。其中，刺激性气体包括盐酸和硫酸酸雾、硫化氢等，窒息性气体包括一氧化碳、二氧化碳、氮气等，有机溶剂包括芳香烃、醇类、醚类等。

化学品中毒的急救措施如下：

(1) 首先要中断毒物继续侵入。救护者戴好防毒面具后，迅速将中毒者撤离现场，如果是气体中毒，要将中毒者撤到上风向，并为其脱去已污染的衣服。

(2) 如毒物已污染眼部、皮肤，应立即冲洗。

(3) 松开领扣、腰带，使伤者呼吸新鲜空气。

(4) 静卧、保暖。

(5) 对于口服中毒者，首先判断是否该催吐，如果允许，将手指伸进患者口中按压舌根，施加刺激使之反复呕吐。毒物为酸、碱、汽油、漂白剂、杀虫剂、去污剂等时不要催吐，应尽快送医院救治。

化学中毒常伴有休克、呼吸障碍和心脏骤停等症状。应施行心肺复苏术，同时针刺人中穴。

(6) 在护送病人去医院的途中，应保持伤员呼吸畅通。并将伤员头部偏向一侧，避免咽下呕吐物；取下假牙，并将伤员舌头拉出引向前方，以防窒息。

九、中暑急救措施

人的体温维持在37℃左右为正常，当气温过高时，体内就会大量失水、失盐并积聚大量余热，同时出现机体代谢紊乱现象，称为中暑。

高温车间、露天劳动或直接在烈日阳光下暴晒或在缺乏空调、通风设备的公共场所的人员，很有可能发生中暑。

1. 中暑症状

(1) 中暑先兆。在高温环境下出现大汗、口渴、无力、头晕、眼花、耳鸣、恶心、胸闷、心悸、注意力不集中、四肢发麻等症状，体温不超过37.5℃。

(2) 轻度中暑。上述症状加重，体温在38℃以上，出现面色潮红或苍白、大汗、皮肤显冷、脉搏细弱、心率快、血压下降等呼吸及循环衰竭的症状及体征。

(3) 重度中暑。体温在39℃以上，头疼、不安、嗜睡及昏迷，面色潮红、汗闭、皮肤干热、血压下降、呼吸急促、心率快等。

2. 现场救护

(1) 迅速把伤员移至阴凉通风处或有空调的房间，使之平卧，解开衣裤，以利呼吸和散热。

(2) 轻者饮淡盐水或淡茶水，可服用藿香止气水、十滴水、人丹等。

(3) 体温升高者，用凉水擦洗全身，水的温度要逐步降低。在头部、腋窝、大腿根部可用冷水或冰袋敷之，以加快散热。

(4) 严重中暑者，经降温处理后，应及时送至医院以便及早获得专业急救和治疗。

十、食物中毒急救措施

企业一般都为员工集中供应午餐或加班餐，如果食物储存过久、未加工熟或煮熟后放置时间太长，很容易引发集体性食物中毒。

1. 食物中毒的症状

食物中毒者最常见的症状是剧烈的呕吐、腹泻，同时伴有中上腹部疼痛症状。食物中毒者常会因上吐下泻而出现脱水症状，如口干、眼窝下陷、皮肤弹性消失、肢体冰凉、脉搏细弱、血压降低等，甚至可致休克，如手足发凉、面色发青、血压下降等。

2. 食物中毒现场救护

(1) 发现人员食物中毒时，应尽快催吐。可以用筷子或手指轻碰患者咽壁，促使排吐。如毒物太稠，可取食盐20克，加凉开水200毫升，让患者喝下，多喝几次即可呕吐；或者用鲜生姜100克捣碎取汁，用200毫升温开水冲服。肉类食品中毒，则可服用十滴水促使呕吐。

(2) 药物导泻。食物中毒时间超过 2 小时，精神较好者，则可服用大黄 30 克，一次煎服；老年体质较好者，可采用番泻叶 15 克，一次煎服或用开水冲服。

第四节　工伤保险业务处理实务

职工发生事故伤害或罹患职业病的，应依法进行工伤事故处理以取得工伤保险基金支持的工伤保险待遇。工伤事故实务处理包括工伤认定、工伤医疗、工伤康复、劳动能力鉴定、工伤保险待遇支付等主要环节。

一、工伤处理概述

（一）工伤处理流程图

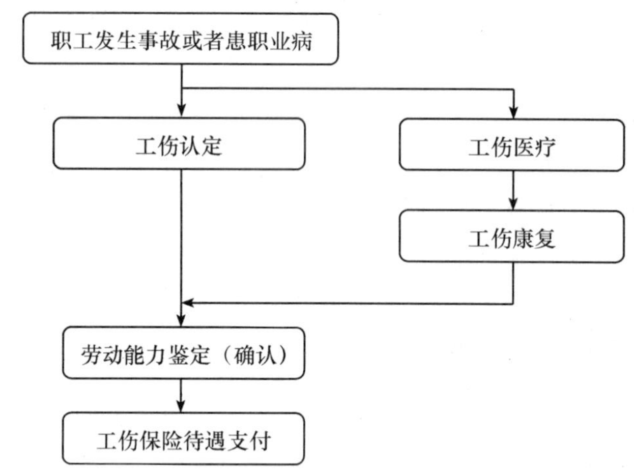

（二）工伤事故处理说明及注意事项

1. 流程简介

根据《社会保险法》《工伤保险条例》及相关规定，职工发生事故伤害或按照《职业病防治法》规定被诊断、鉴定为职业病的，其工伤事故处理流程包括：工伤认定，工伤医疗，工伤康复，劳动能力鉴定，工伤保险待遇支付。

2. 注意事项

(1) 工伤认定：用人单位须在职工发生事故伤害或被诊断、鉴定为职业病之日起 30 日内提出工伤认定申请，职工或其近亲属、工会组织须在事故伤害或被诊断、鉴定为职业病之日起1年内提出工伤认定申请。社会保险行政部门应当自受理工伤认定申请之日起60日内作出工伤认定的决定，并书面通知申请工伤认定的职工或者其近亲属和该职工所在单位。社会保险行政部门对受理的事实清楚、权利义务明确的工伤认定申请，应当在15日内作出工伤认定的决定。

(2) 工伤医疗：职工治疗工伤应当在签订服务协议的医疗机构就医，情况紧急时可以先到就近的医疗机构急救。治疗工伤所需费用符合工伤保险诊疗项目目录、工伤保险药品目录、工伤保险住院服务标准的，从工伤保险基金支付。职工住院治疗工伤的伙食补助费，以及经医疗机构出具证明，报经办机构同意，工伤职工到统筹地区以外就医所需的交通、食宿费用从工伤保险基金支付，基金支付的具体标准由统筹地区人民政府规定。工伤职工治疗非工伤引发的疾病，不享受工伤医疗待遇，按照基本医疗保险办法处理。

(3) 工伤康复：职工经治疗后，病情相对稳定，但身体各部位尚存在功能障碍且符合工伤康复介入标准的，用人单位、职工或其亲属应尽早向社保经办部门提出工伤康复申请，工伤职工到签订服务协议的医疗机构进行工伤康复的费用，符合规定的，从工伤保险基金支付。

(4) 劳动能力鉴定（确认）：职工发生工伤，经治疗伤情相对稳定后存在残疾、影响劳动能力的，应当进行劳动能力鉴定。同时根据《工伤保险条例》及相关规定，由劳动能力鉴定委员会对是否需要配置工伤保险辅助器具、工伤医疗终结期及停工留薪期、是否属工伤复发等进行确认。设区的市级劳动能力鉴定委员会应当自收到劳动能力鉴定申请之日起60日内作出劳动能力鉴定结论，必要时，作出劳动能力鉴定结论的期限可以延长30日。劳动能力鉴定结论应当及时送达申请鉴定的单位和个人。

(5) 工伤保险待遇：职工发生事故伤害或被诊断、鉴定为职业病后经认定为工伤的，应根据《工伤保险条例》规定享受工伤保险待遇。工伤保险待遇包括工伤医疗期间待遇、工伤医疗终结后一次性发放的待遇、工伤医疗终结后定期发放的待遇及因工死亡待遇等。依照《工伤保险条例》规定应当参加工伤保险而未参加工伤保险的用人单位职工发生工伤的，由该用人单位按照本条例规定的工伤保险待遇项目和标准支付费用。

二、工伤认定

（一）工伤认定办理流程图

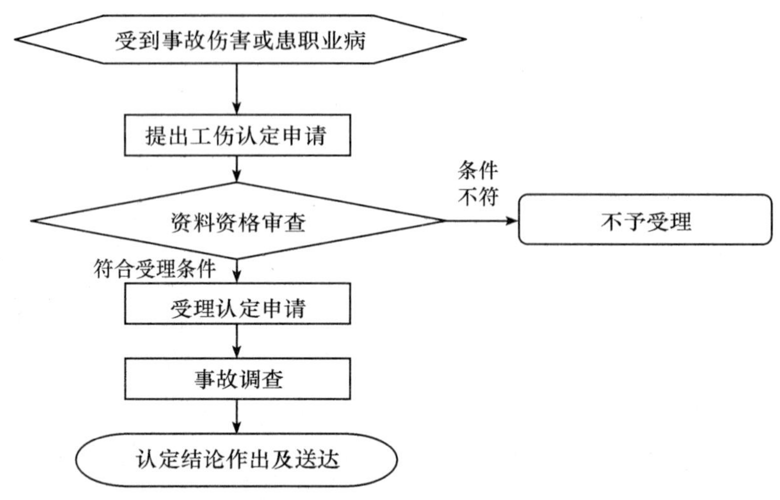

（二）工伤认定的处理说明及注意事项

1. 流程简介

根据《工伤保险条例》《工伤认定办法》及相关规定，职工发生事故伤害或按照《职业病防治法》规定被诊断、鉴定为职业病后，应向统筹地区社会保险行政部门提出工伤认定申请。其主要处理流程包括：提出书面工伤认定申请；社会保险行政部门对申请事项进行审查，并根据审查情况通知申请人是否需要补正材料；社会保险行政部门根据审查情况，决定本次工伤认定申请是否受理，并出具相关文书；社会保险行政部门受理工伤认定申请后，根据需要对申请人提供的证据进行调查核实；社会保险行政部门依法做出工伤认定结论，出具相关文书并送达。

2. 注意事项

（1）申请人：提出工伤认定的申请为用人单位、工伤职工或者其近亲属、工会组织。相关申请人委托他人提出工伤认定申请的，应办理委托手续并提交相关资料。

（2）申请时限：所在单位应当自事故伤害发生之日或者被诊断、鉴定为职业病之日起 30 日内，向统筹地区社会保险行政部门提出工伤认定申请。用人单位未按规定提出工伤认定申请的，工伤职工或者其近亲属、工会组织在事故伤害发生之日或者被诊断、鉴定为职业病之日起 1 年内，可以直接向用人单位所在地统筹地区社会保险行政部门提出工伤认定申请。

（3）申请地域：申请人应根据属地原则，在用人单位参保所在地的设区的市级社会保险行政部门办理；用人单位未为职工参加工伤保险的，应在单位注册地办理；用人单位在注册地和生产经营地均未参加工伤保险的，农民工受到事故伤害或者患职业病后，在生产经营地进行工伤认定、劳动能力鉴定，并按生产经营地的规定依法由用人单位支付工伤保险待遇；建筑工地农民工应按规定，以工程项目为单位在工程所在地参加工伤保险并办理工伤认定。

（4）申请材料：提出工伤认定申请应当提交下列材料：

1）工伤认定申请表。工伤认定申请表应当包括事故发生的时间、地点、原因以及职工伤害程度等基本情况。具体包括：①因履行工作职责受到暴力伤害的，提交公安机关或人民法院的判决书或其他有效证明；②由于机动车事故引起的伤亡事故提出工伤认定的，提交公安交通管理等部门的责任认定书或其他有效证明；③因工外出期间，由于工作原因受到伤害的，提交公安部门证明或其他证明，发生事故下落不明的，认定因工死亡提交人民法院宣告死亡的结论；④在工作时间和工作岗位，突发疾病死亡或者在48小时之内经抢救无效死亡的，提交医疗机构的抢救和死亡证明；⑤属于抢险救灾等维护国家利益、公众利益活动中受到伤害的，按照法律、法规规定，提交有效证明；⑥属于因战、因公负伤致残的转业、复员军人，旧伤复发的，提交《革命伤残军人证》及医疗机构对旧伤复发的诊断证明。

2）与用人单位存在劳动关系（包括事实劳动关系）的证明材料。伤（亡）职工与用人单位存在劳动关系（包括事实劳动关系）的证明材料。以劳动合同为主要凭证，无劳动合同提交：①工资支付凭证或记录（职工工资发放花名册）、缴纳各项社会保险费的记录；②用人单位向劳动者发放的“工作证”“服务证”等能够证明身份的证件；③劳动者填写的用人单位招工招聘“登记表”“报名表”等招用记录；④考勤记录；⑤其他劳动者（主要指所在单位职工）的证言等。

3）医疗诊断证明或者职业病诊断证明书（或者职业病诊断鉴定书）。

（三）救济途径

职工或者其近亲属、用人单位对不予受理决定不服或者对工伤认定决定不服的，可以在收到认定书之日起60日内向当地人民政府或上一级主管部门申请行政复议，或在收到决定之日起6个月内向人民法院提起行政诉讼。

三、工伤医疗

（一）工伤医疗办理流程图

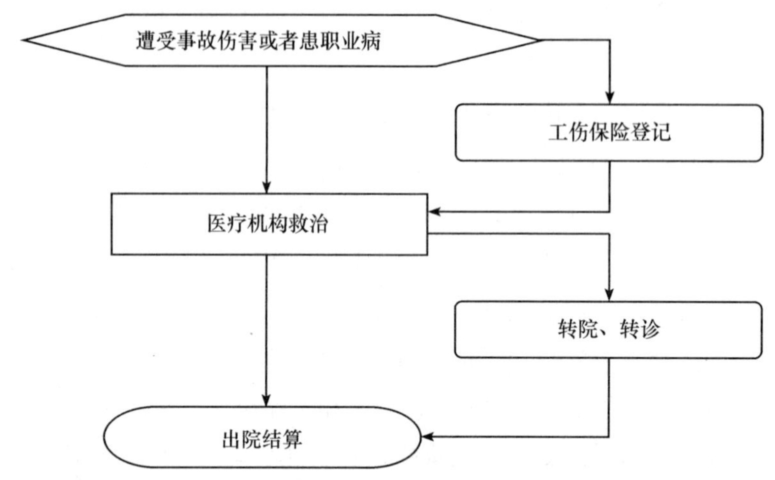

（二）工伤医疗的处理说明及注意事项

1. 流程简介

职工发生事故伤害或按照《职业病防治法》规定被诊断、鉴定为职业病后，用人单位应根据《工伤保险条例》《安全生产法》及《职业病防治法》的相关规定，采取有效措施，组织抢救，防止事故扩大，减少人员和财产损失。工伤医疗的流程一般包括：医疗机构进行工伤保险登记，医疗机构内进行救治，转院、转诊，治疗结束后办理工伤保险结算（未参加工伤保险、不符合结算条件的除外）。

2. 注意事项

（1）医疗机构的选择：职工治疗工伤应当在签订服务协议的医疗机构就医，情况紧急时可以先到就近的医疗机构急救。

（2）报销范围：治疗工伤所需费用符合工伤保险诊疗项目目录、工伤保险药品目录、工伤保险住院服务标准的，从工伤保险基金支付。工伤保险诊疗项目目录、工伤保险药品目录、工伤保险住院服务标准，由国务院社会保险行政部门会同国务院卫生行政部门、食品药品监督管理部门等部门规定。工伤职工在住院期间需要使用超过工伤保险报销范围的项目、药品和服务而产生自费费用的，应根据办理的自费协议，由签名确认的人员承担相关费用。

（3）相关待遇：

1）职工住院治疗工伤的伙食补助费，以及经医疗机构出具证明，报经办机构同意，工伤职工到统筹地区以外就医所需的交通、食宿费用从工伤保险基金支付，基金支付的具体标准由统筹地区人民政府规定。

2）职工因工作遭受事故伤害或者患职业病需要暂停工作接受工伤医疗的，在停工留薪期内，原工资福利待遇不变，由所在单位按月支付。

（4）办理手续：在实施了工伤医疗费在院结算的统筹地区，符合规定的工伤医疗费可以直接在院结算，未实施工伤医疗费在院结算的统筹地区，或无法实现工伤医疗费在院结算的，相关费用可提交至社保经办机构人工审核后报销。

（5）其他情形：工伤职工治疗非工伤引发的疾病，不享受工伤医疗待遇。

四、工伤康复

（一）工伤康复办理流程图

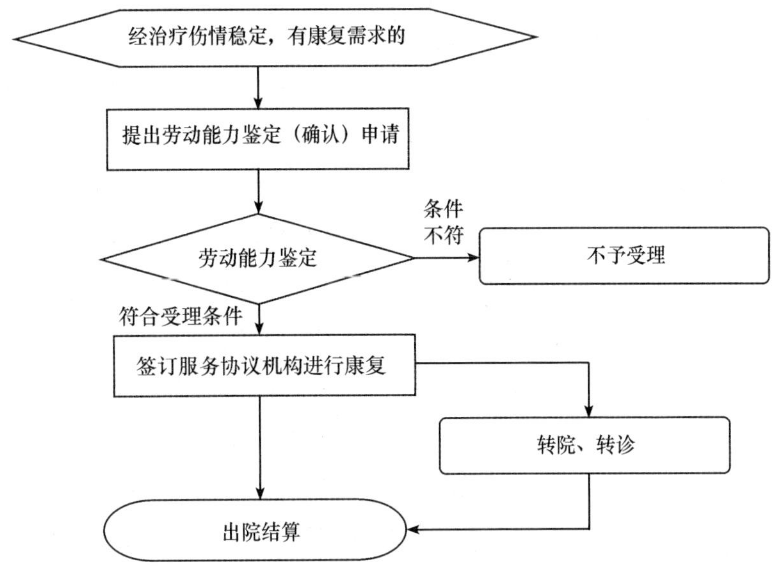

（二）工伤康复的处理说明及注意事项

1. 流程简介

工伤职工在保留工伤保险期间，认为符合工伤康复情形的，应提出工伤康复申请，经劳动能力鉴定委员会确认具有康复价值的，可列入康复对象范围，进行工伤康复。工伤康复的流程一般包括：提出劳动能力鉴定（确认）申请，经劳动能力鉴定委员会鉴定（确认）是否具有康复价值，根据劳动能力鉴定（确认）结论前往签订服务的协议机构进行康复，根据病情转院、转诊、转变康复类别，出院并结算费用。

2. 注意事项

（1）申请情形：工伤职工在保留工伤保险期间，包括在工伤医疗期内伤病情相对稳定、工伤医疗期满后被鉴定为达到伤残等级以及被鉴定为一至四级、列入社会化管理等情形下，认为符合工伤康复情形的，应提出工伤康复申请（各地工伤康复申请要求不同应视具体情况处理)。依法解除、终止劳动关系或依法终结工伤保险关系的工伤职工，社会保险行政部门不再受理工伤康复的申请。

（2）康复对象确认：经劳动能力鉴定委员会出具《劳动能力鉴定（确认）书》确认职工符合康复资格，职工应提交相应的康复申请，前往经办机构进行工伤康复申请，经审查符合报销条件的，符合规定的费用由工伤保险基金承担，否则由用人单位或申请人承担。

（3）申请资料：办理工伤康复资格确认手续时，需要提交的材料主要包括：

1）劳动能力鉴定委员会出具的《劳动能力鉴定（确认）书》。

2）《认定工伤决定书》复印件。

3）工伤职工身份证复印件或社会保障卡复印件等其他有效身份证明材料。

4）申请康复的其他资料，如申请人委托他人办理的需提交委托书等。

（4）康复评价：工伤职工入院后，首先应由主管康复医生进行全面检查和功能评定，根据患者的身体及功能状况和心理现状，制定康复目标和治疗程序表。再按此程序表由专业治疗师进行特殊治疗。为确认是否有预期的疗效，要定期反复进行评价，通过反复的再评价及修正程序表来动态调整康复治疗，患者或可逐渐好转而达到功能改善并稳定的状态。

（5）康复转院、转诊、转康复项目：康复期间，主管康复医生通过定期、反复的康复评价及再评价，不断修正康复治疗程序表来动态调整康复治疗过程，并根据协议对工伤职工康复时间的预期及康复疗效，综合评价患者的康复改善情况，并根据具体情况，决定工伤职工是否出院、转院、转诊或转换具体的康复项目。

（6）出院结算：在实施了工伤康复费在院结算的统筹地区，符合规定的工伤康复费可以直接在院结算，未实施工伤康复费在院结算的统筹地区，或无法实现工伤康复费在院结算的，相关费用可提交至社保经办机构人工审核后报销。

（7）工伤康复期间的待遇：

1）工伤康复期间，康复对象享受工伤医疗和停工留薪期待遇；经鉴定为一至四级的，继续享受伤残津贴待遇。

2）工伤康复住院期间的伙食补助费，由社保基金按规定支付。

3）康复对象经社会保险经办机构批准转往外地工伤康复机构进行工伤康复所需交通费、食宿费用由社保基金按规定支付。

4）未参加工伤保险的，工伤职工的康复费用由用人单位承担。

（8）康复期间工伤保险基金不予支付的费用：

1）生活用品费用。

2）非因工伤病及其合并症、并发症所发生的医疗、康复费用。

3）非工伤康复期的费用。

4）故意加重残情或拒绝合理的工伤康复治疗而增加的医疗、康复费用。

5）违法犯罪、醉酒所致伤病发生的医疗、康复费用。

6）其他不符合工伤保险有关规定的费用。

五、劳动能力鉴定（确认）

（一）劳动能力鉴定（确认）流程图

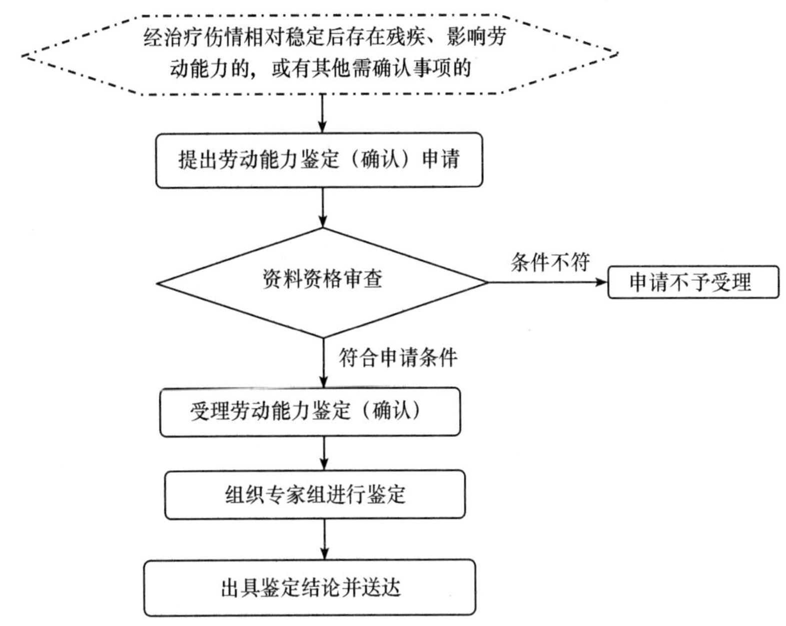

（二）劳动能力鉴定（确认）处理说明及注意事项

1. 流程简介

根据《工伤保险条例》《工伤职工劳动能力鉴定管理办法》及相关规定，劳动能力鉴定程序包括：提出劳动能力鉴定申请，对申请人提交的材料进行审核及受理，组织专家组进行鉴定，出具鉴定结论并送达用人单位及工伤职工。

2. 注意事项

（1）申请情形：职工发生工伤，经治疗伤情相对稳定后存在残疾、影响劳动能力的，或者停工留薪期满（含劳动能力鉴定委员会确认的延长期限），工伤职工或者其用人单位应当及时向设区的市级劳动能力鉴定委员会提出劳动能力鉴定申请。工伤康复确认、辅助器具配置确认等确认申请，根据具体情形提出。

（2）申请材料：提出劳动能力鉴定申请应当填写劳动能力鉴定申请表，并提交下列材料：

1）《工伤认定决定书》原件和复印件。

2）有效的诊断证明、按照医疗机构病历管理有关规定复印或者复制的检查、检验报告等完整病历材料。

3）工伤职工的居民身份证或者社会保障卡等其他有效身份证明原件和复印件。

4）劳动能力鉴定委员会规定的其他材料。

（3）委托鉴定（确认）：

1）目前各地只受理相关部门（组织）、用人单位在鉴定（确认）范围内符合受理条件的鉴定委托，暂不接受个人鉴定委托。

2）提出委托鉴定的，需提交书面《委托书》。《委托书》应包括的内容有：鉴定（确认）事由，被鉴定人姓名、身份证号，鉴定伤病情或鉴定部位，明确鉴定项目及适用标准。以上内容经审查无误后方可受理。

3）委托鉴定是根据《委托书》中的委托开展鉴定，不代表被鉴定人符合工伤或者非法用工等资格。

4）鉴定过程中，被鉴定人需要提交的材料要求和办事程序除资格审查事项之外，其余要求和普通被鉴定人一致。

（4）审核及作出结论时限：劳动能力鉴定委员会收到劳动能力鉴定申请后，应当及时对申请人提交的材料进行审核；申请人提供材料不完整的，劳动能力鉴定委员会应当自收到劳动能力鉴定申请之日起 5 个工作日内一次性书面告知申请人需要补正的全部材料。申请人提供材料完整的，劳动能力鉴定委员会应当及时组织鉴定，并在收到劳动能力鉴定申请之日起60日内作出劳动能力鉴定结论。伤情复杂、涉及医疗卫生专业较多的，作出劳动能力鉴定结论的期限可以延长 30 日。

（5）现场鉴定：劳动能力鉴定委员会应当视伤情程度等从医疗卫生专家库中随机抽取 3 名或者 5 名与工伤职工伤情相关科别的专家组成专家组进行鉴定。劳动能力鉴定委员会应当提前通知工伤职工进行鉴定的时间、地点以及应当携带的材料。工伤职工应当按照通知的时间、地点参加现场鉴定。对行动不便的工伤职工，劳动能力鉴定委员会可以组织专家上门进行劳动能力鉴定。组织劳动能力鉴定的工作人员应当对工伤职工的身份进行核实。工伤职工因故不能按时参加鉴定的，经劳动能力鉴定委员会同意，可以调整现场鉴定的时间，作出劳动能力鉴定结论的期限相应顺延。

（6）拒不接受劳动能力鉴定的：根据《工伤保险条例》第四十二条规定，拒不接受劳动能力鉴定或拒绝治疗的工伤职工，停止享受工伤保险待遇，且停发期间的待遇不予补发。

（三）救济途径

申请鉴定的单位或者个人对设区的市级劳动能力鉴定委员会作出的鉴定结论不服的，可以在收到该鉴定结论之日起15日内向省、自治区、直辖市劳动能力鉴定委员会提出再次鉴定申请。省、自治区、直辖市劳动能力鉴定委员会作出的劳动能力鉴定结论为最终结论。

六、工伤保险待遇申领

（一）工伤保险待遇申领流程图

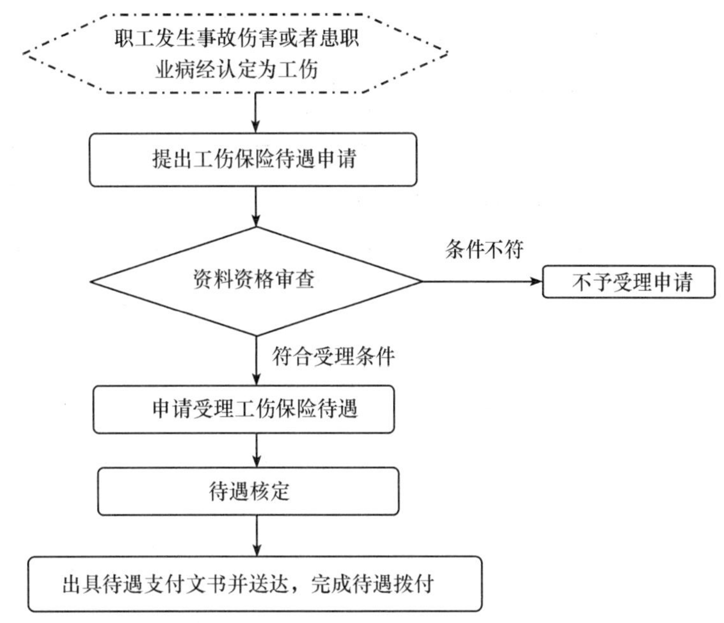

（二）工伤保险待遇申领的处理说明及注意事项

1. 流程简介

根据《社会保险法》《工伤保险条例》及相关规定，职工因工作原因受到事故伤害或者患职业病，且经工伤认定的，享受工伤保险待遇。其中，经劳动能力鉴定丧失劳动能力的，享受伤残待遇。根据《工伤保险条例》规定，工伤保险待遇由工伤保险基金、用人单位按规定支付。向工伤保险基金提出工伤保险待遇领取程序包括：提出工伤保险申请，对申请人提交的材料进行审核及受理，待遇核定，出具待遇支付决定并送达用人单位及工伤职工（或其近亲属）。

2. 注意事项

(1) 工伤保险待遇项目、计发基数及标准，支付方式：

1）工伤医疗期间待遇

项目	计发基数及标准	支付方式
医疗费	签订服务协议的医疗机构内符合规定范围内的医疗费	基金支付
康复费	签订服务协议的医疗机构内符合规定范围内的康复费	
辅助器具费	经劳动能力鉴定委员会确认需安装辅助器具的，发生符合支付标准的辅助器具配置费用	基金支付
住院伙食补助费	职工治疗工伤的伙食费用，按当地标准支付	基金支付
市外就医交通食宿费	经医疗机构出具证明，报经办机构同意，工伤职工到统筹地区以外就医所需的交通、食宿费用，按当地标准支付	基金支付
工资福利	停工留薪期间，按原工资福利待遇	用人单位支付
护理费用	生活不能自理的工伤职工在停工留薪期间需要护理的	用人单位支付

2）工伤医疗终结后一次性发放待遇（一至十级伤残）

项目	计发基数	计发标准		支付方式
一次性伤残补助金	本人工资	一级	27个月	基金支付
		二级	25个月	
		三级	23个月	
		四级	21个月	
		五级	18个月	
		六级	16个月	
		七级	13个月	
		八级	11个月	
		九级	9个月	
		十级	7个月	
一次性工伤医疗补助金	按各地具体制定的标准执行	五至十级	按各地具体制定的标准执行	终结工伤保险关系时基金支付
一次性伤残就业补助金	按各地具体制定的标准执行	五至十级	按各地具体制定的标准执行	终结工伤保险关系时用人单位支付

3）工伤医疗终结后定期发放的待遇

项目	计发基数	计发标准		支付方式
伤残津贴	本人工资	一级	90%	基金按月支付
		二级	85%	
		三级	80%	
		四级	75%	
		五级	70%	保留劳动关系，难以安排工资的，由用人单位按月支付
		六级	60%	
生活护理费	统筹地区上年度职工月平均工资	完全不能自理	50%	基金支付
		大部分不能自理	40%	
		部分不能自理	30%	

4）因工死亡补偿待遇

项目	计发基数	计发标准		支付方式
丧葬补助金	统筹地区上年度职工月平均工资	6个月		基金支付
一次性工亡补助金	上一年度全国城镇居民人均可支配收入	20倍		基金支付
供养亲属抚恤金	本人工资	配偶	40%	基金按月支付，符合工亡职工供养范围条件的亲属可领取
		其他亲属	30%	
		孤寡老人或者孤儿每人每月在上述标准的基础上增加10%，核定的各供养亲属的抚恤金之和不应高于因工死亡职工生前的工资		

(2) 工伤保险待遇的申领时限：工伤职工在工伤医疗终结或解除劳动关系后，应及时向当地社保经办部门提出申领工伤保险待遇，并办理相关手续。工伤保险待遇发放均有具体的条件和时限要求，按照相关的文件执行。

(3) 工伤医疗待遇申请材料：工伤职工在医疗机构、工伤康复机构、劳动能力鉴定机构及康复器具装配机构现金结算的相关费用，应提交下列材料：

1）身份证、社会保障卡及其他有效身份证明材料复印件。

2）《认定工伤决定书》复印件。

3）《劳动能力鉴定（确认）书》。

4）疾病诊断证明书复印件。

5）门诊、住院收据（发票）、费用明细清单。

6）领取相关待遇须提供的其他资料。

（4）工伤补偿待遇申请材料：工伤职工申领工伤补偿待遇时，应提交下列材料：

1）《认定工伤决定书》复印件。

2）工伤职工身份证、社会保障卡或其他有效身份证明材料复印件。

3）《劳动能力鉴定（确认）书》复印件。

4）领取相关待遇须提供的其他资料。

（5）工亡待遇申请材料：工亡职工近亲属领取工亡待遇，应提交如下资料：

1）《认定工伤决定书》复印件。

2）工伤职工、待遇申请人身份证、社会保障卡复印件或其他有效身份证明材料。

3）工亡职工《死亡证明书》复印件。

4）工亡职工本人、近亲属的户口本复印件（原件备查），未上户口的，应提交相关证明资料（如结婚证、小孩出生证等）。

5）工亡职工待遇申领人关系证明公证书原件。

6）申领供养亲属抚恤金的供养亲属，提供主要生活来源证明材料原件。

7）领取相关待遇须提供的其他资料。

（6）停止享受工伤保险待遇的情形：

1）丧失享受待遇条件的。

2）拒不接受劳动能力鉴定的。

3）拒绝治疗的。

4）其他丧失享受待遇的情形。

（三）救济途径

1. 对经办机构核定的工伤保险待遇有异议

工伤职工或者其近亲属对经办机构核定的工伤保险待遇有异议的，可以在收到认定书之日起 60 日内向当地人民政府或上一级主管部门申请行政复议，或在收到决定之日起 6 个月内向人民法院提起行政诉讼。

2. 职工与用人单位发生工伤待遇方面的争议

按照处理劳动争议的有关规定处理。具体包括：

1）职工可以和用人单位自行协商解决。

2）双方在 30 日内向本用人单位所在地劳动争议调解委员会申请调解。

3）若经过调解双方达不成协议，当事人一方或双方可在 60 日之内向当地劳动争议仲裁委员会申请仲裁，当事人也可以直接申请仲裁。

4）当事人如果对仲裁裁决不服，可以在 15 日内向当地基层人民法院起诉。

附　录

附录一 《工伤保险条例》

2003 年 4 月 27 日中华人民共和国国务院令第 375 号公布；根据 2010 年 12 月 20《国务院关于修改〈工伤保险条例〉的决定》修订，国务院令 586 号公布。

目录

第一章　总　　则

第一条　为了保障因工作遭受事故伤害或者患职业病的职工获得医疗救治和经济补偿，促进工伤预防和职业康复，分散用人单位的工伤风险，制定本条例。

第二条　中华人民共和国境内的企业、事业单位、社会团体、民办非企业单位、基金会、律师事务所、会计师事务所等组织和有雇工的个体工商户（以下称用人单位）应当依照本条例规定参加工伤保险，为本单位全部职工或者雇工（以下称职工）缴纳工伤保险费。

中华人民共和国境内的企业、事业单位、社会团体、民办非企业单位、基金会、律师事务所、会计师事务所等组织的职工和个体工商户的雇工，均有依照本条例的规定享受工伤保险待遇的权利。

第三条　工伤保险费的征缴按照《社会保险费征缴暂行条例》关于基本养老保险费、基本医疗保险费、失业保险费的征缴规定执行。

第四条　用人单位应当将参加工伤保险的有关情况在本单位内公示。

用人单位和职工应当遵守有关安全生产和职业病防治的法律法规，执行安全卫生规程和标准，预防工伤事故发生，避免和减少职业病危害。

职工发生工伤时，用人单位应当采取措施使工伤职工得到及时救治。

第五条 国务院社会保险行政部门负责全国的工伤保险工作。

县级以上地方各级人民政府社会保险行政部门负责本行政区域内的工伤保险工作。

社会保险行政部门按照国务院有关规定设立的社会保险经办机构（以下称经办机构）具体承办工伤保险事务。

第六条 社会保险行政部门等部门制定工伤保险的政策、标准，应当征求工会组织、用人单位代表的意见。

第二章 工伤保险基金

第七条 工伤保险基金由用人单位缴纳的工伤保险费、工伤保险基金的利息和依法纳入工伤保险基金的其他资金构成。

第八条 工伤保险费根据以支定收、收支平衡的原则，确定费率。

国家根据不同行业的工伤风险程度确定行业的差别费率，并根据工伤保险费使用、工伤发生率等情况在每个行业内确定若干费率档次。行业差别费率及行业内费率档次由国务院社会保险行政部门制定，报国务院批准后公布施行。

统筹地区经办机构根据用人单位工伤保险费使用、工伤发生率等情况，适用所属行业内相应的费率档次确定单位缴费费率。

第九条 国务院社会保险行政部门应当定期了解全国各统筹地区工伤保险基金收支情况，及时提出调整行业差别费率及行业内费率档次的方案，报国务院批准后公布施行。

第十条 用人单位应当按时缴纳工伤保险费。职工个人不缴纳工伤保险费。

用人单位缴纳工伤保险费的数额为本单位职工工资总额乘以单位缴费费率之积。

对难以按照工资总额缴纳工伤保险费的行业，其缴纳工伤保险费的具体方式，由国务院社会保险行政部门规定。

第十一条 工伤保险基金逐步实行省级统筹。

跨地区、生产流动性较大的行业，可以采取相对集中的方式异地参加统筹地区的工伤保险。具体办法由国务院社会保险行政部门会同有关行业的主管部门制定。

第十二条 工伤保险基金存入社会保障基金财政专户，用于本条例规定的工伤保险待遇，劳动能力鉴定，工伤预防的宣传、培训等费用，以及法律、法规规定的用于工伤保险的其他费用的支付。

工伤预防费用的提取比例、使用和管理的具体办法，由国务院社会保险行政部门会同国务院财政、卫生行政、安全生产监督管理等部门规定。

任何单位或者个人不得将工伤保险基金用于投资运营、兴建或者改建办公场所、发放奖金，或者挪作其他用途。

第十三条 工伤保险基金应当留有一定比例的储备金，用于统筹地区重大事故的工伤保险待遇支付；储备金不足支付的，由统筹地区的人民政府垫付。储备金占基金总额的具体比例和储备金的使用办法，由省、自治区、直辖市人民政府规定。

第三章 工伤认定

第十四条 职工有下列情形之一的，应当认定为工伤：

（一）在工作时间和工作场所内，因工作原因受到事故伤害的；

（二）工作时间前后在工作场所内，从事与工作有关的预备性或者收尾性工作受到事故伤害的；

（三）在工作时间和工作场所内，因履行工作职责受到暴力等意外伤害的；

（四）患职业病的；

（五）因工外出期间，由于工作原因受到伤害或者发生事故下落不明的；

（六）在上下班途中，受到非本人主要责任的交通事故或者城市轨道交通、客运轮渡、火车事故伤害的；

（七）法律、行政法规规定应当认定为工伤的其他情形。

第十五条 职工有下列情形之一的，视同工伤：

（一）在工作时间和工作岗位，突发疾病死亡或者在48小时之内经抢救无效死亡的；

（二）在抢险救灾等维护国家利益、公共利益活动中受到伤害的；

（三）职工原在军队服役，因战、因公负伤致残，已取得革命伤残军人证，到用人单位后旧伤复发的。

职工有前款第（一）项、第（二）项情形的，按照本条例的有关规定享受工伤保险待遇；职工有前款第（三）项情形的，按照本条例的有关规定享受除一次性伤残补助金以外的工伤保险待遇。

第十六条 职工符合本条例第十四条、第十五条的规定，但是有下列情形之一的，不得认定为工伤或者视同工伤：

（一）故意犯罪的；

（二）醉酒或者吸毒的；

（三）自残或者自杀的。

第十七条 职工发生事故伤害或者按照职业病防治法规定被诊断、鉴定为职业病，所在单位应当自事故伤害发生之日或者被诊断、鉴定为职业病之日起 30 日内，向统筹地区社会保险行政部门提出工伤认定申请。遇有特殊情况，经报社会保险行政部门同意，申请时限可以适当延长。

用人单位未按前款规定提出工伤认定申请的，工伤职工或者其近亲属、工会组织在事故伤害发生之日或者被诊断、鉴定为职业病之日起 1 年内，可以直接向用人单位所在地统筹地区社会保险行政部门提出工伤认定申请。

按照本条第一款规定应当由省级社会保险行政部门进行工伤认定的事项，根据属地原则由用人单位所在地的设区的市级社会保险行政部门办理。

用人单位未在本条第一款规定的时限内提交工伤认定申请，在此期间发生符合本条例规定的工伤待遇等有关费用由该用人单位负担。

第十八条 提出工伤认定申请应当提交下列材料：

（一）工伤认定申请表；

（二）与用人单位存在劳动关系（包括事实劳动关系）的证明材料；

（三）医疗诊断证明或者职业病诊断证明书（或者职业病诊断鉴定书）。

工伤认定申请表应当包括事故发生的时间、地点、原因以及职工伤害程度等基本情况。

工伤认定申请人提供材料不完整的，社会保险行政部门应当一次性书面告知工伤认定申请人需要补正的全部材料。申请人按照书面告知要求补正材料后，社会保险行政部门应当受理。

第十九条 社会保险行政部门受理工伤认定申请后，根据审核需要可以对事故伤害进行调查核实，用人单位、职工、工会组织、医疗机构以及有关部门应当予以协助。职业病诊断和诊断争议的鉴定，依照职业病防治法的有关规定执行。对依法取得职业病诊断证明书或者职业病诊断鉴定书的，社会保险行政部门不再进行调查核实。

职工或者其近亲属认为是工伤，用人单位不认为是工伤的，由用人单位承担举证责任。

第二十条 社会保险行政部门应当自受理工伤认定申请之日起 60 日内作出工伤认定的决定，并书面通知申请工伤认定的职工或者其近亲属和该职工所在单位。

社会保险行政部门对受理的事实清楚、权利义务明确的工伤认定申请，应当在 15 日内作出工伤认定的决定。

作出工伤认定决定需要以司法机关或者有关行政主管部门的结论为依据的，在司法机关或者有关行政主管部门尚未作出结论期间，作出工伤认定决定的时限中止。

社会保险行政部门工作人员与工伤认定申请人有利害关系的，应当回避。

第四章　劳动能力鉴定

第二十一条　职工发生工伤，经治疗伤情相对稳定后存在残疾、影响劳动能力的，应当进行劳动能力鉴定。

第二十二条　劳动能力鉴定是指劳动功能障碍程度和生活自理障碍程度的等级鉴定。

劳动功能障碍分为十个伤残等级，最重的为一级，最轻的为十级。

生活自理障碍分为三个等级：生活完全不能自理、生活大部分不能自理和生活部分不能自理。

劳动能力鉴定标准由国务院社会保险行政部门会同国务院卫生行政部门等部门制定。

第二十三条　劳动能力鉴定由用人单位、工伤职工或者其近亲属向设区的市级劳动能力鉴定委员会提出申请，并提供工伤认定决定和职工工伤医疗的有关资料。

第二十四条　省、自治区、直辖市劳动能力鉴定委员会和设区的市级劳动能力鉴定委员会分别由省、自治区、直辖市和设区的市级社会保险行政部门、卫生行政部门、工会组织、经办机构代表以及用人单位代表组成。

劳动能力鉴定委员会建立医疗卫生专家库。列入专家库的医疗卫生专业技术人员应当具备下列条件：

（一）具有医疗卫生高级专业技术职务任职资格；

（二）掌握劳动能力鉴定的相关知识；

（三）具有良好的职业品德。

第二十五条　设区的市级劳动能力鉴定委员会收到劳动能力鉴定申请后，应当从其建立的医疗卫生专家库中随机抽取 3 名或者 5 名相关专家组成专家组，由专家组提出鉴定意见。设区的市级劳动能力鉴定委员会根据专家组的鉴定意见作出工伤职工劳动能力鉴定结论；必要时，可以委托具备资格的医疗机构协助进行有关的诊断。

设区的市级劳动能力鉴定委员会应当自收到劳动能力鉴定申请之日起 60 日内作出劳动能力鉴定结论，必要时，作出劳动能力鉴定结论的期限可以延长 30 日。劳动能力鉴定结论应当及时送达申请鉴定的单位和个人。

第二十六条　申请鉴定的单位或者个人对设区的市级劳动能力鉴定委员会作出的鉴定结论不服的，可以在收到该鉴定结论之日起 15 日内向省、自治区、直辖市劳动能力鉴定委员会提出再次鉴定申请。省、自治区、直辖市劳动能力鉴定委员会作出的劳动能力鉴定结论为最终结论。

第二十七条　劳动能力鉴定工作应当客观、公正。劳动能力鉴定委员会组成人员或者参加鉴定的专家与当事人有利害关系的，应当回避。

第二十八条 自劳动能力鉴定结论作出之日起1年后，工伤职工或者其近亲属、所在单位或者经办机构认为伤残情况发生变化的，可以申请劳动能力复查鉴定。

第二十九条 劳动能力鉴定委员会依照本条例第二十六条和第二十八条的规定进行再次鉴定和复查鉴定的期限，依照本条例第二十五条第二款的规定执行。

第五章 工伤保险待遇

第三十条 职工因工作遭受事故伤害或者患职业病进行治疗，享受工伤医疗待遇。

职工治疗工伤应当在签订服务协议的医疗机构就医，情况紧急时可以先到就近的医疗机构急救。

治疗工伤所需费用符合工伤保险诊疗项目目录、工伤保险药品目录、工伤保险住院服务标准的，从工伤保险基金支付。工伤保险诊疗项目目录、工伤保险药品目录、工伤保险住院服务标准，由国务院社会保险行政部门会同国务院卫生行政部门、食品药品监督管理部门等部门规定。

职工住院治疗工伤的伙食补助费，以及经医疗机构出具证明，报经办机构同意，工伤职工到统筹地区以外就医所需的交通、食宿费用从工伤保险基金支付，基金支付的具体标准由统筹地区人民政府规定。

工伤职工治疗非工伤引发的疾病，不享受工伤医疗待遇，按照基本医疗保险办法处理。

工伤职工到签订服务协议的医疗机构进行工伤康复的费用，符合规定的，从工伤保险基金支付。

第三十一条 社会保险行政部门作出认定为工伤的决定后发生行政复议、行政诉讼的，行政复议和行政诉讼期间不停止支付工伤职工治疗工伤的医疗费用。

第三十二条 工伤职工因日常生活或者就业需要，经劳动能力鉴定委员会确认，可以安装假肢、矫形器、假眼、假牙和配置轮椅等辅助器具，所需费用按照国家规定的标准从工伤保险基金支付。

第三十三条 职工因工作遭受事故伤害或者患职业病需要暂停工作接受工伤医疗的，在停工留薪期内，原工资福利待遇不变，由所在单位按月支付。

停工留薪期一般不超过12个月。伤情严重或者情况特殊，经设区的市级劳动能力鉴定委员会确认，可以适当延长，但延长不得超过12个月。工伤职工评定伤残等级后，停发原待遇，按照本章的有关规定享受伤残待遇。工伤职工在停工留薪期满后仍需治疗的，继续享受工伤医疗待遇。

生活不能自理的工伤职工在停工留薪期需要护理的，由所在单位负责。

第三十四条 工伤职工已经评定伤残等级并经劳动能力鉴定委员会确认需要生活护理的，从工伤保险基金按月支付生活护理费。

生活护理费按照生活完全不能自理、生活大部分不能自理或者生活部分不能自理3个不同等级支付，其标准分别为统筹地区上年度职工月平均工资的50%、40%或者30%。

第三十五条 职工因工致残被鉴定为一级至四级伤残的，保留劳动关系，退出工作岗位，享受以下待遇：

（一）从工伤保险基金按伤残等级支付一次性伤残补助金，标准为：一级伤残为27个月的本人工资，二级伤残为25个月的本人工资，三级伤残为23个月的本人工资，四级伤残为21个月的本人工资；

（二）从工伤保险基金按月支付伤残津贴，标准为：一级伤残为本人工资的90%，二级伤残为本人工资的85%，三级伤残为本人工资的80%，四级伤残为本人工资的75%。伤残津贴实际金额低于当地最低工资标准的，由工伤保险基金补足差额；

（三）工伤职工达到退休年龄并办理退休手续后，停发伤残津贴，按照国家有关规定享受基本养老保险待遇。基本养老保险待遇低于伤残津贴的，由工伤保险基金补足差额。

职工因工致残被鉴定为一级至四级伤残的，由用人单位和职工个人以伤残津贴为基数，缴纳基本医疗保险费。

第三十六条 职工因工致残被鉴定为五级、六级伤残的，享受以下待遇：

（一）从工伤保险基金按伤残等级支付一次性伤残补助金，标准为：五级伤残为18个月的本人工资，六级伤残为16个月的本人工资；

（二）保留与用人单位的劳动关系，由用人单位安排适当工作。难以安排工作的，由用人单位按月发给伤残津贴，标准为：五级伤残为本人工资的70%，六级伤残为本人工资的60%，并由用人单位按照规定为其缴纳应缴纳的各项社会保险费。伤残津贴实际金额低于当地最低工资标准的，由用人单位补足差额。

经工伤职工本人提出，该职工可以与用人单位解除或者终止劳动关系，由工伤保险基金支付一次性工伤医疗补助金，由用人单位支付一次性伤残就业补助金。一次性工伤医疗补助金和一次性伤残就业补助金的具体标准由省、自治区、直辖市人民政府规定。

第三十七条 职工因工致残被鉴定为七级至十级伤残的，享受以下待遇：

（一）从工伤保险基金按伤残等级支付一次性伤残补助金，标准为：七级伤残为13个月的本人工资，八级伤残为11个月的本人工资，九级伤残为9个月的本人工资，十级伤残为7个月的本人工资；

（二）劳动、聘用合同期满终止，或者职工本人提出解除劳动、聘用合同的，由工伤保险基金支付一次性工伤医疗补助金，由用人单位支付一次性伤残就业补助金。一次性工伤医疗补助金和一次性伤残就业补助金的具体标准由省、自治区、直辖市人民政府规定。

第三十八条 工伤职工工伤复发，确认需要治疗的，享受本条例第三十条、第三十二条和第三十三条规定的工伤待遇。

第三十九条 职工因工死亡，其近亲属按照下列规定从工伤保险基金领取丧葬补助金、供养亲属抚恤金和一次性工亡补助金：

（一）丧葬补助金为6个月的统筹地区上年度职工月平均工资；

（二）供养亲属抚恤金按照职工本人工资的一定比例发给由因工死亡职工生前提供主要生活来源、无劳动能力的亲属。标准为：配偶每月40%，其他亲属每人每月30%，孤寡老人或者孤儿每人每月在上述标准的基础上增加10%。核定的各供养亲属的抚恤金之和不应高于因工死亡职工生前的工资。供养亲属的具体范围由国务院社会保险行政部门规定；

（三）一次性工亡补助金标准为上一年度全国城镇居民人均可支配收入的20倍。

伤残职工在停工留薪期内因工伤导致死亡的，其近亲属享受本条第一款规定的待遇。

一级至四级伤残职工在停工留薪期满后死亡的，其近亲属可以享受本条第一款第（一）项、第（二）项规定的待遇。

第四十条 伤残津贴、供养亲属抚恤金、生活护理费由统筹地区社会保险行政部门根据职工平均工资和生活费用变化等情况适时调整。调整办法由省、自治区、直辖市人民政府规定。

第四十一条 职工因工外出期间发生事故或者在抢险救灾中下落不明的，从事故发生当月起3个月内照发工资，从第4个月起停发工资，由工伤保险基金向其供养亲属按月支付供养亲属抚恤金。生活有困难的，可以预支一次性工亡补助金的50%。职工被人民法院宣告死亡的，按照本条例第三十九条职工因工死亡的规定处理。

第四十二条 工伤职工有下列情形之一的，停止享受工伤保险待遇：

（一）丧失享受待遇条件的；

（二）拒不接受劳动能力鉴定的；

（三）拒绝治疗的。

第四十三条 用人单位分立、合并、转让的，承继单位应当承担原用人单位的工伤保险责任；原用人单位已经参加工伤保险的，承继单位应当到当地经办机构办理工伤保险变更登记。

用人单位实行承包经营的，工伤保险责任由职工劳动关系所在单位承担。

职工被借调期间受到工伤事故伤害的，由原用人单位承担工伤保险责任，但原用人单位与借调单位可以约定补偿办法。

企业破产的，在破产清算时依法拨付应当由单位支付的工伤保险待遇费用。

第四十四条 职工被派遣出境工作，依据前往国家或者地区的法律应当参加当地工伤保险的，参加当地工伤保险，其国内工伤保险关系中止；不能参加当地工伤保险的，其国内工伤保险关系不中止。

第四十五条 职工再次发生工伤，根据规定应当享受伤残津贴的，按照新认定的伤残等级享受伤残津贴待遇。

第六章 监督管理

第四十六条 经办机构具体承办工伤保险事务，履行下列职责：

（一）根据省、自治区、直辖市人民政府规定，征收工伤保险费；

（二）核查用人单位的工资总额和职工人数，办理工伤保险登记，并负责保存用人单位缴费和职工享受工伤保险待遇情况的记录；

（三）进行工伤保险的调查、统计；

（四）按照规定管理工伤保险基金的支出；

（五）按照规定核定工伤保险待遇；

（六）为工伤职工或者其近亲属免费提供咨询服务。

第四十七条 经办机构与医疗机构、辅助器具配置机构在平等协商的基础上签订服务协议，并公布签订服务协议的医疗机构、辅助器具配置机构的名单。具体办法由国务院社会保险行政部门分别会同国务院卫生行政部门、民政部门等部门制定。

第四十八条 经办机构按照协议和国家有关目录、标准对工伤职工医疗费用、康复费用、辅助器具费用的使用情况进行核查，并按时足额结算费用。

第四十九条 经办机构应当定期公布工伤保险基金的收支情况，及时向社会保险行政部门提出调整费率的建议。

第五十条 社会保险行政部门、经办机构应当定期听取工伤职工、医疗机构、辅助器具配置机构以及社会各界对改进工伤保险工作的意见。

第五十一条 社会保险行政部门依法对工伤保险费的征缴和工伤保险基金的支付情况进行监督检查。

财政部门和审计机关依法对工伤保险基金的收支、管理情况进行监督。

第五十二条 任何组织和个人对有关工伤保险的违法行为，有权举报。社会保险行政部门对举报应当及时调查，按照规定处理，并为举报人保密。

第五十三条 工会组织依法维护工伤职工的合法权益，对用人单位的工伤保险工作实行监督。

第五十四条 职工与用人单位发生工伤待遇方面的争议，按照处理劳动争议的有关规定处理。

第五十五条 有下列情形之一的，有关单位或者个人可以依法申请行政复议，也可以依法向人民法院提起行政诉讼：

（一）申请工伤认定的职工或者其近亲属、该职工所在单位对工伤认定申请不予受理的决定不服的；

（二）申请工伤认定的职工或者其近亲属、该职工所在单位对工伤认定结论不服的；

（三）用人单位对经办机构确定的单位缴费费率不服的；

（四）签订服务协议的医疗机构、辅助器具配置机构认为经办机构未履行有关协议或者规定的；

（五）工伤职工或者其近亲属对经办机构核定的工伤保险待遇有异议的。

第七章 法律责任

第五十六条 单位或者个人违反本条例第十二条规定挪用工伤保险基金，构成犯罪的，依法追究刑事责任；尚不构成犯罪的，依法给予处分或者纪律处分。被挪用的基金由社会保险行政部门追回，并入工伤保险基金；没收的违法所得依法上缴国库。

第五十七条 社会保险行政部门工作人员有下列情形之一的，依法给予处分；情节严重，构成犯罪的，依法追究刑事责任：

（一）无正当理由不受理工伤认定申请，或者弄虚作假将不符合工伤条件的人员认定为工伤职工的；

（二）未妥善保管申请工伤认定的证据材料，致使有关证据灭失的；

（三）收受当事人财物的。

第五十八条 经办机构有下列行为之一的，由社会保险行政部门责令改正，对直接负责的主管人员和其他责任人员依法给予纪律处分；情节严重，构成犯罪的，依法追究刑事责任；造成当事人经济损失的，由经办机构依法承担赔偿责任：

（一）未按规定保存用人单位缴费和职工享受工伤保险待遇情况记录的；

（二）不按规定核定工伤保险待遇的；

（三）收受当事人财物的。

第五十九条 医疗机构、辅助器具配置机构不按服务协议提供服务的，经办机构可以解除服务协议。

经办机构不按时足额结算费用的，由社会保险行政部门责令改正；医疗机构、辅助器具配置机构可以解除服务协议。

第六十条 用人单位、工伤职工或者其近亲属骗取工伤保险待遇，医疗机构、辅助器具配置机构骗取工伤保险基金支出的，由社会保险行政部门责令退还，处骗取金额2倍以上5倍以下的罚款；情节严重，构成犯罪的，依法追究刑事责任。

第六十一条 从事劳动能力鉴定的组织或者个人有下列情形之一的，由社会保险行政部门责令改正，处2 000元以上1万元以下的罚款；情节严重，构成犯罪的，依法追究刑事责任：

（一）提供虚假鉴定意见的；

（二）提供虚假诊断证明的；

（三）收受当事人财物的。

第六十二条 用人单位依照本条例规定应当参加工伤保险而未参加的，由社会保险行政部门责令限期参加，补缴应当缴纳的工伤保险费，并自欠缴之日起，按日加收万分之五的滞纳金；逾期仍不缴纳的，处欠缴数额1倍以上3倍以下的罚款。

依照本条例规定应当参加工伤保险而未参加工伤保险的用人单位职工发生工伤的，由该用人单位按照本条例规定的工伤保险待遇项目和标准支付费用。

用人单位参加工伤保险并补缴应当缴纳的工伤保险费、滞纳金后，由工伤保险基金和用人单位依照本条例的规定支付新发生的费用。

第六十三条 用人单位违反本条例第十九条的规定，拒不协助社会保险行政部门对事故进行调查核实的，由社会保险行政部门责令改正，处2000元以上2万元以下的罚款。

第八章 附 则

第六十四条 本条例所称工资总额，是指用人单位直接支付给本单位全部职工的劳动报酬总额。

本条例所称本人工资，是指工伤职工因工作遭受事故伤害或者患职业病前12个月平均月缴费工资。本人工资高于统筹地区职工平均工资300%的，按照统筹地区职工平均工资的300%计算；本人工资低于统筹地区职工平均工资60%的，按照统筹地区职工平均工资的60%计算。

第六十五条 公务员和参照公务员法管理的事业单位、社会团体的工作人员因工作遭受事故伤害或者患职业病的，由所在单位支付费用。具体办法由国务院社会保险行政部门会同国务院财政部门规定。

第六十六条 无营业执照或者未经依法登记、备案的单位以及被依法吊销营业执照或者撤销登记、备案的单位的职工受到事故伤害或者患职业病的，由该单位向伤残职工或者死亡职工的近亲属给予一次性赔偿，赔偿标准不得低于本条例规定的工伤保险待遇；用人单位不得使用童工，用人单位使用童工造成童工伤残、死亡的，由该单位向童工或者童工的近亲属给予一次性赔偿，赔偿标准不得低于本条例规定的工伤保险待遇。具体办法由国务院社会保险行政部门规定。

前款规定的伤残职工或者死亡职工的近亲属就赔偿数额与单位发生争议的，以及前款规定的童工或者童工的近亲属就赔偿数额与单位发生争议的，按照处理劳动争议的有关规定处理。

第六十七条 本条例自 2004 年 1 月 1 日起施行。本条例施行前已受到事故伤害或者患职业病的职工尚未完成工伤认定的，按照本条例的规定执行。

附录二 《关于印发工伤预防费使用管理暂行办法的通知》

人社部规〔2017〕13号

各省、自治区、直辖市及新疆生产建设兵团人力资源社会保障厅（局）、财政（财务）厅（局）、卫生计生委、安全监管局：

为更好地坚持以人为本，保障职工的生命安全和健康，根据《工伤保险条例》规定，人力资源社会保障部会同财政部、卫生计生委、安全监管总局制定了《工伤预防费使用管理暂行办法》（以下简称《办法》），现印发给你们，请结合实际认真贯彻落实。

各地人力资源社会保障、财政、卫生计生、安全监管等部门要根据《办法》要求，高度重视、认真组织、密切配合，结合本地区工作实际，围绕工伤预防工作目标，细化落实政策措施，制定具体实施方案，建立工作机制，做好政策宣传解读，加强预防费使用监管，积极稳妥推进工伤预防工作。

人力资源社会保障部

财政部

国家卫生计生委

国家安全监管总局

2017年8月17日

工伤预防费使用管理暂行办法

第一条 为更好地保障职工的生命安全和健康，促进用人单位做好工伤预防工作，降低工伤事故伤害和职业病的发生率，规范工伤预防费的使用和管理，根据社会保险法、《工伤保险条例》及相关规定，制定本办法。

第二条 本办法所称工伤预防费是指统筹地区工伤保险基金中依法用于开展工伤预防工作的费用。

第三条 工伤预防费使用管理工作由统筹地区人力资源社会保障行政部门会同财政、卫生计生、安全监管行政部门按照各自职责做好相关工作。

第四条 工伤预防费用于下列项目的支出：

（一）、工伤事故和职业病预防宣传；

（二）工伤事故和职业病预防培训。

第五条 在保证工伤保险待遇支付能力和储备金留存的前提下，工伤预防费的使用原则上不得超过统筹地区上年度工伤保险基金征缴收入的3%。因工伤预防工作需要，经省级人力资源社会保障部门和财政部门同意，可以适当提高工伤预防费的使用比例。

第六条 工伤预防费使用实行预算管理。统筹地区社会保险经办机构按照上年度预算执行情况，根据工伤预防工作需要，将工伤预防费列入下一年度工伤保险基金支出预算。具体预算编制按照预算法和社会保险基金预算有关规定执行。

第七条 统筹地区人力资源社会保障部门应会同财政、卫生计生、安全监管部门以及本辖区内负有安全生产监督管理职责的部门，根据工伤事故伤害、职业病高发的行业、企业、工种、岗位等情况，统筹确定工伤预防的重点领域，并通过适当方式告知社会。

第八条 统筹地区行业协会和大中型企业等社会组织根据本地区确定的工伤预防重点领域，于每年工伤保险基金预算编制前提出下一年拟开展的工伤预防项目，编制项目实施方案和绩效目标，向统筹地区的人力资源社会保障行政部门申报。

第九条 统筹地区人力资源社会保障部门会同财政、卫生计生、安全监管等部门，根据项目申报情况，结合本地区工伤预防重点领域和工伤保险等工作重点，以及下一年工伤预防费预算编制情况，统筹考虑工伤预防项目的轻重缓急，于每年10月底前确定纳入下一年度的工伤预防项目并向社会公开。

列入计划的工伤预防项目实施周期最长不超过2年。

第十条 纳入年度计划的工伤预防实施项目，原则上由提出项目的行业协会和大中型企业等社会组织负责组织实施。

行业协会和大中型企业等社会组织根据项目实际情况，可直接实施或委托第三方机构实施。直接实施的，应当与社会保险经办机构签订服务协议。委托第三方机构实施的，应当参照政府采购法和招投标法规定的程序，选择具备相应条件的社会、经济组织以及医疗卫生机构提供工伤预防服务，并与其签订服务合同，明确双方的权利义务。服务协议、服务合同应报统筹地区人力资源社会保障部门备案。

面向社会和中小微企业的工伤预防项目，可由人力资源社会保障、卫生计生、安全监管部门参照政府采购法等相关规定，从具备相应条件的社会、经济组织以及医疗卫生机构中选择提供工伤预防服务的机构，推动组织项目实施。

参照政府采购法实施的工伤预防项目，其费用低于采购限额标准的，可协议确定服务机构。具体办法由人力资源社会保障部门会同有关部门确定。

第十一条 提供工伤预防服务的机构应遵守社会保险法、《工伤保险条例》以及相关法律法规的规定，并具备以下基本条件：

（一）具备相应条件，且从事相关宣传、培训业务二年以上并具有良好市场信誉；

（二）具备相应的实施工伤预防项目的专业人员；

（三）有相应的硬件设施和技术手段；

（四）依法应具备的其他条件。

第十二条 对确定实施的工伤预防项目，统筹地区社会保险经办机构可以根据服务协议或者服务合同的约定，向具体实施工伤预防项目的组织支付30%～70%预付款。

项目实施过程中，提出项目的单位应及时跟踪项目实施进展情况，保证项目有效进行。

对于行业协会和大中型企业等社会组织直接实施的项目，由人力资源社会保障部门组织第三方中介机构或聘请相关专家对项目实施情况和绩效目标实现情况进行评估验收，形成评估验收报告；对于委托第三方机构实施的，由提出项目的单位或部门通过适当方式组织评估验收，评估验收报告报人力资源社会保障部门备案。评估验收报告作为开展下一年度项目重要依据。

评估验收合格后，由社会保险经办机构支付余款。具体程序按社会保险基金财务制度、工伤保险业务经办管理等规定执行。

第十三条 社会保险经办机构要定期向社会公布工伤预防项目实施情况和工伤预防费用使用情况，接受参保单位和社会各界的监督。

第十四条 工伤预防费按本办法规定使用，违反本办法规定使用的，对相关责任人参照社会保险法、《工伤保险条例》等法律法规的规定处理。

第十五条 工伤预防服务机构提供的服务不符合法律和合同规定、服务质量不高的，三年内不得从事工伤预防项目。

工伤预防服务机构存在欺诈、骗取工伤保险基金行为的，按照有关法律法规等规定进行处理。

第十六条 统筹地区人力资源社会保障、卫生计生、安全监管等部门应分别对工作场所工伤发生情况、职业病报告情况和安全事故情况进行分析，定期相互通报基本情况。

第十七条 各省、自治区、直辖市人力资源社会保障行政部门可以结合本地区实际，会同财政、卫生计生和安全监管等行政部门制定具体实施办法。

第十八条 企业规模的划分标准按照工业和信息化部、国家统计局、国家发展改革委、财政部《关于印发中小企业划型标准规定的通知》（工信部联企业〔2011〕300号）执行。

第十九条 本办法自2017年9月1日起施行。

附录三　模具行业常用行话与模具术语对照表

模具行话	模具术语
唧嘴	浇口衬套
法兰	定模浇口衬套或者定位环
扶针	回针
垃圾钉	顶针板止停销
杯头螺丝	内六角沉孔螺丝
前模或 A 模	定模
后模或 B 模	动模
行位	侧抽芯滑块
钶或模仁	动模镶块
锣床	铣床
锣床批士	铣床虎口钳
磨床批士	磨床打直角虎门钳
匙把揦	活钳或开口扳手
牙嗒	丝攻
坑手	攻牙用的扳手
机转	铁圆规
奔子	磨成尖头用于敲击划线相交定位点的工具
止口	夹口美术线，又称遮丑线
啤把	拨模斜度
批士	虎钳
虾公码	C 形夹
电脑锣	加工中心
钻窿	钻孔
回收章	前模环保标志
细水口	针点浇口
潜水	潜伏式浇口
入子	镶件
逃气	排气槽
批锋	毛边或者飞边

续表

模具行话	模具术语
加胶	加料
胶圈	密封圈
插穿（碰穿）	靠破
水嘴	冷却水接口
铜公	放电加工用的电极
粗公	粗加工用电极
幼公	精加工用电极
弹弓	弹簧
入水	进胶点
省模，打光	抛光
骨位	加强筋
码仔	装夹工具，一种三角形斜面开扣位槽的垫块
司筒	套筒
入子	镶件
斜顶	斜顶块或斜顶杆
KO 孔	顶杆孔
司筒针	套筒针
撑头	支撑柱（防止 B 板变形）
铲鸡	行位锁紧块
治具	工具
喉嘴	水管头
行位波仔	滑块锁紧块
中托司	浇口衬套
水口板	流道板
细水口板	分流道板
勾针	拉料杆
产品的夹线	分型线
运水	冷却水道
回针	复位顶针
牛角	斜导柱
避空	让位
机嘴	浇口套
啤机	注射机

附录四　模具术语中英文对照表

序号	中文名称	英文名称	备注
1	安装尺寸	install dimension	
2	凹模固定板/垫板/护圈板	retainer plate	
3	凹模	female die，female mold，negative mold	
4	备件	spare parts	
5	变质	modification	
6	变质剂	modification agent	
7	扒渣	slagging-off	
8	保温炉	holding furnace	
9	保压压力	dwell pressure	
10	表面缺陷	surface defect	
11	淬火硬度	quenching hardness	
12	抽芯	core	
13	侧面抽芯	side core	
14	抽芯油缸	core oil cylinder	
15	插拔式结构、喉塞	plug	
16	抽芯机构	core puller	
17	抽芯油缸支架	bracket of cylinder	
18	粗糙度	roughness/degree	
19	铸件表面粗糙度	surface roughness	
20	擦伤	galling	
21	尺寸公差	dimension tolerance of casting	
22	除气、排气	degassing	
23	吹气净化	blow purifying	
24	除气剂	degassing flux	
25	出渣	de-slagging	
26	出渣口	slag hole	
27	沉渣	sludge	
28	日期印	date code/Dating Insert	
29	法兰、定位圈、限位零件	location ring、locating ring	

续表

序号	中文名称	英文名称	备注
30	回针	return pin	
31	基准	datum	
32	唧嘴（浇口套）	sprue bushing/sprue bush	
33	顶针/推出零件/推杆	ejector pin	
34	垂直	alignment	
35	直身锁	side lock	
36	扁顶	blade ejector/Blade	
37	夹紧	binding	
38	啤把锁/斜度锁	taper lock	
39	浮哥/板	floating core/plate	
40	模腔	cavity（cav.）	
41	预压	pre-loaded	
42	颜色	color	
43	喉嘴	jiffy connector	
44	气氮	nitrided	
45	外转角	coner/outside radius	
46	胶圈/胶令/密封圈	Oring/seal ring	
47	液氮	tufftrided	
48	详图	detail	
49	隔水片/隔板	baffle	
50	火花电蚀	EDM	
51	出模角度/出模斜波	draft（dft.）	
52	撑头	support pillar	
53	电脑数控加工	CNC	
54	图纸编号	dwg no.	
55	顶棍孔	knock out hole	
56	隔热板	insulated plate	
57	雕字/雕刻	engrave	
58	内模玉/内模件	insert	
59	温度感应器	thermocouple（tc）	
60	内转角	fillet/inside radius（R）	
61	细镶件	sub-insert	
62	热嘴	hot nozzle/bushing	
63	光洁度	finish	

续表

序号	中文名称	英文名称	备注
64	水口铁	runner bar	
65	油压马达	hydraulic motor	
66	平凹	flush	
67	运水通	bubbler tube	
68	扣鸡	latch-lock	
69	入水位	gate	
70	行位/滑块	slide/cam slide	
71	限位螺丝	shoulder screw	
72	枕位碰穿	kiss-off	
73	斜边钉	cam pin	
74	推板	stripper plate	
75	商唛	logo	
76	垫片/硬片	wear plate	
77	早回装置	early return	
78	胶料	material	
79	压锁	jaw	
80	线切割	wire cut	
81	穿孔	opening	
82	线条/钩槽	gib	
83	导套	guide pin bushing. guide bush. guide bushing	
84	产品编号	part no. (p/n)	
85	行位夹	slide retainer	
86	针板导柱	guide ejector (E. G.) /Guided Ejection Leader Pin	
87	凸高	raised	
88	弹弓波子/弹弓钢珠	ball plunger	
89	哥针/镶针	core pin	
90	参考	reference (ref.)	
91	弹簧/弹弓	spring	
92	修正	revision (rev.)	
93	油唧筒	hydraulic cylinder	
94	缩水率/收缩率	shrinkage factor/shrinkage	
95	直齿轮	spur gear	
96	擦位	shut off (s/o)	
97	天梯/齿条	rack	

续表

序号	中文名称	英文名称	备注
98	凹入	recessed	
99	轴承/啤令	bearing	
100	皮纹	texture	
101	发热线/炮仗	heater	
102	产品名称	title/part name	
103	鱼雷	probe	
104	公差	tolerance（tol.）	
105	接头	connector	
106	类型	typical（typ.）	
107	拮制	limit switch	
108	疏气/排气	venting	
109	导柱/导向针	guide pin/leader pin/guide pillar	
110	倒扣	undercut（u'cut）	
111	司筒/推管	ejector sleeve	
112	胶位厚度	wall thickness	
113	斜顶	angle lifter	
114	模架、模胚	mould base	
115	进胶系统	gating system	
116	热流道接插线头	hot runner plug	
117	温控箱	Temperature controller	
118	啤机、注塑机	moulding machine、injection molding machine、injection machine	
119	射出重量	quantifiable attribute shot weight	
120	欧标型号	Euromap size rating	
121	国标型号	international size rating	
122	螺杆直径	screw diameter	
123	螺杆长径比	screw L/D ratio	
124	注射压力	injection pressure	
125	注射行程	injection stroke	
126	注射容量	injection volume	
127	注射速度	Injection speed	
128	注射速率	injection rate	
129	螺杆旋转速度	screw rotary speed	
130	螺杆扭矩	screw motor torque	

续表

序号	中文名称	英文名称	备注
131	塑化能力	plasticizing capacity	
132	开模行程	mould opening stroke	
133	最大容模量	maximum mould height	
134	最小容模量	minimum mould height	
135	模板最大开距	maximum daylight, open daylight	
136	拉杆间距	space between tiebars	
137	模板尺寸	platen size	
138	模板厚度	platen thickness	
139	拉杆直径	tie bar diameter	
140	顶出行程	ejector stroke	
141	顶出力	ejector force	
142	座台行程	carriage stroke	
143	座台推力	carriage force	
144	干燥时间	dry cycle time	
145	电动马达分类	electric motor rating	
146	马达功率	electric heater power	
147	总功率	total power	
148	加热段数	number of heating zones	
149	储油箱容量	oil tank capacity	
150	料斗容量	hopper capacity	
151	系统压力	sstem pressure	
152	注塑机尺寸	machine dimension	
153	注塑机重量	machine weight	
154	A′板	A'plate	
155	B′板	B'plate	
156	方铁（垫铁）	spacer block	
157	顶针板	ejector plate	
158	顶针底板/推杆固定板	ejector retainer plate	
159	垫板	retainer plate	
160	垃圾钉	stop pin	
161	有托顶针	shoulder ejector pin	
162	顶针板导套	guided ejection bushing	
163	三板模延伸式唧嘴	extension nozzle bushing	
164	水口板导套	runner stripper plate bushing	

续表

序号	中文名称	英文名称	备注
165	管钉（定位销）	dowel pin	
166	管状管钉	tubular dowel	
167	吊环	safety hoist ring	
168	环保印	recycling insert	
169	气顶	air poppet valve	
170	截水口镶件	runner shut-off insert	
171	早回	early ejector return	
172	加速顶	accelerated ejector	
173	扁顶	blade	
174	手动滑块模具	hand slide-in type mold	
175	回针板	backup	
176	合模	shutoff	
177	空隙槽	clearance slot	
178	导柱及导套	leader pin bushing	
179	水口拉钩	spuer puller	
180	模框镶件	pocket insert	
181	三板模	3-plat mold	
182	分型线/分模面	parting line/parting Surface	
183	垫圈	washer	
184	熔接线（夹水纹）	weldline	
185	吸针	sucker pin	
186	顶出板	knock-out plate	
187	电动安全开关	electrical-safety switch	
188	脱开	cut of position	
189	预先决定	preload	
190	缓冲器	bumper	
191	衬垫	cushion	
192	突然性动作	slam	
193	销针	dowel	
194	精磨	finished	
195	通框	through window	
196	粘后模	sticking core	
197	粘水口	sticking sprue	
198	变形	warpage	

续表

序号	中文名称	英文名称	备注
199	走水不平均	filling uneven	
200	走不齐	short shot	
201	挂成品	part hanging	
202	漏水	water leakage	
203	刮花（擦伤）	galling	
204	漏电	ele leakage	
205	困气	air trapping	
206	温度	temperature	
207	试板	sampling	
208	压力	pressure	
209	倒圆	fillet	
210	顶棍	ejector	
211	顶白	stress mark	
212	粘前模	sticking cav	
213	名称块表	title block	
214	版本标识	revision level	
215	材料清单	stock list	
216	披锋	flash	
217	缩水	sink mark、shrinkage	
218	氮化	nitride	
219	不规则四边形	trapezoid	
220	连续的	consecutive	
221	加硬	harden	
222	设计简图	design preliminary	
223	丝印	silkprint	
224	不干胶	adhesive sticker	
225	电火花	Edm	
226	抛光	polishing	
227	蚀纹	texture	
228	斜销/斜导柱（斜边）	angle pin/ finger cam	
229	温流道模	warm runner mould	
230	温流道板	warm runner plate	
231	垂直分型面（线）	vertical parting line	
232	排气槽（孔）	venf (of a mould)	

续表

序号	中文名称	英文名称	备注
233	阀式浇口	valve gate	
234	上模	upper mould/upper half	
235	上模座板	upper clamping plate	
236	压注模、传递模	transfer mould	
237	螺纹型环	thread ring/threaded cavity	
238	螺纹型芯	thread plug/ threaded core	
239	鱼雷形组合体	torpedo body assembly	
240	隔热板	thermal insulation board	
241	护耳浇口	tab gate	
242	支承柱	support pillar	
243	潜伏浇口	submarine gate tunnel gate	
244	推件环/盘	stripper ring/strpper disk	
245	推件板	stripper plate	
246	脱模距	stripper distance	
247	限位钉	stop pin/stop button	
248	限位块	stop flock/stop pad	
249	定模	stationary mould fixed half	
250	标准模架	standard mould bases	
251	圆锥头拉料杆	sprue pullerr，conical headed	
252	钩形拉料杆	sprue pullerr，z-shaper	
253	球头拉料杆	sprue puller，ball headed	
254	拉料杆	sprue puller	
255	分流锥	spreader	
256	主流道	spruce	
257	拼块	splits (of a mould)	
258	垫块	spacer parallel	
259	侧型芯	slide. core-slide	
260	滑块导板	slide glide strip	
261	侧型芯	side core/slide core	
262	斜销	angle pin. finger cam	
263	斜滑块	angled-lift. Splits	
264	支承板	backing plate. supprr plate	
265	管式加热器	cartridge heater	
266	型腔	cavity (of a mould)	

续表

序号	中文名称	英文名称	备注
267	凹模拼块	cavity splits	
268	凹模固定板	cavity-retainer plate	
269	模套	chase. bolster. Frame	
270	锁模力	clamping force. locking force	
271	弯销	clog-leg cam	
272	冷料穴	cold-slug well	
273	压缩模	compression mould	
274	冷却通道	cooling channel. cooling line	
275	型芯拼块	core splits	
276	型芯	core splits	
277	抽芯距	core-pulling distance	
278	抽芯力	core-pulling force	
279	型芯固定板	core-retainer plate	
280	推板	ejection plate. ejector plate	
281	直接浇口	direct gate spruce gate	
282	推板导套	director guidebush. ejector bushing	
283	盘形浇口	disk gate	
284	脱模斜度	draft	
285	侧浇口	edge gate	
286	脱模力	ejection force	
287	推板导柱	ejector guide pillar. ejector guide pin	
288	支架	ejector housing. mould base leg	
289	推块	ejector pad	
290	圆柱头推杆	ejector pin with cylindrical head	
291	复位杆	ejector plate return pin. push-back pin	
292	连接推杆	ejector tie rod	
293	扇形浇口	fan gate	
294	浇注系统	feed system	
295	斜槽导板	finger guide plate	
296	定模座板	fixed clamp plate，top clamping plate. top plate	
297	固定式压缩模	fixed compression mould	
298	固定式压注模	fixed transfer mould	
299	排溢、溢料槽	flash groove，spew groove	
300	扁推杆	flat ejector pin	

续表

序号	中文名称	英文名称	备注
301	溢式压缩模	flash mould	
302	柱塞	force plunger，pot plunger	
303	浇口	gate	
304	浇口镶块	gating insert	
305	带头导套	guide bush，headed	
306	直导套	guide bush，straight. straight bushing	
307	带头导柱	guide pillar straight. straight leader pin	
308	带肩导柱	guide pillar. shouldered. shoulder leader pin	
309	热管	heat pipe	
310	加热板	heating plate	
311	楔紧块	heel block，wedge block	
312	水平分型面（线）	horingontal parting line	
313	热流道模	hot runner mould	
314	凹模	impression cavity block. cavity plate	
315	注射模	injection mould	
316	热塑性塑料注射模	injection mould for thermoplastics	
317	热固性塑料注射模	injection mould for thermosets	
318	嵌件	insert (for moulding)	
319	绝热流道模	insulated runner mould	
320	模内压力	internal mould pressure. cavity pressure	
321	定矩拉杆	length bolt. puller bolt	
322	加料腔	loading chamber	
323	下模座板	lower clamping plate	
324	下模	lower mould. lower half	
325	热流道板（柱）	manifold block hot-runner manifold	
326	模架（注射模）	mould bases (of a injection mould)	
327	锥形定位件	mould bases locating elements	
328	塑料成形模具	mould for plastics	
329	热塑性塑料模	mould for thermoplastics	
330	热固性塑料模	mould for thermosets	
331	镶件	mould insert	
332	开模力	mould opening force	
333	模板	mould plate	
334	闭合高度	mould shut height	

续表

序号	中文名称	英文名称	备注
335	成形压力	moulding pressure	
336	活动镶件	movable insert. loose detail	
337	动模	movable mould moving half	
338	动模座板	moving clamp plate. bottom clamping plate. bottom plate	
339	点浇口	pin-point gate	
340	移动式压缩模	portable compression mould	
341	移动式压注模	portable transfer mould	
342	不溢式压缩模	positive mould	
343	投影面积	projected area	
344	定矩拉板	puller plate. limit plate	
345	凸模	punch force	
346	凸模固定板	punch-retainer plate	
347	环形浇口	ring gate	
348	分流道	runner	
349	流道板	runner plate	
350	分流道拉料杆	runner puller. runner lock pin	
351	推流道板	runner stripper plate	
352	无浇道模	runner stripper plate	
353	二级喷嘴	secondary nozzle	
354	半溢式压缩模	semi-positive mould	
355	注射能力	shot capacity	
356	带肩推杆	shouldered ejector pin	